儿童语言力系列

二十年语言与阅读教育研究者亲历记录
在日常点滴中给孩子母语能量的教育指南

母语的力量

真希望妈妈这样跟我说话

林静 著

山东城市出版传媒集团 · 济南出版社

图书在版编目（CIP）数据

母语的力量：真希望妈妈这样跟我说话 / 林静著.
-- 济南：济南出版社，2023.4
　　ISBN 978-7-5488-5362-6

　　Ⅰ.①母… Ⅱ.①林… Ⅲ.①家庭教育—语言艺术
Ⅳ.①G78

中国国家版本馆CIP数据核字（2023）第068745号

母语的力量——真希望妈妈这样跟我说话　　　　林静　著
MUYU DE LILIANG——ZHENXIWANG MAMA ZHEYANG GENWO SHUOHUA

出 版 人：田俊林
责任编辑：贾英敏　刘召燕
装帧设计：郝雨笙　张　倩

出版发行：济南出版社
地　　址：济南市市中区二环南路1号　250002
印　　刷：济南继东彩艺印刷有限公司
版　　次：2023年4月第1版
印　　次：2023年5月第1次印刷
成品尺寸：170 mm×240 mm　16开
印　　张：18.5
字　　数：276千
定　　价：68.00元

（如有印装质量问题，请与济南出版社联系调换。电话：0531-86131736）

序言

母语之爱

二十年来，我一直从事与儿童母语能力相关的研究。

提起母语，常见的误区是把会说话等同于会表达，把能认字等同于会阅读。等孩子上了小学、中学，很多父母开始为孩子的语文成绩和作文发愁，常常会走进另一种误区，认为辅导班可以一揽子解决孩子学习中的困境。目前，教育部整顿和取缔了大量校外辅导机构，很多家长反而不知道该怎么办了。其实，家庭母语环境，也就是父母与孩子的日常交流，是奠基儿童母语能力最重要的因素，也是孩子的心性品格、学业成就，乃至人生幸福的能量源泉。我把它称为"母语之爱"，正因为它太自然，太平常，渗透于孩子生活的点点滴滴，反而最容易被忽略，被错过。

母语，对一个孩子来说，究竟意味着什么呢？

母语，跟外语不同。外语，是工具语言，不用的时候，可以"束之高阁"；而母语，它是我们自小到大的思维、情感、文化之根脉。孩子生命的起点，就是"母语之爱"的起点。因而，只有父母才是孩子最重要的陪伴者，他们能激发和赋予孩子巨大的语言能量。

在孩子自我建构的关键阶段，那些从父母这里传递给孩子的母语之爱，就像家常饭菜，看似普通，却营养丰富、长久滋养，能给孩子打好"人生的底子"。

语言能量的根基，正是日常生活中的对话、互动、感知和体验。很多时候，作为父母，我们仿若置身沙漠，带着满腔的热情和爱，四处奔走，为孩子寻找母语能量的"水源"，却恰恰忽略了，我们自己才是那个"泉源"……

我们可以相信：

母语能力的培养，是我们与孩子的心意交流；是用爱和自由为孩子构建的安顿生命的言语环境；是听到孩子内心深处的歌唱，并和他一起歌唱……

为了方便阅读和思考，在本书中我会从听、说、读、写四个方面分别论述。因为在孩子的母语生命中，这四个方面相互激发，融会贯通。

读完本书，您或许可以找到下面问题的答案：

在语言发展的关键期，如何激发孩子的潜能？

如何让孩子爱上阅读，养成习惯，持续发展阅读思维和能力？

如何用语言滋养孩子的生命，激发其创作热情，体会写作带来的乐趣？

如何做才能给孩子一生中最重要的语言能量？

请相信母语之爱的力量！

因为，母语之爱，无可替代。

林静

2022年11月16日

目录

第一部分 听，听觉语言力

第一章 听到世界，听到爱 / 3
一、听觉语言力的呵护和培养 / 5
二、一生中最重要的聊天 / 15

第二章 文学启蒙早开始 / 31
一、童谣、儿歌：滋养一生的韵律之美 / 32
二、诗歌、美文：涵养孩子生命的灵性 / 38

第二部分 说，表达语言力

第一章 孩子的"说"至关重要 / 57
一、本能的呼唤 / 59
二、成长的风景 / 62
三、心声的传递 / 64

第二章 让孩子成为优秀的表达者 / 69
一、提升描述能力，让孩子的表达优美丰富 / 71
二、发展思维能力，让孩子的表达条理清晰 / 76
三、提炼精当语汇，让孩子的表达简洁生动 / 86
四、涵养言语气质，让孩子的表达优雅从容 / 91
五、关于"说"，妈妈最关心的几个问题 / 98

第三章 让孩子成为富有创造力的表达者 / 113
一、童心创造的美丽世界 / 115
二、呵护孩子的童话期 / 118

第三部分 读，阅读语言力

第一章 让孩子爱阅读、会阅读的秘密 / 129
一、让孩子爱上阅读的意义 / 130

二 让孩子与阅读建立三个联结 / 137
　第二章　从亲子共读到独立阅读 / 151
　　一 从绘本开始的亲子共读 / 152
　　二 引导孩子为独立阅读做好准备 / 172
　第三章　支持孩子发展阅读策略 / 179
　　一 引导读后复述 / 180
　　二 发展创意思考力 / 189
　　三 养成阅读专注力 / 194
　　四 培养深度阅读策略 / 196
　　五 鼓励孩子朗读 / 201

第四部分　写，写作语言力

　第一章　写作，点亮孩子童年的魔法笔 / 205
　第二章　引导孩子开始写作 / 209
　　一 引导孩子随心而写 / 210
　　二 引导孩子"从听到写" / 215
　　三 引导孩子"从说到写" / 219
　　四 引导孩子"从读到写" / 227
　　五 引导孩子"从做到写" / 237
　第三章　父母是孩子母语之爱的泉源 / 251
　　一 关于孩子写作，有些事我们不能做 / 252
　　二 关于孩子写作，有些事我们必须做 / 259

参考书目（好书推荐） / 280
后记 / 285

第一部分

听,

听觉语言力

方法导论视频

小小，胖胖，
安然，甜美。
我还不知道，
该怎么抱你。
我还不知道，
该怎么爱你。
但我知道，
你在听。
就让我的声音
陪伴你，
日出，日落，
像我的目光
和我的心，
片刻，舍不得离开。

——题记

第一章

听到世界，听到爱

母亲的心跳、呼吸和声音是小生命得以安心生长的力量。
听到什么、听到多少，决定了孩子是否可以获得充足的母语营养。
不经意间，孩子就可以收获到持久的生命能量。

  悉心观察，你会发现，如果单单把小宝宝放在一旁不理他，他的目光会很茫然，好像在等待着什么。此时，充满爱意的凝视、亲切温柔的声音、朗朗上口的儿歌、明快押韵的童谣能让孩子的眼睛闪烁起来，放射出人类特有的"那一点灵明"。

  听，是孩子获得语言能量的起点。

  母语，是哺育孩子精神生命的乳汁，听到什么、听到多少，决定了孩子是否可以在语言学习的关键时期获得充足的营养。有人说："孩子小，不懂事，谁照看都是一样的。"其实，生命早期的亲子分离致使孩子听不到父母的声音，会对孩子语言和心智的发育产生难以估量的影响。

  孩子对语音的知觉是一种本能，婴儿能够排除周围声音的干扰，辨析父母语音中细微的变化。只是这样的本能需要呵护，并在恰当的时间予以激发。令人欣喜的是，发展心理学告诉我们，在人的一生中，大脑都是可塑的。而听说能力要在生命早期迅速获得，这是进化过程的必然要求，因为越早听懂危险的警告，就越能安全地存活下来。

  婴儿的大脑在出生第一年飞速成长，九个月到两岁之间，大脑中负责神经元传导的突触比成人多 50%。大脑只占体重的 2%，却消耗身体 20% 的氧、差不多比例的卡路里和磷脂。消耗巨大的大脑不可能总为一种能力的获得长久地供给全部能量。因而，尽管年龄跨度略有差异，个体情况不尽相同，但自出生后一直到 12 岁左右，是儿童获得语言能力并达到较高水平的重要发展期。其中，3 岁之前是儿童通过听觉贮备语言能量的关键期，6 岁之前是儿童口语能力（听和说）发展的关键期，12 岁之前是书面语言、理解和表达（读和写）能力提升的关键期。

一、听觉语言力的呵护和培养

（一）呵护孩子天赐的听觉

2006年大年初一，林林——我的儿子，超了预产期九天，终于肯与我见面了！

"胖和尚！"接生大夫笑着说。

"胖和尚？"我嘀咕。

后来知道她的意思是：男孩，八斤二两，没头发，圆溜溜！

没头发？我有点意外。可那时，我哪里顾得上头发，我在担心他的听力，直到筛查一切正常才放下心来。因为孕晚期我听过一次音乐会，音响效果震耳欲聋，我听后耳朵不太舒服，担心肚子里的孩子听力会受损。虽然现在觉得完全没必要那么担心，但这确实是需要注意的问题。

孩子的听力呵护易被忽视，心理学上有许多案例：孩子性格孤僻，不说话或很少说话，被认定为精神或智力障碍，怎么治疗都没效果，后来才发现，是因为听力有问题。

据耳鼻喉科就诊资料显示，两岁以后，儿童听力的就诊率开始上升，4岁时达到高峰。可见，发现问题的时间，恰在孩子说话的关键期。而对韵律、节奏的感知力，对细微发音的分辨力，都会直接影响阅读理解力。无法建立文字和语音的关联，或者因为耳病影响分辨发音的速度，都可能引发阅读障碍。早在20世纪70年代，美国学者经过严格跟踪实验发现，暴露在噪音环境下的儿童的阅读能力普遍低于正常儿童。[1]听力受损的高中毕业生的平均阅读能力只能达到小学四年级水平。[2]实验中，人们给受到阅读障碍困扰的孩子戴上蓝牙装置提升听觉能力后，其阅读能力也得到了明显的提升。

氨基糖甙类抗生素即耳毒性抗生素致聋、中耳炎反复感染未及时有效治疗是导致听力受损的重要原因。再有一个原因就是噪音。研究发现，曾接受过85分贝以上强噪声影响的胎儿，出生前就已经丧失了听觉敏锐度，这种影响会随着噪声强度的增加而加重，甚至会导致孩子出生时体重减轻。我们能听到的声音大约是1分贝，最适宜的应在15至45分贝之间。一般室内聊天约为40至60分贝；60至70分贝时，会有损神经；70至90分贝的声音，会让人烦躁不安，神经细胞会受到破坏；90到100分贝，听力会受损；100至120分贝，1分钟左右即可导致暂时性耳聋。需要注意的是，一般KTV、酒吧及广场音响都在90分贝以上。噪声造成的听力损伤，对成人来讲只是听力早衰，对孩子来说却直接关乎语言和心智的发展。研究显示，小鸟如果听力受损，就无法通过听觉反馈学会鸣唱；成年鸟类如果听力受损，鸣唱能力会退化。这与人类语言中枢的复杂调控非常类似，听觉反馈对发声学习行为的发育及成熟声音结构的稳定至关重要。[3]因而，妈妈做胎教时，不要把大音量的放音器贴在肚子上；孩子出生后，不要长时间给孩子使用劣质电子声响玩具；给孩子听音乐，音量应控制在最高音的60%以下，听15分钟，就休息一会儿。

听力康复中心常用"林氏六音"来评测孩子的语言听觉能力。这是由当代听觉口语康复大师Daniel Ling. OC. PHD（1926—2003）设计的六个语音，可以快速有效地判断孩子是否感觉到了言语频率范围内的声音。在

---

[1] 陈锦治：《飞机噪声对学龄儿童阅读能力的影响》，《国外医学（卫生学分册）》1983年第2期。
[2] 丹尼尔·T.威林厄姆：《心智与阅读》，梁海燕译，浙江教育出版社，2020年版，第45页。
[3] 左明雪：《鸣禽听觉反馈对发声学习行为的影响》，中国会议数据库，2009年7月17日。

此基础上，国内学者根据汉语普通话的发音特点增加了x，称为"普通话七音"，其中m、u是低频音，a、i是中频音，sh、x、s是高频音。

普通话七音

我们可以用这七个音作检测工具，与孩子一起游戏、玩耍：站在孩子身后，在距离孩子大约0.5米（私密对话距离）、1米（朋友对话距离）、2米（一般对话距离）和3米（多人对话距离）时，依次发出m、u、a、i、sh、x、s七个音。发音时，注意m不要发成mo。sh、s要发成清音，声带不能振动，否则频率会降低。

孩子听到声音，会做出回应，比如：转身看妈妈，微笑，有时会模仿。我们要及时回应孩子："你听到了吗？我说的是什么呀？"如果孩子对某个声音没有反应，我们可以改变音调或延长声音再说一遍。如果孩子还没有反应，我们可以记录下来，转发下一个音。这就是"普通话七音检测法"。它简便易行，当我们发现孩子对声音反应不敏感时，可以及时自测，并作相关咨询。

研究表明，对听力问题的干预越及时越有效，越早给孩子使用助听设备或植入人工耳蜗，让孩子获得听觉经验，接受听觉语言训练，就越能保障孩子语言能力的正常发展。在0~3岁，最迟不要超过6岁，即使听力在110~120分贝的环境中受损，及时配戴大功率助听器，也会获得不同程度的听力语言康复，很多孩子经过3~4年的听力语言训练，可以发展听觉口语能力，进入一般幼儿园和普通小学读书。

2021年，在"感动中国"十大人物颁奖仪式上，90后清华大学博士生江梦南讲述了她的故事。江梦南是不幸的，在半岁时，由于耳毒性药物导致极重度神经性耳聋，她失去了听的能力，也几乎意味着失去了说话的能力；她又是幸运的，皆为中学教师的父母坚持教她发音和唇语，让她可以在普通学校"旁听"课程。通过观看老师讲课时的嘴型，通过看板书和自学，她才得以以优异的成绩不断向梦想进发。

 母语的力量

（二）妈妈的声音开启宝宝的世界

林林出生了，我升级为妈妈。很快，我发现这个小人儿睡觉前有一套仪式：吃完奶，圆胖的小身子要缓缓摇，胖胖的屁股蛋儿要轻轻拍，然后，我还要哼唱抒情的歌谣……只要这样做，他就表现出一副舒适、安稳的样子。

我问妈妈："是催眠魔法，还是这孩子的独特嗜好呢？"

妈妈笑了："有啥奇怪？摇，就像当时你挺着肚子到处走。拍，就像他在你肚子里时听到你的心跳。你的歌声让他心安，知道是在妈妈怀里，当然睡得香了！不然，孩子怎么能踏实呢？"

我突然想到，一个生命在另一个生命中孕育，最初的系恋正是从听到"咚、咚、咚"这一声声心跳开始的……那一团混沌自在的生命在温暖的子宫中飘浮，这声音如此清晰、安然。

胎儿的听神经在 4~8 周开始发育。15~20 周，胎儿开始有听觉。24 周时，左右耳蜗的形态和听神经的分化基本完成。从第 25 周开始，胎儿听力几乎与成人相同。到 40 周左右与母体分离，妈妈的心跳、妈妈的声音，就是孩子最熟悉的"音乐"。研究表明，新生儿对妈妈的声音已有明晰的记忆。现代医学不再让早产儿孤零零地待在"安全岛"，而是逐渐认可"袋鼠式"的护理模式。很重要的原因，就是发现婴儿听到妈妈的心跳和声音，能大大提升免疫力，促进发育。原来，听到母亲的心跳、呼吸和声音如此重要，是小小生命得以安心生长的力量！

看着林林甜美如天使般沉睡的小脸，想到在他还不能自由感知世界的时候，我们却可以用声音让孩子"听到世界，听到爱"，我心中的使命感油然而生。

孩子的听觉能力会以我们意想不到的速度迅猛发展：

30 天左右，宝宝能分辨发音的细节，是"婆婆"还是"伯伯"，他听得明明白白，小手和小脚能有节律地配合。

60天左右，宝宝能听得出"好话""孬话"，会给友善的声音一个微笑，会因不好的声音怔住。

60到90天，宝宝能用心听音乐，尤其爱听妈妈唱歌，能分辨旋律，寻找声源，轻松分辨相差八度的音。

4个月，可以区分男声和女声。

5个月，能分辨不同的物体发音，语音听辨能力增强，为语义理解做准备。

6个月，能对语言指令做出反应，此时可以开始亲子阅读了。

9个月，真正开始理解成人的话语。

10个月后，听觉理解力快速发展。

12个月左右，听觉分析变得敏锐，能进行语调、发音和意义的自然辨别和匹配。

察觉声音的存在、分辨发音的异同、辨识语音和物体的联结、理解声音的含义……孩子的听觉语言能力步步推进。可以说，儿童最初所认识的世界，是由耳边的声音所决定的语言世界。

妈妈的声音，伴随着特有的韵律、柔软的"抱抱"和充满爱恋的表情，形成了婴儿最早依恋的全部世界。这依恋下的安全感，是一切发展的基础。

心理学上有一个著名的"视崖实验"，本是用来测试人的深度知觉是否出于本能的，却曾在韩国的一档电视节目中被用来测试妈妈的表情和语言对婴儿的影响。实验中，当婴儿看到玻璃板下高低落差很大的"悬崖"和"火海"，会出于本能趴着不动。这时，如果站在对面的妈妈没有表情，也不说话，婴儿会缩回去；如果站在对面的妈妈呼唤孩子的名字，微笑地看着孩子，婴儿居然会爬过去找妈妈。没想到，妈妈充满爱的表情和声音能够让这个小小的生命超越本能的恐惧而一往无前。

为人父母，面对上天赐予的天使，我们应该立下的第一份信念应是：

孩子，我要好好珍惜与你的每一次说话和歌唱，用爱的声音开启你的世界。

母语的力量

（三）听力游戏让孩子更会听

听觉智能，是有效获取外界信息的保障。听知觉是对声音特征的分析和运用，包括对声音的前后关系特征、先前的知识、记忆、注意力和加工技能的使用。听觉分辨能力同语言的准确性紧密相关。[①] 听知觉与听觉辨别对于语言能力的发展非常重要。同样是听，表现出来的能力差别却很大。

我在大学里上课时发现，"会听"的学生总能表现出非凡的学习能力，他们能捕捉到富有启发的观点；而"不会听"的学生则专注力不够，甚至还期待着能像中学那样老师给画重点。生活中，善于听的人注意力集中，能一边听一边思考，展现出亲切、耐心、沉稳的气质，特别受人欢迎。**在语言发展的关键期，我们可以通过孩子喜欢的游戏，激发其听觉智能，锻炼听觉的敏锐性，提升其辨音能力，这对孩子日后的学习有重要作用。**

林林小时候很喜欢玩听力游戏，不管是等车还是散步，随时随地都能玩起来。一开始，我们常玩"听听哪里真奇怪"的游戏，我来唱"颠倒歌"，把各种奇怪的搭配放在一起：

　　石榴树上结红桃，
　　杨柳树上结辣椒；
　　吹着鼓，打着号，
　　木头沉到底，石头水上漂；
　　小鸡叨了秃老鹰，老鼠抓住大花猫……

随后让林林从中找出奇怪的地方。后来我想，在孩子的世界里，也许没有什么是不可能的。孩子画一棵树，树上不仅有各种果实，还有星星和月亮呢！在孩子的眼里，小鸡能智斗老鹰，老鼠可以戏弄花猫！我渐渐觉

[①] 赵云静、赵亚茹：《听觉辨别能力与儿童语言发育》，《国外医学（儿科学分册）》2002年第29期。

· 10 ·

得这样的"找错"并不妥当。于是，我专门设计了一些听力游戏，后来做课题实践时发现，这些游戏很受孩子们喜欢，同时能有效激发和锻炼他们的听觉智能。

1. 听音辨音游戏

研究发现，语音意识，也就是辨听最小语音单位音素的意识，与儿童阅读能力相互关联。提升听音、辨音能力，可以和孩子一起玩读音相近的韵头、韵脚游戏，它对语言和阅读能力的提升也有很大的帮助。

比如，我和林林在读《咕噜牛》系列故事的时候，常常顺便玩辨音游戏，我慢慢地说出：

咕噜牛、吐露牛、嘟噜牛、奴噜牛、噜噜牛、

咕嘟牛、咕吐牛、咕奴牛、咕囵牛、咕吞牛……

当林林听到我说出故事的主人公"咕噜牛"的时候，就会高兴地拍拍手或转个圈；当听到这么多名称相近的"牛"时，他总是开心地瞪圆眼睛，看着我的嘴，我感觉到他的小耳朵都要竖起来了。

还有语音快速对应实物的游戏，很有挑战性，孩子也喜欢。

找一些图卡摆在面前，我会先卖个关子，不紧不慢地问："魔法商店，开门了吗？"

"开门了！开门了！"他兴奋地催我快来。

"我要买东西，听到我要什么，把卡片递给我哦！"

"给我鞋子！" "给我茄子！"

"给我风衣！" "给我飞机！"

"给我蓝花瓶！" "给我南瓜饼！"

……

我故意说一些语音相似的语汇，锻炼孩子快速反应、专注辨音的能力。

2. 听觉分类游戏

听觉分类游戏可以锻炼孩子的听觉注意力。比如，我清晰而缓慢地说："狮子、椅子、西红柿、猴子、大象、书包、蚂蚁、牙膏、斑马……"让林林注意听，听到动物名称时就拍一下小手。慢慢地增加难度，我说得更多更快，林林常常开心地叫起来。玩够了"听到动物拍拍手"，就换"听到交通工具跳起来""听到蔬菜就张开嘴巴"，等等。这个游戏涉及语词的分类，每天玩一会儿，不仅能锻炼听辨能力，还能扩充孩子的语汇量。

3. 听觉记忆游戏

"妈妈说，宝宝做"游戏可以锻炼孩子的听觉注意力和记忆力。

林林8个月大时，有一次我对他说："帮妈妈去书房看看，电话响了没有呀？"

就这样，林林戴着护膝像小老虎一样爬走了，过了一会儿，他爬回来，冲我摇摇头。我感谢他的帮助，他很开心。慢慢地，等林林会走路了，我会请他帮忙完成一件事，再做一个动作指令，逐渐地增加到两个指令、三个指令……

"请帮妈妈捡起地上的钢笔，放到书房桌子上，再拿那本蓝色封面的书，到客厅来送给妈妈，好吗？""请完成后转一圈、跳三跳，扭扭屁股、转转腰。"

我们可以和孩子互换角色，慢慢地加大难度，孩子会越做越好。这里的重点在于让孩子体会到"注意听—记住指令—完成动作"的成就感。听觉排序比听觉记忆更难，不但要记住信息的详细内容，还有先后顺序，孩子不可能每次都准确无误。一开始，孩子只能捕捉到关键词，动作顺序常常不对，因而当孩子做完一遍，无论如何我们都要给予鼓励和肯定。非常重要的是，我们需要一边慢慢地重复指令，一边和孩子一起把动作流程完整地完成一遍，这样做是对前面听觉记忆的回溯，可以很好地帮助孩子找到听取信息的关键方法。

4. 听觉想象游戏

听觉想象游戏对孩子的听觉理解和想象表达有很好的帮助。

林林午睡前，我常找来彩笔和白纸，然后放一段音乐，一般是古典音乐或轻音乐，和孩子一起闭上眼睛听。听完后，我们会一起思考："听到了什么呢？"我就带头画，林林也学着我，把听到的感觉画出来。有时，是一堆纷飞的线条；有时，是一个微笑的人脸；有时，是一个太阳；有时，是一块蛋糕……不管画出什么，都是他对乐曲意象的感知和理解。慢慢地，林林能把听觉信息转化成富有形象感的语言说给我听。

后来，林林写作时常有对声音细致而形象的精彩描绘。我想，一定有妈妈和他一起做听觉想象游戏的功劳吧。

5. 各种类型的谜语

要想培养认真听、用心想的习惯，猜谜语是特别好的方法。

在幼儿园做课题时，我发现一个中班的孩子听觉理解的表现比大班孩子还要好。老师每说完一件事，他反应都特别快。请教了他的家人才知道，这个孩子最喜欢猜谜语。一岁左右时，妈妈给他读各种谜语，担心他听不懂，每个谜语都会慢慢读三遍，等他想一想，再说出答案。慢慢地，他开始自己猜自己说了。

谜语通常由几句话组成，需要特别用心听，还要一边记忆，一边思考，因此是提升听觉专注力和理解力特别好的方法。

6. 信息提取游戏

"妈妈,玩'小牛传话'吧!"林林对这个游戏乐此不疲。

游戏情境是:他是小牛,我和他爸是老牛,两只老牛分别在两个山坡上吃草,需要小牛送信传话。林林让我在他耳边轻轻说一句话,然后跑到另一个屋传给爸爸,再由爸爸说出来,我来听听对不对。

还有"小兔子做客"的游戏。比如我先对林林说:"小兔子说,今天晚上六点半到小猪家做客,要一起吃胡萝卜,看图画书[①]。"接下来,我问他:"谁要去做客呀?到谁家里去呢?什么时候去?一起做什么呀?"

这些游戏可以让孩子有意识地捕捉到日常信息的关键要素:时间、地点、人物、事件。

在这些简单有趣的听觉游戏里,孩子会从无意识听到有意聆听,再到选择感兴趣的内容来听,慢慢地学会边听边提取关键信息,边思考边关联自己的生命经验展开想象,从而逐渐发展听觉智能,达到"鉴赏和审辨式"聆听。

[①] 图画书:又称作绘本。本书根据叙述需要,认同二者为同一种读物形式。

二、一生中最重要的聊天

（一）爱的心意，孩子听得懂

怀孕第 36 周时，我去医院例行检查。

"脐带绕颈两周半，有点麻烦。"

"啊？！怎么办呢？"

"观察看看，很常见，没什么办法！"

没办法，这感觉很难受。但我还是做了一件事，就是继续跟孩子"心意交流"。每天，我会满怀爱意地跟肚子里的林林说话："宝贝，你好啊！妈妈今天看到一幅画，画上有个胖娃娃，黑黑的头发苹果脸，大大的眼睛笑哈哈，你是这样的吗？"

检查回来以后，我总会闭上眼睛，把爱的意念和力量都聚集到大大的肚皮上："宝贝，妈妈爱你！我们就快要见面了！妈妈好开心，你也很开心，对吗？宝贝，你脖子上的东西呢，叫作脐带，不可以绕着玩，你能绕开它吗？不被缠到会很舒服呢！"

我每天都诚恳地说着这些话，胎动时，我就想象着是林林在绕开脐带！

第 38 周检查。

"很好呢！"

"脐带？没有绕颈吗？上次检查说是绕颈两周半。"

"没有啊。"

母语的力量

"真的？绕开了！"我惊喜不已。大夫告诉我，不用激动，这也很常见。

很常见？我满心欢喜地想，一定是林林听到我恳切的"心声"了！

我相信，充满爱的语言，哪怕只在意识里，也会产生巨大的力量！一生中不知道会有多少次"聊天"，但一定要记得，从孩子出生的那一刻起，我们将用聊天开启他的整个世界。

也许有人会问："这么小的孩子懂什么呢？"但就像孩子和妈妈之间存在难以解释的神奇感应一样，孩子对母语也有着非凡的感知和理解力。虽然一般认为，九个月之后，婴儿才能真正听懂大人的话语，但孩子不仅在听，还在用整个身心感知，他能感觉到"语言"在人与人之间交流的作用，知道声音里有爱和各种情绪，通过环境、表情、动作和完整的语境领会其中的意思。这种婴幼儿理解语言的神奇能力，被称为"第六感"，即"在正常的语言交际环境中，对语音的感知与辨析以及语义的分析与识别是人脑所独有的第六种感知觉"[1]。

《窗边的小豆豆》的作者黑柳彻子被誉为"最了解孩子心意的人"。她曾在火车上跟一个哭闹不停的婴儿认真交谈，告诉他：如果想换尿布或者肚子饿了，要想个办法让妈妈知道，光哭是没用的。那个五个月大的孩子听了她的话，真的不再大哭了。黑柳彻子在担任联合国儿童基金会亲善大使期间，到过一些战乱的国家。一次，她抱起一个母亲去世、艾滋病晚期的婴儿，用日语跟他说话，那个孩子就一直盯着她的脸看，两只小手紧紧抓住她的衣襟，原本呆滞的眼睛贪恋地看着她。显然，这个孩子太缺乏这种"声音之爱"了。当不得不离开时，黑柳彻子看到那个婴儿绝望地望向远方，忍不住泪流满面。她说："近二十年来，我和许许多多小孩子说过话，有非洲的、东南亚的、中东的和近东地区的，以及中南美洲的，我们的语言完全不通，我只能用日语跟他们说话。可我从来不觉得和他们说话是没有用的，我深信他们能够理解。"[2]

---

[1] 何克抗：《语觉论——儿童语言发展新论》，人民教育出版社，2004年版，第43页。
[2] 黑柳彻子：《小时候就在想的事》，赵玉皎译，南海出版公司，2004年版，第126–127页。

这就是充满爱的语言的力量。

时至今日，看着在操场上腾跃投篮的林林，我还能一下子记起他还是个小婴儿时看着我的脸、听我说话时的神情，那是印刻在心灵深处最美妙的影像。他咿咿呀呀地回应我，眼神清亮而专注，睫毛微颤，呼吸柔和，小手轻轻放在我的胸口，小脚安心地搭在我的臂弯，肉嘟嘟的小身子松弛下来……

哄林林睡觉时，我会选悠长、抒情的歌曲慢慢哼唱，他很享受，极力不让自己睡过去，小眼睛闭上，睁开，再闭上，又睁开，直到终于伴着歌声沉沉睡去，而且睡得很踏实。奇怪的是，醒来时，除非我在身边，否则他就会大哭。"是没睡好吗，还是一定要找妈妈呢？"跟很多妈妈交流后，我发现，全职妈妈照看的孩子睡醒后，即使妈妈不在身边也不太会哭，而是会发出声音让妈妈来抱，或者安静地自己啃手玩，等着妈妈过来。这样一对比，我就明白了。林林睡着后，我常赶去工作。孩子是看着妈妈的脸、听着妈妈的声音睡着的，醒来时，妈妈消失不见了！[①]孩子一定是对"妈妈一直在身边"这件事缺乏基本的安全感，才极力不想睡去，即使不得已睡着了，醒来也会伤心大哭。这哭泣中，分明有对这个裹着蜜糖、先甜后苦的骗局之愤怒！我想应该对林林说明这件事，请他谅解。该怎么告诉他呢？我试着编了首儿歌，一边轻轻地拍着他，一边用《摇篮曲》的调子轻轻唱出来："睡吧，睡吧，我的好宝贝！睡吧，睡吧，妈妈要上班。等着妈妈回来哟，妈妈回来就抱宝贝呀……"看着林林的小脸，我慢慢地反复哼唱，虽然一开始他仍有委屈的表情，入睡却更快了，醒来后好像什么都明白，不再大哭，只是让人抱着去看看门，看妈妈是不是回来了。当我一进门马上就抱起他时，他心满意足地笑了，好像我们都遵守了约定。可见，孩子理解了我的心意。从那以后，遇

[①] 让·皮亚杰提出婴儿"客体永久性"能力的形成要在 18 个月左右，但很多心理学家比如汤姆·鲍尔发现这种能力的获得要早得多，甚至 8 周大的孩子就会期待看到出现过的玩具。研究表明，儿童对 6 个月大的体验有清晰的"内隐"记忆，长期记忆的形成从这时就开始了。孩子对妈妈的声音等感觉更加敏锐，在 3 个月左右甚至更早就对妈妈产生依恋了。

母语的力量

到应该跟他说明的问题，我从不隐瞒，而是慢慢地用各种方式说给他听。这样做的时候，他总是很认真地看着我"哦哦呀呀"地回应，好像在跟我商量着什么。

林林6个月大时，我们一大家子人聚餐，他坐在旁边十分用心地听我们谈话，还摇头晃脑"咿咿呀呀"地回应，我笑着说："听，林林在发言哦！"看到所有人都听他说话，他更起劲儿地发出各种声音。心理学认为，儿童分析和产生语言是以两种基本的认知能力为前提的：他必须在不会说话时能够领会父母或其他成人所说的话，他必须注意他们怎样谈论事情。只有具备了这两种能力，他才能通过语言将声音和意义联系起来。[1]

孩子在会说话之前，早已具备了语言的听觉理解能力。

我想，一个孩子如果缺失了和妈妈之间的语言交流，感知不到语言在传情达意中的神奇力量，他当然也会懵懵懂懂地长大，当然也会说话，但对语言的理解和运用必将缺少很多信心。

在语言学界，对语言习得持本能观点的学者认为，妈妈与孩子说话并不是孩子学习语言的必要条件，只要孩子有机会听到和运用语言就可以。但仍有很多事实证明，如果妈妈长时间缺位，爸爸又性格内向，婴儿的语言发育要相对迟缓。这大概是因为，在1岁前，妈妈是孩子最重要的语言启蒙者，可以在全方位的哺育中更好地和孩子进行语音、表情、动作上的交流。

我们知道，没有哪个妈妈与孩子说话是为了让孩子学会语言，妈妈与孩子的温柔对话是母爱之本能。

从哺乳期开始，我发现，用富有节奏的话语跟孩子聊天，不仅对孩子的语言发展大有好处，对妈妈来讲，也是减轻压力、愉悦身心的好方法。

林林出生后，我常常用有趣而富有节奏的方式告诉他我要做什么，并请他理解："妈妈看书，妈妈备课，妈妈忙完就来抱！""这是谁呀？小林林！在干吗呀？等妈妈！"……有时我一说，他的大头、小手、脚指头都会跟着

---

[1] 唐燕儿：《儿童语言学习心理》，暨南大学出版社，2012年版，第26页。

节奏动起来，我俩像是"酷炫说唱"。富有感染力的节拍和韵律能带给孩子无限的乐趣，也让我在忙碌中不觉压力。新手妈妈睡不好觉，常会产生坏情绪，试试这样跟孩子说话，心情会不会好很多呢？

跟孩子在一起时，不论喂奶、洗澡、换尿布、哄睡，我都会边做边跟他说话，而不是默不作声。

我常常描述孩子的状态，让小家伙感觉到我的关心和爱：

"你笑了，很开心吗？饱饱的，好舒服呀！"

每说完一句，我都等一会儿，听到他"啊啊呀呀"的回应，我再继续说。有时，我一边和林林说话，一边抚摸他的小手小脚。他诚恳地看着我，好像在说："妈妈，说吧，我喜欢听！"

我也常给孩子描述我看到的各种东西：

大树、云朵、操场、开满鲜花的藤蔓、小篮子里盛放的各种杂物……

孩子真是精灵的存在。当我这样说的时候，透过他的眼神，我发现他似乎什么都懂，只是还不会说罢了。就像泰戈尔《孩童之道》中说的那样：

> 孩子知道各式各样的聪明话，
> 虽然世间的人很少懂得这些话的意义。
> 他所以永不想说，并不是没有缘故。
> 他所要做的一件事，
> 就是要学习从妈妈嘴唇里说出来的话。
> 那就是他所以看来这样天真的缘故。

在讲座中，有好多妈妈问我："故事机、点读笔、小视频，发音更好听，是不是可以解放父母，给孩子更好的语言启蒙？"

我总忍不住说："孩子风一般地长大，你可以用声音传递巨大能量的机会转瞬即逝。亲子之间的真实互动所带来的爱与能量，是不能取代的。我们和孩子说话，不仅是充满爱意的亲子交流，还会对孩子的语言发展有着深刻的影响。"

母语的力量

你发现了吗？我们跟孩子说话时，会变得像孩子一样，声调高扬，语速缓慢，声音起伏变化。这种专门对着宝宝说的"儿向语"（infant-directed speech, IDS），情感饱满，语音明晰，还有特别的韵律和节奏，可以帮助孩子摒弃干扰，实现视觉追随、注意联合和意图理解，对孩子的语音感知和语言学习有重要作用。

视觉追随，是孩子直接感知发声的过程，包括表情和神态，这是点读笔和故事机无法提供的；注意联合，是引导孩子把声音与他所熟悉的事物和生活情境结合在一起，这是无法实时互动的节目难以给予的；意图理解，是借由声音及情感表现等，完成语言意义的推断和理解，这是与孩子情感关联缺乏的人难以启发孩子完成的。

神经语言学家王德春教授指出："直接的语言交往是儿童掌握语言的必需环节……一个孩子仅仅能听见语言还不够，还需要一定言语环境的良性刺激，即要让孩子在能够进行言语交际的环境中通过与他人交谈才能学会说话。"他引用了一个经典案例作为佐证：一个听觉正常的孩子，父母都是耳聋者，用手势语交流，而孩子因患有气喘病只能待在家里。他从电视节目中接触到英语，但无法听懂，也不会讲，到3岁左右时，却能用手势语熟练地与他人交流。这说明儿童只有在既能听见周围的语言，又能与语言使用者进行直接交谈的情况下，才能学会它。①

在孩子初学语言的阶段，父母跟孩子进行"双向互动"谈话时的表情、声调、语气、手势或者体态都呈现出丰富的语境信息，可以帮助孩子进行分析和判断。

有一项比较婴儿在现场互动情境和电视中对非母语语音学习情况的研究，意欲考查婴儿能否通过在非母语环境中的短时间暴露形成对非母语语音的范畴性感知（Kuhl, Tsao, & Liu, 2003）。研究对象为9个月大的美国婴儿，分为三组。一组在真实的社会互动情境中听4个以汉语普通话为母语的

---

① 何克抗：《语觉论——儿童语言发展新论》，人民教育出版社，2004年版，第115-116页。

人用普通话讲故事,另一组则听电视中同样的人用普通话讲故事,还有一组作为控制组,只听英语故事。之后,对这些婴儿进行普通话的语音辨别测试。结果发现,电视组和控制组的婴儿在得分上没有显著差异,而社会互动组的婴儿得分显著高于电视组和控制组。① 这说明,互动交流能真正有效地促进孩子的语言发展。

我国台湾地区教育家、脑科学家洪兰教授曾指出,孩子的智力水平直接与他 3 岁之前听到的语言多寡呈正相关,进而言之,孩子在 1 岁之前听到的话语量直接影响其智力和认知水平。其实,父母在替孩子换尿布、洗澡和喂饭时多说话,可以促进孩子脑神经的连接,对孩子将来快速处理语言信息很有帮助。

美国学者根据长期跟踪研究,提出了"三千万词汇鸿沟"的问题②。儿童早期语言发展的词汇差异,主要与父母和孩子日常交谈的词汇数量和品质有关,而儿童词汇学习的"发展轨迹"一旦形成,很难改变。来自不同家庭环境的孩子会表现出显著的"词汇鸿沟"(Betty Hart & Todd R.Risley,2003):高社会经济地位的家庭,父母和孩子平均每小时交流的词汇量是 2153 个,其中不同的词汇有 382 个;低社会经济地位的家庭,父母与孩子交流的词汇量是 616 个,其中不同的词汇有 167 个。在经过长期的数据跟踪和整理后发现,孩子 3 岁时,词汇量的差距就能达到 3200 万。

儿童词汇发展的差异是亲子互动中所使用词汇差异的真实体现。这样的词汇差异不仅是量的多少,更有质的差异。能不能经常与孩子展开开放式和互动式的对话,是不是使用生动、丰富的语汇,都会直接而深远地影响孩子的语言能力发展。

---

① 宋新燕、孟祥芝:《婴儿语音感知发展及其机制》,《心理科学进展》2012 年第 20 卷第 6 期。
② 达娜·萨斯金德等:《父母的语言:3000 万词汇塑造更强大的学习型大脑》,任忆译,机械工业出版社,2019 年版,第 29 页。

 母语的力量

（二）有效促进儿童语言发展的"聊天"方法

儿童语言的发展，需要情感丰富、能生发创造力的语言环境。

孩子的成长，陪伴异常重要，但陪伴不仅仅是和孩子待在一起，话语的品质直接决定了陪伴的品质。

认知发展神经科学认为，围绕当下发生的真实事件展开的自然对话，对保持儿童最佳状态非常关键。但成人往往不重视对话，超过60%的语言都是"停下""别去""放下"等。研究显示，如果儿童的成长环境中充斥着这类"限制性语言"，其认知和学业发展就会受到影响。优秀的父母会意识到语言的重要性，用语言支持并协助孩子。例如，一个孩子正拿着棍子搅动水坑，父母与其说："停下来，你会弄脏的！"倒不如说："你是在用棍子搅动水坑吗？你可以让棍子按另一个方向转圈吗？是的，做得很好！"这样的语言会将儿童关注的焦点扩大为一个"学习环境"。[1]

在你心中，有难忘的家庭谈话场景吗？

记得林林两岁多时，有一次小区里停电了。我点上蜡烛，平日里很少说话的爷爷在烛光中缓缓讲起了他的故事……烛光摇曳，林林在我怀里静静地听，那种黑暗中满心敞亮的交谈稀有而珍贵。多年以后，对爷爷讲的故事，甚至其中的语气停顿，我们都铭刻在心。围炉夜话、促膝交流，正是这些美好的场景轻轻地在孩子心里刻下了爱的印记。

一种语言能够渗入骨髓润泽我们，有赖于随时随地的语言环境。日常交流是孩子习得语言的最好方法，也是母语学习的最大优势。很多东西并不需要刻意学习，一个丰富自由的语言环境就能提升孩子的心智，他日后灵动美好的语言就是最好的体现。 可提起日常交流或者家庭的语言环境，很多人都觉得太过稀松平常，更没有意识到，孩子的心性品格、学业成就，乃至人生幸福的奠基

---

[1] 乌莎·戈斯瓦米：《牛津通识读本：儿童心理学》，吴帆译，译林出版社，2019年版，第3页。

性力量正源于此。那么如何跟孩子说话,可以有效地促进其语言发展呢?

1. 肢体语言,传情达意

林林出生后,我常一边跟他交流,一边做简单的手势。比如,说"上"就指着上面,说"下"就指着下面,说到身体某个部位就用手拍一拍,说"抱抱"就把双手环抱起来。慢慢地,他能用我常用的手势伴随着声音来表达各种需求。好多次,他咿咿呀呀地用小胖手比画着,当我说中他的想法时,他会特别开心。

孩子在开口说话之前,已经有了丰富的"内在语言"。

研究表明,言语知觉能力、发音能力及理解能力是逐步发展起来的。在言语产生之前,婴儿就可以采用一些特定的声音和姿态进行信息的交流。[1]在这一阶段,用肢体语言配合声音进行沟通表达,对促进孩子思维和语言的发展十分有益。国际上有专门针对婴儿手语的研究和课程。其实每个父母和宝宝都可以有一套专属于彼此的手语和动作,并不需要特别学习。

2. 情境语言,置身其中

孩子是在互动的环境中通过感知来学习语言的,对语汇的掌握,不是从认知层面直达概念,而是从具体的感知开始:看到、摸到、听到、尝到……一边感知,一边学习,能帮助孩子打通两个奇妙的世界。

婴儿一开始,通过口来认知世界,什么都要尝一尝。通过口,发现了自己的手,继而发现了自己的身体。当孩子能走路了,就进入全面感知的阶段,通过感知来认识世界,也通过感知来学习语言。

如果在日常生活中重视对孩子的语言和情境的关联积累,那么其语言感

---

[1] 彭聃龄:《汉语儿童语言发展与促进》,人民教育出版社,2008年版,第228页。

 母语的力量

知和理解能力就会快速提升。

盲人女作家海伦·凯勒的老师沙利文曾经一边让小海伦感知水流过手指，一边不断在她的手掌心书写"water"（水），从而奇迹般地开启了海伦全新的认知世界。

只要"置身其中来说话"，哪怕孩子不知道单个词的意思，也能理解整句话的内容，这是孩子在情境中感知力和理解力自然提升的结果。

林林刚学会走路时，就爱上了我的"解说"："小路长又长，宝宝走一走，左、右，左、右，一二一，嘿哟嘿哟，走得好！"他还能自发地配合，说到"嘿哟嘿哟"的时候，小屁股就使劲地颠两下。

说到瓶子，就让他看到瓶子，把瓶盖拧开，让他看到里面空空的，告诉他："瓶子，一个空空的瓶子。"

拿起瓶子，感受重量："空空的瓶子轻。"

灌上水，摇一摇："里面有水的瓶子，变重了。"

谈论书，就递给他一本书，让他摸摸看；谈论蚂蚁，就和他一起蹲在地上看蚂蚁。

"这个大、那个小"，"软软的、硬硬的"，"冰冰凉、热乎乎"，"滑滑的、涩涩的"……

直接感知到的语言能在极短的时间里"活泼泼"地跑进孩子的心里。我能感觉到林林在用小小的身体全方位地吸收着语汇里的意义和能量，他已然发现了物体的存在很神奇，语言的存在也很神奇，而且它们可以对应起来。

有人觉得小孩子懂得不多，其实，孩子的感知非常细腻。比如，有人认为，与孩子谈颜色，说得单一比丰富好。从概念记忆的角度，一开始，他可能会弄混。但我们知道只要孩子不是色盲，其颜色感知就是真切的，他希望听到更丰富的描述。孩子刚出生时，会喜欢黑白、富有轮廓感的东西。慢慢地，孩子可以感知到越来越多的颜色，他能细致地感知，日后就能在语言上做到细腻的描述。

到花园玩，指着不同的花，我告诉林林："淡粉色的花""橘黄色的

花""红色的花"……我尽量在情境中用语言表达色彩，这样，林林就感知得更加细腻。他用小手指着，仔细地看，他发现从花蕊到花瓣，颜色有一层层的变化。

"这边有阳光，叶子看上去油绿绿的；这边没阳光，叶子看上去是墨绿色的。"我指着树叶讲给他听，他很满足。如果把有着巨大差别的"绿"都单一地说成"绿色"，孩子会感到奇怪，会露出困惑的表情。秋天的树叶色彩斑斓，如果我们只是说"树叶变黄了"，孩子往往会"嗯"地应一声就跑掉了，他的感知就会因为这样笼统的描述变得单一而粗糙。我们可以告诉他："秋天来了，树叶变黄了。看，有些树叶变成了土黄色，有些是梨黄色，那些有点发红的是橙黄色，还有树叶是金黄色的……"

我们跟孩子交谈时，如果能用丰富而准确、细腻而有序、生动而有温度的语言，就会照亮孩子的每一个当下。

3. 多维语言，生动描述

很多妈妈在跟孩子说话时很用心，会用"指物命名"的方法告诉孩子事物的名称，比如指着大树说："宝宝看，大树！"这样做，可以帮助孩子用语言来认识世界，但仅仅是"指物命名"还不够。接下来，我们可以问宝宝："大树在哪里？"宝宝会指给我们看。我们还可以再指着大树问宝宝："那是什么呀？"宝宝会说："大树！"这种双向互动可以提升语汇学习的能力。接下来，尤其是宝宝1岁之后，我们还应该用"多角度描述"的方法，让孩子听到更加生动和丰富的语言。

比如，看到一棵树，我们说："看，松树！一棵高大的松树，它的叶子绿绿的，枝干平平地向两边伸展，就像两只胳膊。"一边说着，一边配合生动的肢体语言，让孩子看看我们伸开双臂的样子，再看看那棵挺拔伸展的大树。这样，孩子一下子就感知到了松树的形态，他会学着模仿一棵大树的样子，并努力想要说出"大树"。

这时，还可以更进一步，带孩子去摸一摸树皮，从质地上继续描述："这棵大松树的树皮硬硬的，涩涩的。"可以重复几遍："硬硬的，涩涩的，是不是呀？摸摸看！"还可以让孩子小心地摸摸松树的松针："这是松针，像针一样，尖尖的，扎到手有点疼疼的。"

颜色、形状、大小、质地、味道等不同层次、不同角度的观察和描述，可以帮助孩子积累丰富的语汇，培养良好的观察力和表达力。

4. 动作语言，强化记忆

"啊呜，啊呜，小老虎跑来了！"

"小老虎，小老虎，小老虎，啊呜——啊呜——小老虎！"

"吱吱吱，吱吱吱，小老鼠也来了！"

"小老鼠，小老鼠，小老鼠，吱吱吱吱——，小老鼠……"

当我们借助玩具和手偶一边晃动一边描述时，孩子会更加愿意跟着说。心理实验也表明，在孩子15个月之前，拿起物体在他眼前移动，然后清晰、缓慢、重复地说出物体的名字，孩子很快就能跟着说出来。这是因为，移动或者晃动的物体更能引发幼儿的注意力，而且当语音和具体的物体对应起来时，幼儿可以从视觉和听觉两个通道得到更加准确的语言认知，从而更快地习得更多语汇。

5. 修饰语言，扩充拓展

小区里，我看到一个孩子指着一只小兔，扭头对爸爸说：

"爸爸，兔！"

"嗯！"

"爸爸，兔！"

"嗯，兔子！"

爸爸答应着，低下头继续看手机了。孩子看着小兔，喃喃自语地说着"兔兔"。

我想，在爸爸的"嗯"之后，孩子一定希望听到更多："呀！一只小灰兔，长耳朵，红眼睛，尾巴团团像小球……"此时，如果爸爸观察一下小兔，描述给孩子听，就捕捉到了一次语言启蒙的宝贵机会。

孩子刚开始学说话时，常用一个词代表一件事。这时，不能只应和一声，而要利用好这个机会，把孩子的话修饰后回应给他，虽然他还不会说，但这样的"听"却意义非凡。

我没有刻意去教，林林很小就能说出用复合词连接的长句子，7岁时写出的文章里就有大量朗朗上口的排比句。这应该与我认真听他讲话，及时给予"修饰性的回应"有很大关系。

"妈妈，积木！"

"哇，你在搭一座积木房子呢！"

然后继续扩展表述给孩子听："一层一层，搭高高，白柱子，蓝屋顶，红色的大门真漂亮！"

"汽车！"

"对，一辆汽车，是大卡车，一辆运货的大卡车。红色的车头，黑色的车身，运货物的大卡车，嘟嘟嘟——，真漂亮！"

6. 重复语言，听记在心

林林22个月大时指着窗户问阿姨："你听到鞭炮声了吗？远处，大山，被大山挡住了！"我想是过年期间，好多人都在说"鞭炮"，孩子一直留心听，并细致辨析和模仿，很快就能自己观察外面的世界，组织语言来探究和想象了。

研究表明，当听到新词时，14个月大的孩子听几遍也说不出来，但当不同的人都说这个词时，孩子则能敏感地捕捉这个核心词并快速记住它。

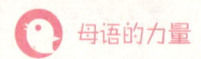

因此，一段时间里，给孩子读故事、说儿歌、唱童谣时，家人如果能使用相同材料多次重复，孩子就能更好地汲取语言营养。

7. 变换语言，建立框架

跟孩子说话时，你会发现，对同一个意思，当我们变个说法时，孩子会瞪大眼睛，仔细地听。

"玩具小熊不见了，它去哪里了？"只是这样重复，不一定能引起他的注意。

如果说：

"你见过玩具小熊吗？找不到了！"

"玩具小熊，你在哪里？快出来呀！"

"捉迷藏，捉迷藏，快来看看玩具小熊藏哪儿了？"

孩子就会笑嘻嘻地看着你，放下手里的东西，一边找，一边说："玩具小熊快出来！"一个语汇在不同句子的不同位置不断重复时，孩子能敏锐捕捉到。有意识地与孩子这样交流，他吸收语汇的能力会不断提升。你会发现，孩子会尝试把很多语词用到各种句子中，这时不要担心孩子的语法错误。3岁左右，他开始对语法非常敏感，听你说："大红枣，宝宝吃！"他会提醒你说："宝宝吃大红枣！"

8. 父子交谈，搭建桥梁

在医院候诊时，我看到一位妈妈抱着3个月大的孩子正在哺乳，孩子发烧了，鼻子不通气，"吭哧吭哧"很难受，孩子爸爸挂了号走过来。人来人往的各种声音都不曾打扰到孩子，可是爸爸一说话，孩子就停止吃奶，奋力扭过头来，想要看到爸爸的脸。尽管被裹在厚厚的棉袄里，孩子每一次转身仰头都十分艰难，但他仍要一次次地重复。

原来，爸爸的声音对孩子的吸引力这么大啊！

亲子交流是促进语言发展的重要途径，我们通常强调母子沟通，但其实，爸爸跟孩子的交谈也非常重要。研究发现，10个月大的孩子，就知道主动适应爸爸和妈妈的不同，跟爸爸玩，发声的音高会降低到和爸爸相同，跟妈妈玩，发声的音高又升到和妈妈相似，以此达到更好的交流。[1] 由于性别、角色的差异，爸爸和妈妈跟孩子说话时的态度、方式和内容有所不同，因而会产生不同的影响。如果爸爸能积极地与孩子交流，将会给孩子带来全新的语言体验。

研究者发现，两岁儿童对母亲说话简明直接，对父亲说话则多用婉转暗示的方式[2]。比如：

"妈妈，我想过生日的时候买这辆汽车！"

"爸爸，你看，这辆汽车好吗？你的车好，还是这辆车好？为什么？"

孩子不仅会用不同的态度跟妈妈和爸爸说话，而且会对主题的选择做出区别。

华东师范大学学前与特殊教育学院的张明红老师曾说："6个月大的胎儿的听觉中枢开始发育，这个时候阅读的最好陪伴者就是爸爸，因为他最喜欢听的是低频率的声音，所以爸爸可以把画面讲给孩子听。培养孩子的阅读习惯需要循序渐进。妈妈在培养孩子语言、情绪、情感方面占据优势，而爸爸在指导孩子游戏、动作发展、创造性的活动中占优势。相关研究也认为，如果在家庭教育当中，爸爸参与很少的话，那么孩子的数理逻辑能力、思维能力包括探索性方面，就会有所欠缺。"[3] 周兢教授也认为，"爸爸可以多和孩子一起阅读科学知识类的图画书，在这一类的图画书方面，爸爸的优势比妈妈强，因为爸爸逻辑思维的能力要强些。这类图书对科学探索的要求更高一些，爸爸会觉得自己更有用武之地"[4]。

---

[1] 李宇明：《儿童语言的发展》，华中师范大学出版社，2004年版，第66页。
[2] 同上书，第269页。
[3] 周兢、张明红：《学龄前儿童需要进行识字教育吗？》，《中国教育报》，2012年9月23日第1版。
[4] 同上。

母语的力量

事实上，孩子从很小的时候就能够识别不同话题的性别取向，并自动寻找更加优质的回答。儿童语言心理学家研究发现，"父亲使用的单词比母亲的更细致、更专业化"，父亲给孩子建立了一个"语言桥"，可以通向外部的世界，孩子会不得不接受一种不只是被母亲理解而能够为所有人都理解和接受的谈话的现实[①]。

想想看，父亲给了孩子一座可以通向外部世界的"语言桥"！这个比喻多贴切呀！在孩子语言发展的进程中，爸爸有着和妈妈互补的特别作用。有一套图画书，叫作《小熊和最好的爸爸》，其中的父子游戏设计得很不错，也是林林小时候和爸爸一起共度美好时光的见证。

小结

为人父母，实在是上天赐予的一次机会：重新经历童年，重新开启学习与成长，重新关注和打磨我们的声音和语言。从这个角度来说，孩子的到来，也为每对父母带来了生命重启的机会。

面对不断向着新世界欣然求索的小生命，我们也许只有比以往更多地读书，更多地思考，胸怀天地，思接古今，收获更多的生命风景，才能用我们的语言为孩子打开一扇通往多姿世界的心灵之窗。

[①] 彭聃龄：《汉语儿童语言发展与促进》，人民教育出版社，2008年版，第232页。

第二章

文学启蒙早开始

声音是别具魅力、充满灵性的教育资源，
与优美的文字结合，
可以让孩子感受到语言的美好，
这是妈妈送给孩子的第一份爱的礼物。
童谣、儿歌、诗歌中特有的韵律之美，
将会滋养孩子的一生，
成就他对美好世界的向往与追求。

你知道吗？孩子对语言、文字的感觉，对阅读、写作的热爱所需要的养分都是从听开始汲取和累积的。让孩子听到更多、更好、更美的文字，吸收更多的生命之美，是妈妈送给孩子的第一份爱的礼物，也是孩子一生精神能量的源泉。

台湾艺术家蒋勋先生致力于推动美育。在《美，看不见的竞争力》一书中，他提到：八九月份，他带着很多孩子到花莲深山里，孩子们看到红叶飘落，看呆了，却没有句子表达感动；看到繁星，震动了，却也想不出什么句子表达那种感觉，他感到很难过、很失落。因而，他说要给孩子"文学的库存、声音的库存"。

"听到"的语言构成了孩子最初的世界，富有节奏感的儿歌和童谣、韵律和意境优美的古诗文，是孩子出生后就要汲取的"声音"营养，是送给孩子的美之"库存"。

在大量听的积累中，各种各样优美的声音、丰富多样的语言形式会促进孩子的辨音、理解、记忆、联想、想象能力快速发展，从而为以后学习说话、阅读和写作打下坚实的基础。

一、童谣、儿歌：滋养一生的韵律之美

小区门口的电线杆上贴着一张纸，毛笔手写、红底黑字，不似一般广告。仔细看了，不禁笑着念出声来："天皇皇，地皇皇，我家有个夜哭郎，过路君子念一遍，一夜睡到大天亮。"不知是谁家的宝宝，把全家人都逼回了古老的年代。

夜哭，是婴儿调适作息的必经阶段。哄林林睡觉，我一边哺乳，一边拍着、摇着，还轻轻哼着《梁祝》。

我在书中读到，鲁迅先生会在孩子深夜醒来时，用特有的方法哄他入睡。他把孩子横着抱在臂弯里，从房间的门口走到窗前，再从窗前走到门口，来来回回地走，嘴里唱着平仄押韵的歌谣："小红，小象，小红象。小象，红红，小红象。小象，小红，小红象。小红，小象，小红红……"[1]他这样一遍遍地唱着，直到孩子在他的"手臂摇篮"中安然睡去。有人笑他，鲁迅先生就专门写了《答客诮》："无情未必真豪杰，怜子如何不丈夫？"可以想见，为人肃然坚毅的鲁迅先生在一个个夜晚，饱含爱意地哼唱着一首首颠来倒去的自创儿歌，何其柔软温暖！

周作人先生曾专门写过《儿歌之研究》，特别提到母歌中的抚儿使睡之歌：这些中外儿歌中，有的只是"睡来，睡来"，有的则是伴着缓缓纺车声的"宝宝肉肉"，但要领都是"浅言单调"，以"啴缓之音作为歌词，反

---

[1] 康杰：《古今中外名人教子的启示》，中国致公出版社，2010 年版，第 44 页。

复重言，闻者身体舒解，自然入睡"。朱自清也曾深情地写下《睡吧，小小的人》："睡吧，小小的人。明明的月照着，微微的风吹着，一阵阵花香，睡魔和我们靠着……"

除了催眠儿歌，妈妈随口而出的带有韵律和节奏的话语，也是孩子幼年生命中的重要印记。

有位妈妈告诉我，她给女儿梳头的时候，简直成了诗人，嘴里冒出一串串儿歌，这就是最自然的母语之爱。

刘绪源老师在《美与幼童》中提到儿童文学作家郑春华女士在孩子六七个月大时，边用奶瓶喂奶，边顺口念着"一只小猫——喵喵，一只小狗——汪汪"。有一天，她说到"一只小猫"时走神了，孩子就停止了吮吸，眼睛向上搜寻着，她回过神来赶紧说"喵喵"，孩子才继续安心吃奶。她又试着说"小狗"，然后停下来，孩子也停下来，看着她，像在等什么，她说出"汪汪"，孩子又继续吃奶。

孩子对节奏有天然的感知力，吮吸，儿歌，母亲的心跳、呼吸、自己的喘息，音调的韵律，契合无间。这富有节奏的韵律，能让孩子安心、愉悦，也是最早的审美体验和文学启蒙，更是连接语言和世界的美好起点。

在孩子短暂而宝贵的幼年，能为他们说唱儿歌、童谣的时段转瞬即逝，而看似简单的说说、念念、唱唱，对孩子一生的影响是难以估量的。

著名儿童文学作家金波曾深情地说："童谣，可以说是我接触最早的文学样式。我许多最初的生活知识是从童谣中得知的。就连对韵律节奏这些音乐性的感受能力，也是在童谣的诵唱中逐渐培养起来的。"[1]台湾作家林清玄也说："我自己非常幸运，文学启蒙就是来自这些流传了数百年的童谣，而我的母亲喜欢唱歌，从小就给我一个丰富的童谣世界……许多童谣虽然没有特别的意思，却是充满音韵与节奏的趣味。我幼年受到童谣的陶冶，使我后来写文章总爱念出声音，去感受文字间的谐调与顺畅。"[2]

---

[1] 金波：《中国传统童谣书系》，接力出版社，2012年版，第2页。
[2] 林清玄：《林泉》，河北教育出版社，2006年版，第92-94页。

母语的力量

正是在这些富有韵律的儿歌和童谣中，孩子的语音意识和音韵感觉得到了充分发展：从听辨音节开始，到敏锐地区分出不同的声母和韵母，再到对音韵节律的捕捉和喜爱。这些看不见、摸不到的语音感知力，与日后的阅读和写作能力有极大的关联。20世纪20~70年代，阅读障碍常被假设源于视觉，比如字母或字形的翻转。但后来研究发现，阅读障碍与语音听辨能力密切相关。阅读有困难的儿童，很难完成与语音意识有关的任务。

儿歌音律跳跃、内容丰富，短短几句就能描绘出妙趣横生的场面。

林林出生后，我常常随口创编一些和孩子正在做的事情相对应的童谣。

起床的时候，就随口说："金色的太阳升起来，红红的花儿开起来，树上的小鸟唱起来，我家的宝宝要起来。"

穿衣服就唱："小胳膊，去哪里？袖筒子，走一趟。穿上衣，扣扣子。小脚丫，去哪里？裤筒子，跑到底。穿袜子，穿鞋子……"

有时一边叠被子，一边随口说："叠被子，翻过来，折上去，两边对对好，被子叠好了……"

对婴幼儿来说，配合儿歌进行肢体律动，不仅能舒活身体，促进生长发育，也能感知韵律之美。语言和动作结合，孩子就能理解语汇和肢体动作之间的关联，并能快乐地认识身体。

林林小时候，我曾在婴儿床的后面挂了小球，让他用脚踢，可他踢几下就烦了。而如果我说"踢、踢、踢气球，一二、一二，踢得高，气球、气球，跳起来，林林的小腿，动起来"，他就跟着节奏，"噔噔噔"地不厌其烦地踢。每次我一边说唱儿歌"抬抬头，挥挥手，转转屁股，扭扭腰""小拳头，挥一挥，小脚丫，抬一抬，小脖子，转一转，小胳膊，举起来"，一边给林林做全身抚触，他都会舒舒服服地配合我。

歌谣的神奇之处在于可以让孩子更好地感知节奏韵律，体会语言的表现力，最重要的是感受语言带来的神奇乐趣。

林林7个月大时就坐得稳稳当当了，小胖手挥来舞去，开始模仿大人的动作。我常给他说唱手指歌谣，先做一遍给他看，再拿着他的手，一边说一边做，他常常要求再来一遍。当我一边说着"一个手指头，变呀变呀，变成一个毛毛虫"，一边把他的左右手指放到一起向前拱动时，林林惊喜不已，好像自己胖胖的小手指真的变成了毛毛虫！说到"两个手指头，变呀变呀，变成一只小白兔"，他就把两根手指放在头顶；说到"三个手指头，变呀变呀，变成一只小花猫"，他就把三个手指头放在嘴边，发出"喵呜——喵呜——"的声音……

儿歌，不仅短小有趣，包罗万象，富有节奏，还能把"说教"变得柔软有趣。

林林不洗脸时，我会说："小花猫，爱干净，天天都把脸儿洗。小林林，爱干净，要和小猫比一比。"他听了，眨巴眨巴眼睛，赶紧把脸洗干净。理发时，林林坐不住，怎么办呢？我说："小脑袋，晃悠悠，马上变成马蜂窝。小脑袋，不要动，理发变成小帅哥！"他果然安安稳稳的，等着变成小帅哥。林林不爱剪指甲，我就说："小剪刀，肚子饿，不吃鱼，不吃虾，爱吃林林的长指甲。"他乐呵呵地伸出小手，主动要求"喂喂小剪刀"……

正如加德纳所说，两岁的幼儿言谈者，有着强烈的整体节奏感和形式感。儿童语言的创造力，有一部分来自于儿童辨别隐含语言结构的能力。儿童不但辨别交流对象语言的性质，而且努力分析，感知语言结构，辨别和理解关键词，提炼词形特征，然后创造新的词汇。[1]

很多时候，你会发现，当孩子听着童谣慢慢长大时，他也开始说出充满节奏的话了，这就是语感在形成。

朱光潜先生曾力倡真正的文学教育不在于读过多少书和知道多少文学理论和史实，而在于培养出纯正的趣味。要养成纯正的趣味，则最好从读诗入手。因为，诗比别类文学较谨严，较纯粹，较精微。[2] 给孩子朗诵现代诗、吟诵古典诗，都能让他体会到诗歌那种简洁有力、不同寻常的气质。

---

[1] 郑荔：《学前儿童修辞特征语言研究》，高等教育出版社，2010年版，第161页。
[2] 朱光潜：《谈读诗与趣味的培养》，选自《朱光潜美学文学论文选集》，湖南人民出版社，1980年版，第25页。

母语的力量

一次，林林肚子胀气，我一边给他揉肚皮，一边念叨徐志摩的《花牛歌》：

> 花牛在草地里坐，
> 压扁了一穗剪秋萝。
> 花牛在草地里眠，
> 白云霸占了半个天。
> 花牛在草地里走，
> 小尾巴甩得滴溜溜。
> 花牛在草地里做梦，
> 太阳偷渡了西山的青峰。

林林安静地听着，我想是小花牛帮他忘记了不舒服吧。

有段时间，我常读泰戈尔的诗。

一次，林林画画时手上、脸上、身上都沾满了颜料，活像开了"颜料铺子"。

"哎呀，怎么回事，看你的脸！"

林林看看我，嘟噜了一句："你因为圆圆的月样（亮）用墨水粗（涂）了脸，便骂它吗？"说完，他瞪了我两眼，自顾自地玩去了。从一个小人儿嘴里不清不楚地冒出这么一句，"哼！说的什么呀？！"我生气地想。愣了一会儿，我猛然反应过来，原来是泰戈尔的《责备》[①]：

> 为什么你眼里有了眼泪，我的孩子？
> 他们真是可怕，常常无谓地责备你！
> 你写字时墨水玷污了你的手和脸——这就是他们所以骂你龌龊的缘故么？
> 呵，呸！他们也敢因为圆圆的月儿用墨水涂了脸，便骂它龌龊么？
> 他们总要为了每一件小事去责备你，我的孩子。

[①] 泰戈尔：《生如夏花：泰戈尔经典诗选》，郑振铎译，江苏文艺出版社，2011年版，第26页。

他们总是无谓地寻人错处。

……

想来真是好笑，他竟用诗歌来反驳我！

原来这些诗，他不仅听得懂，还将有些句子深深印记在心里呢！正如苏霍姆林斯基说的那样："语言的美、语言的表现力及其异常丰富的情感色彩，所有这一切都是其他东西无法取代的有利手段。我们借助它促动着儿童心灵最隐秘的角落。"[1]

---

[1] 郑荔：《学前儿童修辞特征语言研究》，高等教育出版社，2010年版，第17页。

母语的力量

二、诗歌、美文：涵养孩子生命的灵性

（一）如何启蒙才有效？

一次讲座结束后，有位父亲急切地问："要让孩子大量背古诗吗？孩子不爱背怎么办？要坚持，对吗？"我知道这是一位十分用心的父亲。是的，谁都知道，尽早给孩子古典诗歌和美文的滋养至关重要。经典古诗文，是语言文化中最为精华的部分，是历经打磨的思想和语音凝结而成的一粒粒珍珠。问题是，该怎样把这些"珍珠"给今天的孩子呢？

"教育没有了情爱，就成了无水的池，任你四方形也罢，圆形也罢，总逃不了一个空虚。"[1]母语能量之源泉就是与亲人尤其是父母持续的、紧密的爱的联结。通过饱含情感和意义的话语、生动亲密的眼神和动作，通过持续不断的亲子交流，孩子会由此发展出与他人和世界交互的语言、思维、情感。

古典诗文教育的目的是涵养孩子的灵性，提升审美情趣，滋养情感。因而，我想对那位父亲说，经典给孩子的首先不是痛苦的死记硬背，而是对古典文化发自内心的喜爱和眷恋，是对美的向往和追求，是生命中温暖的慰藉。

很多文学大家都说过自己小时候的古诗文启蒙，方式虽多样，却都有着

---

[1] 叶圣陶、夏丏尊、朱自清：《什么是我们的母语——民国三大家论语文教育》，华东师范大学出版社，2014年版，第5页。

快乐和美好的情愫，没有功利目的，而是合乎了生命的终极目标——幸福的诗意。

冰心在《寄小读者》中多次提到她生病期间信手拈来的古诗文，可以感怀，可以表情达意，可以带来慰藉。季羡林先生曾在书中多次提到从小对古诗文的热爱，他 80 多岁时要去做白内障手术，心中很忐忑，在去医院的路上，心里就自然吟诵起苏东坡的词来，连他自己也不知道为什么特别挚爱的词人此时会来陪伴他渡过难关。儿童文学理论家蒋风老师 90 多岁时，还常常追忆母亲教他习诗的美好时光："我妈妈教我读唐诗，从来不是死板板当功课教，而是触景生情，因情诗出，都是生活中的自然流露。从不强迫我背诵她教过的诗篇，而是在一种轻松、愉快的心境中学的，在一种十分随意、非常快乐的情绪下，往往学得很快，只要吟诵过一两遍，便牢记在心。"[①] 古典文学大家叶嘉莹提到，她的诗文功底是在其乐融融的家庭生活中自然得来的："就吟诗来说，我小时候家里没有给我特别开一门课……至于诗，那根本不是教学，诗是生活。因为我的伯父、我的父亲，甚至于我的伯母、我的母亲，他们都喜欢吟诗……我从小就在一个吟诵的环境之中长大，并没有人特别教我怎么样去吟诵，但是听到他们吟诵我就知道这个诗是可以拖长声音，这样大声来唱诵的。"[②]

该怎么给孩子古诗文的教育呢？我们应该向《红楼梦》中的黛玉学习，她是非常优秀的古诗文老师。来看第四十八回，黛玉是如何教香菱作诗的。

黛玉一上来就鼓励香菱作诗并不难，增强香菱想要学习作诗的信心。接着，她用极其精练的语言把作诗的规律和方法总结出来，还特别指出"意趣真"是最重要的。香菱听完，马上解开了读诗时遇到的困惑。这段描写非常精彩：

黛玉道："什么难事，也值得去学！不过是起承转合，当中承转是

[①] 周晓波：《筚路蓝缕圆梦中国儿童文学事业》，浙江工商大学出版社，2015 年版，第 296 页。
[②] 叶嘉莹：《古典诗歌吟诵九讲》，广西师范大学出版社，2014 年版，第 4 页。

两副对子,平声对仄声,虚的对实的,实的对虚的,若是果有了奇句,连平仄虚实不对都使得的。"香菱笑道:"怪道我常弄一本旧诗偷空儿看一两首,又有对的极工的,又有不对的,又听见说'一三五不论,二四六分明'。看古人的诗上亦有顺的,亦二四六上错了的,所以天天疑惑。如今听你一说,原来这些格调规矩竟是末事,只要词句新奇为上。"黛玉道:"正是这个道理。词句究竟还是末事,第一立意要紧。若意趣真了,连词句不用修饰,自是好的,这叫做'不以词害意'。"[①]

接下来,黛玉发现香菱在品鉴诗歌时视野格局有待拓展,就给香菱推荐了用于集中品鉴的作品。她推荐的时候非常讲究:先用王维、李白、杜甫三人"做底子"。你看,这个"底子"代表了三种风格的极致。王维是"诗佛",山水田园,清新脱俗,诗画相通;李白是"诗仙",豪放旷达,不拘一格,挥洒自如;杜甫是"诗圣",沉郁顿挫,炼字精妙,思悟深邃。

黛玉并不是一股脑儿地全塞给香菱,而是让香菱只看她挑选出来的,还给出了需要品读的数量。特别注意的是,她没有让香菱死记硬背,而是请她"揣摩透熟"。

然后,在这个"底子"之上,黛玉推荐了陶渊明、应玚、谢灵运、阮籍、庾信、鲍照的诗文,请香菱继续揣摩品鉴。精读打底,揣摩透熟,泛读提升,玩味品鉴,不仅有侧重、有选择,还有方法,清晰明白。

香菱笑道:"我只爱陆放翁的诗'重帘不卷留香久,古砚微凹聚墨多',说的真有趣!"黛玉道:"断不可看这样的诗。你们因不知诗,所以见了这浅近的就爱,一入了这个格局,再学不出来的。你只听我说,你若真心要学,我这里有《王摩诘全集》,你且把他的五言律读一百首,细心揣摩透熟了,然后再读一百二十首老杜的七言律,次再李青莲的七言绝句读一二百首。肚子里先有了这三个人作了底子,然后再把陶渊明、

[①] 曹雪芹:《红楼梦》,人民文学出版社,2008年版,第645页。

应场、谢、阮、庾、鲍等人的一看。你又是一个极聪敏伶俐的人,不用一年的工夫,不愁不是诗翁了!"①

特别要注意的是,当香菱读完黛玉所选之诗后,黛玉又告诉香菱,不仅要读,还要"讲究讨论,方能长进"。她让香菱把有感的诗句说来听听,再一起细品对照,帮助香菱感悟和理解。

然后,进入创作实践。当探春请香菱入诗社,香菱有畏难之心时,黛玉鼓励她:"谁不是顽?难道我们是认真做诗呢!若说我们认真成了诗,出了这园子,把人的牙还笑倒了呢!"后面,香菱果然在黛玉的引导下,沉浸在诗的美好世界,不仅很快敢于作诗,而且日益精进,作出了大家认为"不但好,而且新巧有意趣"的作品。

黛玉对香菱的诗歌启蒙,不仅有体谅鼓励,还有科学的方法,实在值得我们好好学习。另外,在《红楼梦》第三十七回、四十九回、五十回、五十一回等多个回目中,我们看到大观园里与诗歌相关的各种活动都充满情趣:他们时而作诗,时而填词,时而联句;有时定题,有时限韵,有时分韵;做灯谜,行酒令,猜谜语;咏花草,咏物体,咏风俗;怀古迹,怀四季,怀故人……有时则全无任何限定、预设,只在一片欣然活泼的雅趣中,任灵感迸发,兴致随心,欢乐之余,还彼此品评,各得意趣。我们能感觉到这些诗歌都充满了鲜活蓬勃的生命力量,是整本书中最美好的存在。

(二)为孩子读诗的方法

古诗文对孩子最重要的意义,是在语言的韵味中,感知古今相通的情感和智慧。博闻强记确实是夯实文学基础必不可少的功夫。但我始终觉得在启蒙阶段,要特别用心些,要考虑孩子的接受能力。面对浩瀚的古典美

---

① 曹雪芹:《红楼梦》,人民文学出版社,2008年版,第646页。

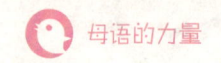

文和诗词，最好能站在孩子的视角，结合孩子的生活经验、阶段兴趣来选取相应的诗词。

> 1. 童趣画面，激发兴趣

学前阶段，孩子更喜欢富有童趣和具有画面感的诗词，会主动理解、联想和想象，甚至涂涂画画就能把一首诗呈现出来。

比如汉乐府《江南》，林林把它叫作"小鱼捉迷藏"：

江南可采莲，
莲叶何田田。
鱼戏荷叶间。
鱼戏莲叶东，
鱼戏莲叶西，
鱼戏莲叶南，
鱼戏莲叶北。

再如宋代学者邵雍的《山村咏怀》：

一去二三里，
烟村四五家。
亭台六七座，
八九十枝花。

吟诵几次，孩子就开心地数起来，为什么呢？因为这分明就是一个数数画图的游戏呢！

还有《小儿垂钓》里那个冲路人招手的蓬头稚子，《所见》里大声唱着歌却突然闭口的牧童，李白笔下那个把月亮呼作"白玉盘"的孩子，以及周作人《甲之十·书房一》里那个骑着扫帚、额头撞墙鼓了梅子大包、挥鞭依旧笑嘻嘻的小鬼头……这简直就像幼儿园里的小伙伴嘛！

现在，市面上有很多好的选本可以参考，比如叶嘉莹先生选编的《给孩子的古诗词》、海子等著的《给孩子们的诗》等。古文方面，我为林林选择了朱文君老师编著的《小学生小古文100课》，还有《注音详解古文观止》等。

2. 慢吟诵读，吟唱记忆

给孩子读诗，我至少读三遍：第一遍语速较慢，第二遍是用富有情感的正常语速，第三遍我会自编一个曲调唱出来。这样孩子对诗文的整体意境之美就有了直观感知。

吟唱，是一种很好的记忆方式。我曾自编曲调唱过杨万里的诗："毕竟西湖六月中，风光不与四时同。接天莲叶无穷碧，映日荷花别样红。"没想到，林林很快就哼哼唧唧地记住了，着实吓了我一跳。唱诗的曲调，可以借用熟悉的歌曲或者随口自创，让孩子知道诗文可以用不同的调子来唱诵。有感而发，就会葆有兴趣，孩子的吟诵也自由自在。

3. 场景感知，身心沉浸

从儿童熟悉的场景入手，记忆才能鲜活而深刻。

心理学研究表明，用更多的感觉，如视觉、听觉、触觉、味觉等一起来学习的"统觉认知"更有效，能激发学习的热情，记忆效果比单一感知高75%。善于联结感觉的人，常可以显示出不同寻常的"影像记忆"，这种记忆能力如照相般清晰。[1]

诗是生活的歌唱，其美妙的文字非常适合和孩子在特定情境中细细品味。

---

[1] 约翰·梅迪纳：《让大脑自由》，杨光、冯立岩译，浙江人民出版社，2015年版，第173–193页。

或者，我们把一首诗多吟诵几遍，讲成故事，孩子也会深深地着迷。

立秋后，气温骤降，窗外有只苍蝇似是冻僵了，一动不动。我想起杨万里有首诗叫《冻蝇》，就吟起来："隔窗偶见负暄蝇，双脚捼挱弄晓晴。日影欲移先会得，忽然飞落别窗声。"我转头对林林说："看这首诗有没有魔法！"我们一起对着窗外吟诵了好多遍，突然，那苍蝇翅膀一振飞走了。林林拍手为"魔法诗"助力小苍蝇"飞落别窗"而开心，还编了故事"小苍蝇历险记"……

一天，大雨啪嗒啪嗒打着窗户，我躲在被窝里看书，突然想到，此刻，孩子很容易进入听上去湿漉漉的诗词之境。我让林林闭眼听雨，吟起朱熹的《夜雨》："拥衾独宿听寒雨，声在荒庭竹树间。万里故园今夜永，遥知风雪满前山。"林林特别喜欢最后一句，晃着小脑袋跟着说。我很开心，又吟了李商隐的《夜雨寄北》："君问归期未有期，巴山夜雨涨秋池。何当共剪西窗烛，却道巴山夜雨时。"再吟李清照的《如梦令》："昨夜雨疏风骤，浓睡不消残酒。试问卷帘人，却道海棠依旧。知否，知否，应是绿肥红瘦。"林林问："什么是绿肥红瘦？"我打开窗户，雨气夹着草木的清香扑面而来，我指着在风雨中摇摆的花和树讲给他听，他一下子就明白了。

我曾与林林一起读《西游记》，其中许多精彩的诗词曲赋和富有韵律的唱念，他都特别喜欢。比如，对小猴子们在山上做游戏场景的描写，那叫一个热闹："一朝天气炎热，与群猴避暑，都在松阴之下顽耍。你看他一个个：跳树攀枝，采花觅果；抛弹子，邷么儿；跑沙窝，砌宝塔；赶蜻蜓，扑蜡；参老天，拜菩萨；扯葛藤，编草帓；捉虱子，咬又掐；理毛衣，剔指甲；挨的挨，擦的擦；推的推，压的压；扯的扯，拉的拉，青松林下任他顽，绿水涧边随洗濯。"[①] 还有第九回《袁守诚妙算无私曲 老龙王拙计犯天条》中渔樵对话的部分，两个人都为了说明自己的生活更好，你来我去，一来一往，足足用了《蝶恋花》《鹧鸪天》《天仙子》《西江月》《临江仙》几个词牌

[①] 吴承恩：《西游记》，黄肃秋注释，人民文学出版社，2004年版，第3—4页。

和众多诗歌、联句，简直就是一场段位极高的辩论赛！在幽默有趣的故事情境中，孩子能开心地感受到古典诗词和文化的魅力，而且会记忆深刻，难以忘怀。

4. 立体美育，体味深刻

诗、乐、舞不分家，很适宜关联起来让孩子综合感知。

林林非常喜欢苏轼，我曾和他一起欣赏过六集纪录片《苏东坡》。这部片子从美食、音乐、文化、绘画、地域各角度呈现了苏轼被贬黄州前后的人生起伏，恰到好处地把他诗词里的意象立体化了。过后，我搜集资料，请林林一起欣赏了以苏轼为代表的文人画和邓翊群演奏的古筝曲《定风波》，还品尝了一些以苏东坡命名的美食，而后，又一点点诵读苏东坡的诗词，还一起读了林语堂写的《苏东坡传》。

经过这样立体多样的了解，苏轼的人生际遇及其诗词流露出的风格态度，对林林的为人处世和写作风格都产生了深远的影响。在学校组织的朗诵会上，林林多次朗诵苏轼的诗词，其中他最喜欢的就是《定风波》。

5. 整体感知，译文也美

有人说孩子学习古诗文应不求甚解，不用告诉孩子译文。事实上，很多古诗文的现代译文本身也是极好的散文诗。在给孩子吟诗时，我会把译文尽量优美深情地朗读给他听，要是有好玩的故事也一定讲给他听。

对于同一主题和场景，古诗文和现代文的表述风格不同，韵味不同，吟诵和朗读的气势也就不同。如此，三遍古诗文、一遍现代译文读下来，孩子会感知到不同语言风格的呼应和对比，这对感知语言的形式和意味大有好处。而且，知道诗文的意思后再吟诵原文，他就有了更多的思考和体味。

对审美风格，只可意会，难以言传。我曾与孩子共同赏析文爱艺译注的《司空图二十四诗品》，它每一品都是思与境相和谐的一首诗，译文精彩，气韵生动，令人印象深刻，后面还有对应的诗歌举例。阅读时，哪怕只取关键的一两句，再结合一首诗吟咏，孩子也能很快对其审美风格有所感知。比如，"雄浑"中的"荒荒油云，寥寥长风"，译文是"苍茫滚动的飞云，浩荡翻腾的长风"，再配合王昌龄的《从军行》或杜甫的《登高》，孩子就能生动地理解"雄浑"。

6. 反复吟诵，体味意趣

跟孩子一起欣赏古典诗文时，要反复吟诵，这就是黛玉对香菱说的"揣摩透熟"。有人说，这样太慢，快点背下来多好！事实上，慢慢地反复吟咏，孩子才能深入感知各种趣味和情感。

其实，对于吟诵，不用计较孩子有没有具体的收获，只要他在听在吟，就一定可以感知到"独出门前望野田，月明荞麦花如雪""明月别枝惊鹊，清风半夜鸣蝉""草满池塘水满陂，山衔落日浸寒漪""枯藤老树昏鸦，小桥流水人家"的静谧，感知到"迟日江山丽，春风花草香""草长莺飞二月天，拂堤杨柳醉春烟""梨花淡白柳深青，柳絮飞时花满城""蝴蝶黄蜂飞满园，南瓜如豆菜花繁"的欣然，感知到"不解藏踪迹，浮萍一道开""意欲捕鸣蝉，忽然闭口立""额角撞墙梅子大，挥鞭依旧笑嘻嘻""路人借问遥招手，怕得鱼惊不应人"的意趣。

7. 楹联散曲，涵养心胸

一天，家里一本《中国古代对联故事》激发了林林的兴趣，自此每次外出他就开始留意起对联。我特意买了李文君编著的《紫禁城八百楹联匾额通解》，每天和孩子一起欣赏两条。楹联匾额是中国古典建筑艺术的重要组成部分，而这本书最大的好处是极为全面地展示了各种类型。实体建筑一般都题有楹联，有理政联、吉祥联、闲适联、缅怀联、礼佛联、祝寿联、读书联等，分布在紫禁城内各门、殿、宫、楼、亭、阁、轩、堂、斋、馆、屋等建筑上，宫殿的功能与楹联的风格相契合，别有意趣，也激发了孩子对历史的热爱。

古典诗文中，楹联、匾额、散曲都是极生动的部分。散曲，相较诗歌，更加口语化，生动活泼，富有生活情趣。我常选出对景物、人物、气候、季节、情绪、场景刻画生动，读起来朗朗上口又有画面之美的作品，反复诵读，有时干脆录到手机里，有事没事就听听。我相信在听的过程中，孩子一定能感知到浑然天成的气势和唇齿间叮当作响的音韵之美。至于超越诗文本身、直达美好人性的历史感、人生感，我会跟他一起探讨。

读关汉卿的《南吕·一枝花·不伏老》："我是个蒸不烂、煮不熟、捶不匾、炒不爆、响珰珰一粒铜豌豆……"林林一听就笑，这样咬牙切齿的铿锵顿挫之感如此不同。

"妈妈，谁写的？"

"关汉卿！"

"听上去，这个人怎么这么……"林林想了想说，"这么硬！"

我给他讲元末明初的杂剧，讲关汉卿的故事，讲《窦娥冤》。后来再听，林林心悦诚服地说："他真是响当当一粒铜豌豆！"

我还给他读了很多作品，如王和卿的双调《拨不断·大鱼》夸张有趣：

胜神鳌，夯风涛，
脊梁上轻负着蓬莱岛。
万里夕阳锦背高，
翻身犹恨东洋小。
太公怎钓？

如张可久的双调《折桂令·村庵即事》风神高远：

> 掩柴门啸傲烟霞，
> 隐隐林峦，
> 小小仙家。
> 楼外白云，
> 窗前翠竹，
> 井底朱砂。
> 五亩宅无人种瓜，
> 一村庵有客分茶。
> 春色无多，
> 开到蔷薇，
> 落尽梨花。

如张可久的越调《天净沙·鲁卿庵中》清新恬淡：

> 青苔古木萧萧，
> 苍云秋水迢迢。
> 红叶山斋小小。
> 有谁曾到？
> 探梅人过溪桥。

8. 无须死记，珍惜感发

林林上幼儿园时就有人问我："孩子背了多少首诗？"

我实话实说："背了也会忘呢，搞不清楚！"

一次，朋友带孩子来家里玩，特意让孩子背诗来听。小女孩仰起小脸，半闭着眼，几乎不喘气地开始背。终于背完了，孩子紧绷的身体放松下来，大人们鼓掌叫好。

后来，我拿苹果给她："背得真好，你喜欢吗？"

"嗯……不知道！"孩子接过苹果跑开了。

背诵很好，但不是目的，诗文对孩子最大的作用是涵养和感发。将涵养情趣、感发精神印刻在生命中，孩子长大后就会不知不觉地用诗歌刻画生活。

林林5岁多时虽不会写字，却开始画字写诗。有一天，我带他赶大集，临走时发现忘了买一样东西，不得已又走回去，他回来后居然歪歪扭扭地画了一首诗《赶集》：

　　出门去赶集，
　　开了大眼界。
　　东边跑出汗，
　　西边跑出汗。

还有很多诗，虽然幼稚，却都有趣。有一首《星》：

　　一颗星星，
　　孤孤单单。
　　许个愿望，
　　繁衍成熟。

至今我也不明白这是什么意思，是不是他仰着小脑袋看着夜空中唯一的一颗星，希望它多生一些星宝宝呢？而"繁衍"这样的语汇，一定是在阅读中汲取到的吧！

因为小时候有听诗写诗的经历，上学后，林林一直喜欢古诗文。二年级时，他代表学校参加诗文大赛，用一个周的边角时间竟背了50多篇古文诗赋，速度惊人！他告诉我："妈妈，不知道为什么，这些诗文我第一次看时就觉得很熟悉，读几遍就能记住。"我知道，这其中大部分内容他并没有接触过，但小时候大量吟诵古诗词给他打下了良好的语感基础，所以会有这种"似曾相识"的感觉。

母语的力量

家里有本全注音版的《诗经》，有段时间，林林常常拿出来读。他说："妈妈，《诗经》读起来就像是唱歌。"我告诉他，《诗经》就是先民的歌唱啊！《诗经》的节奏回环复沓，感情真挚纯美。对孩子来讲，内容可能不好懂，但这样淳朴的韵律，他天然会喜欢。过了一段时间，我明显感觉到他言辞简短有力，吟诵能力也大大增强，能读出古文中的节奏和气势。更让我意外的是，他还有了自己的理解。我带他参加朋友的婚礼，新郎和新娘携手入场时，他突然把小脑袋凑过来悄悄对我说："看！这是'桃之夭夭，灼灼其华。之子于归，宜其室家。'"我听了很吃惊，看来他无意间记住了一些，还能结合情境来用。

有时，我们一起外出，林林随口说的一些话明显是古诗文浸润的结果。看到园博园的湖水明净如画，他说："真是波澜不惊，一碧万顷……"晚上在空旷的操场中央跑步，他伸开手臂说："妈妈，这就是'天似穹庐，笼盖四野'。"有一回我俩看电影，上来一段广告，有个美女晃来晃去，林林把脸转到一边。我说："你干嘛呀？"他半严肃半开玩笑地说："气血未定，不可好色！"看他小小年纪，鼓着胖脸蛋，一本正经的样子，我忍不住大笑起来……

我在研究中发现，很多在学前就大量进行亲子共读、在轻松自在的环境中喜欢上古典诗文的孩子，都会自然萌发出对阅读和写作的兴趣。而且，在小学三年级——创作力集中爆发的第一个时期，即便学习任务加重，孩子也能一直延续对文学的热爱。林林8岁那年，对诗文创作产生了极高的热情，我记录下来的很多作品，都是那时候他随手写的。

下雪了，他写下一首诗《闻雪》：

一夜零雪无声落，
草衾白被人添衣。
片片风中如针线，
缝出年年三九天。

看到以"海上花田"为意象写作的征文,他随手写下:

  坐山塔兮,观海;登海楼兮,望浪。时而缓行,时而腾沸,时而安寂,时而嚣号,无常也。白浪滚滚,阔似野田。翻转起浮,柔似淡花。浪大则压天,花繁之开于野田;浪小则平滩,花隐之寂于田野。花与田,海与浪,海之花田也。

  想万年兮,沉寂;思历史兮,安朴。神仙女娲,归于东海,溺而不返,铭文至今,安之也。精卫填海,武夷除妖,祈福大地,公德万年。海乃生之源,成古今之最美也。海其美之变,如起浮不定花田。史与事,田与花,花田之海也。

我发现,他能很好地注意到上下两部分语音和词句的声韵语感,还联想到很多与"海"相关的神话传说。

读完《水浒传》,我专门带他去水泊梁山实地探访。回来后,他写了篇游记,题记是一首诗《水浒》,他说:"妈妈,好巧,每行九个字,十二行,正巧一百零八个字,好像一百单八将!"

  铁蹄飞过断桥大刀舞,
  春风掠过梁山桃花开。
  替天行道群雄忠聚义,
  七年平正四海皆兄弟。
  战鼓鸣声花荣似雄鹰,
  吴用献计拈来白羽扇。
  林冲单枪匹马飞沙场,
  武松醉打大虫过虎岗。
  李逵手握双斧非鲁莽,
  张顺一渡西湖不复还。
  滚滚硝烟城楼有好汉,
  宋江一梦千年回梁山。

母语的力量

从大明湖边走过，发现水边有一瓣荷花落下，林林顺手捡起来拿回家，用卡纸和透明胶做了一个标本书签。我无意中发现，他在花瓣的旁边用铅笔写了一首诗：

> 明湖荷花，
> 飘荡水中。
> 白中透粉，
> 粉中透红。

游完南京夫子庙，他写了一首诗《游夫子庙》：

> 锣铃声震旧街巷，
> 桥头君子桥尾郎。
> 闹市依旧人不在，
> 只留碑匾满门坊。

游历云南时，在虎跳峡，林林静静地欣赏了一会儿，突然问我要纸和笔。没有纸，他就拿出门票，趴在栏杆上写了几句：

> 金沙江边听水响，
> 虎跳峡前观虎跳。
> 险将南涌奔泰越，
> 幸而东绕化长江。
> 江花湍湍腾雾浪，
> 石劈屹屹冲云霄。
> 昔日行人今安在，
> 今日江水明何方。

我读了一遍，觉得词句间很有些韵致，但"险将南涌奔泰越，幸而东绕化长江"一句看不明白，就请他解释。看着浩瀚的水波，在隆隆震耳的水声中，他说：

"妈妈，你不知道吗？澜沧江、怒江都流到国外了，澜沧江变成湄公河了，怒江变成了萨尔温江！可是，你看，金沙江本来也就要流出国境了，可是它特别不容易，这么湍急的大水，在云南丽江和香格里拉的交界处绕了一个大弯，流到四川宜宾，就是我们的长江了，多幸运！……"

林林特别喜欢地理，我却搞不清楚，只是感到这首诗的意境跟轰鸣入耳的水声十分契合，就诵读出声，林林也很开心。

我们一家人爬山时一起玩联句游戏，一个人出上联，其他人边走边对下联，就是随口说，不见得有多高的水平，但这些时光想来都格外有趣。一次，林林出了上联"阳落洛阳非常美"，爸爸对了"马住驻马格外壮"，林林说不好，直到我说出"霞栖栖霞分外娇"，才算我们赢了。

孩子喜欢上诗文之后，处处都流露出他内心涌动着的那股诗意和热情。 孩子也许意识不到文法句式，但在诗文韵律的浸润和熏陶中，会不经意间学会用简洁和富有节奏的语言传情达意，增强了灵活运用语汇的能力。写作时，孩子就不再满足于字词本身，而日渐有酣畅淋漓、格局宏大的气势，能自由勇敢地表达。

小结

自然浸润在诗文中，诗词就是生活的一部分。孩子会喜爱，会向往，会沉浸……从经典出发，精读揣摩，泛读提升，累积语感，涵养心胸。在充满意趣的日常交流中，孩子亲近的不仅仅是诗文的语辞，还有其中深厚的文化根脉和澄澈的人格精神。

当孩子开始如诗般表达时，我们就知道，那些优美磅礴的文字宛若一粒粒珍珠，已轻轻地串在他的心中，串进他的生命里，熠熠生辉。

第二部分

说，
表达语言力

方法导论视频

仰起小脸，眨着眼睛，
你在星星的国度，
才有如此丰繁晶莹的故事。
你笑着，跑着，
回头来，引着我。
在这明净如幻的世界，
孩子呀，
我只是微笑地看着你，
倾听。
你却，给了我那么多，
数也数不清的
幸福时刻。

——题记

第一章

孩子的"说"至关重要

"说"是孩子安身立命的重要素养，
更是本能的呼唤，
是智慧、心声传递的驿站。

孩子一出生就开始啼哭，两个月后发出"咕咕"之声，3 到 6 个月开始咿呀学语，6 到 8 个月能听辨和模仿语调，1 岁会发出单个词，1 岁半会说出两个以上的语词，两岁到两岁半会用词来组成简单的句子，3 岁左右会简单聊天……每个孩子从出生的那一刻起，就做好了学习语言的准备。如此复杂的语调感知、发音技巧、语法规则、句式运用，不过两三年的时间，孩子就都学会了。

说话，是一种本能；表达能力，却需要引导提升。正如心理学家 H·沃纳指出："孩子长大，由儿童世界进入到成年人的另一个世界，他的行为是这两个世界相互作用的结果。"越是自然习得的东西，越容易忽略它蕴含的巨大能量，不注意教育的规律和方法，就难以达到应有的能力高度。

在听、说、读、写四个相互关联的母语能力中，"说"承上启下，至为关键。说，不仅仅是一种语言的技能，还是一种生命的智慧。

何时说？怎样说？说什么？

对自己说，是思考，是内在自我的确立。

母语的力量

对他人说，是沟通，是达成信息的传递。

孩子都有先天的语言灵性，但这种灵性能否被呵护好、潜能能否得到激发进而达到应有的能力高度，与教养环境的优势关系重大。

十多年前，我开始研究儿童母语能力的提升，把"说"界定为多重能力的复合：语音发声的准确优美、语汇运用的丰富得当、言语逻辑的高效顺畅、言语情商的合乎情境，还有与"说"紧密关联的阅读与文化素养。这一切，都需要在家庭中启蒙。

心理语言学家发现，口语表达与阅读理解是一生都在发展的能力，但提高的速度逐渐减缓，而且具有"强者愈强，弱者愈弱"的马太效应，即口语表达能力强的孩子，一直有增长空间，而因在早期就被忽略、水平较弱的孩子，将很难得到根本的改善。[①] 这可以解释为 从小拥有优质母语环境、阅读资源充足且伶牙俐齿的孩子，长大后在语言表达方面也有优势；而自小就缺乏相关支持的孩子，提升起来就十分困难。语言的能力，是点滴互动、日积月累的结果；言语的气质，是耳濡目染、根深蒂固的习惯。这也与我多年来课题研究的结论不谋而合。

之所以特别强调"说"的重要性，还有一个原因是我们对其认知和理解常流于浅表。

善于表达，并非夸夸其谈。"沉默是金""贵人语迟""敏于行而讷于言""巧言令色鲜以仁"等名言多是劝人少说，其实表达的是在说之前要多思考，然后高水平高效率地说。这是对言语情商的更高要求，更说明会"说"的重要性。当代社会，求职需面试，融资要演讲，高考自主招生重视与考生的开放式对话，项目产品需要说明，课题成果必须答辩，做自媒体要说出观点……这些都说明：能够高水平、有智慧地说，就会有更多的机会实现梦想。

[①] 张厚粲、李文玲、舒华：《儿童阅读的世界Ⅲ：让孩子学会阅读的教育理论研究》，北京师范大学出版社，2016年版，第91页。

一、本能的呼唤

各个国家不同词汇的发音千差万别，但孩子称呼"爸爸"和"妈妈"的发音却极其相似。这是为什么呢？难道是爱的魔法？

从闭嘴到自然张大嘴巴是对比度最大的辅音和元音的发音技巧，也是宝宝最易识别的发音形式，辅音加上元音也是全世界各语种中唯一共有的音节模式。有趣的是，称呼"妈妈"的发音中，大多都带有 m，而称呼"爸爸"的发音中，都带有 b、p、d、t、o。这是因为，婴儿的双唇由于吃奶时的吸吮动作而具有了足够的力量。孩子吃奶时常常发出 m 的鼻音，再张开嘴，就成了 ma。mama 是孩子在最需要帮助时发出的呼唤。全世界的妈妈，在听到孩子发出 mama 时，都会心领神会地给予孩子哺乳和照顾。不管孩子先叫"妈妈"，还是先叫"爸爸"，都与渴望安全的求生本能紧密关联。

这样的呼唤最初常常伴随着哭泣，而哭泣是孩子最早的"说"。

基于对儿童心理的研究，也出于母亲的本能，我从不认同那种任凭孩子哭泣而不做出回应的"哭泣免疫训练法"。经过此法训练的孩子，或许会很乖、很安静，但那只是得不到回应之后的绝望。这背后的巨大代价是孩子刚刚开始学习如何表达爱的渴求就遭到无情的打击，使他的小小心灵中早早就有了不知如何感知、如何表达的"爱"的空洞。

学者们发现，初生婴儿的声道结构接近于猿类，不利于发声，小婴儿

母语的力量

只有在不舒服时随着咳嗽、吸吮等动作才会发出声音（哭声）。随着月龄的增加，其哭声的复杂性逐渐加强，音高和频率均发生分化，这是婴儿"特意的"活动。

孩子的哭声初听起来都一样，但细细地听，却是节奏有长有短、错落有致，像是在说话，细心的妈妈能分辨出宝宝不同的哭声对应的不同需求。

nua——nua——"还不来喂我！我饿了！"

没有任何一个科学的建议胜过孩子真实的表达。我从不按照时间哺乳，而是按照林林的需要哺乳。

aha-aha-aha——"怎么会这样，太生气啦！快来啊！"

这是孩子的宣泄和呼唤：我委屈，我愤怒！有一次，我把林林哄睡后，就和林林爸爸一起到楼下散步。刚潇洒地走了两圈，就听到家里传来"啊哈啊哈"声，我疯了一样地跑上去，发现林林抱着被子滚到了地板上。从那以后，我们再也不敢"擅离职守"了。

oua——oua——"快点唱歌给我听，我要睡觉啦！还不让我睡啊！"

婴儿神经的自主调节还不成熟，内在秩序还未建立，感到累了、困了的时候，就会发出"闹觉"的哭声。

heei、heei——"哎呀，湿湿的，不舒服啦！"

当孩子尿了或者要拉臭臭的时候，常常发出这样的信号。林林两个月大时，有一次他拉臭臭，过了一阵，我以为他拉完了，就把他清洗好放在床上。当身体挨上床的一瞬间，他就发出这样的声音，我赶紧抱起他，果然，"人家还没完成呢"，这是对我表示抗议呢。

aier、aier——"肚子胀鼓鼓，妈妈快来揉！"

婴儿经常会出现胀气和肠痉挛的情况，要听懂孩子的这种呼唤。

ahe、ahe——"真无聊，好烦啊！不愿意躺了，抱抱看风景吧……"

婴儿喜欢亲近自然，愿意待在户外，一回家就会发出这样的声音。

林林小时候，大部分时间也都待在室外观景，还有的孩子早晨一睁眼就要出门。

婴儿的哭，是最早与我们发生交互的"语言"。及时回应孩子，让孩子感受到自己是安全的，可以被接纳，就会对世界和自我产生信任。

母语的力量

二、成长的风景

我曾用小本子记录林林说过的一些话，翻开来能看到孩子成长中的一幕幕风景：

"你在吃什么呢？真香！给林林尝尝吧！"这是林林1岁多，看到我嘴巴在动时走过来说的话。

"你在研究什么呢？让林林看看吧！"这是林林看到我蹲在地上走过来说的话。

我至今记得他说这两句话时的语气和神态，让人无法拒绝。

"是蚊子爸爸还是蚊子妈妈，咬我一口就知道了！"这是林林小时候听说"雄蚊子口器退化，不咬人，只吸食露水和花蜜，雌蚊子会咬人"时说的话。看日期，2008年7月26日。算来正是两岁半。

"想想看，先玩哪一个呢？"这是林林两岁多时，我们带他去植物园，他站在游乐场门口说的话，沉沉稳稳，掷地有声。他的意思是，是否"玩"是不需要考虑的，而且"先玩哪一个"说明他不止要玩一个，让人哭笑不得，无法拒绝。

"副队长，跟上！"这是林林3岁多时与我一起爬山，他回头对我说的话。言外之意，他是队长！

林林4岁时，朋友告诉我，她带儿子去林林的幼儿园试园，园长看到林林认识小弟弟，就让林林陪同参观。其间，她儿子想去沙堆那儿玩一玩，朋友觉得麻烦不让他去。林林就一字一顿很认真地说："阿姨，你的孩子想去玩一玩，你就让他去玩一玩，不然，你的孩子会有心理阴影的。"当所有人还在愣神的时候，他已经牵着小弟弟的手去沙堆那儿玩了。朋友问我："你是怎么教他说这样的话的？"可我没有教过呀！是不是我看儿童心理学的书，偶尔跟其他人发表的小议论，被他听到了呢？

这些在成人看来诙谐有趣的语言，是孩子自然而然迸发出来的，真是神奇！

孩子的"说"，是不经意间流逝的风景。透过这些"说"，我们能聆听到孩子成长的心声，贴近孩子逐渐饱满和丰富的内心世界，体察到生命微妙而神秘的变化，触摸到一寸寸逝去的光阴。

孩子在一次次感知话语的力量中确立自我，从而走向更广大的世界。如果我们有心为孩子记录一本说话档案，也许就有机会明白：生命中有一种最深切的感动，就是一次次用语言叩问自己，叩问他人和世界。从这个角度来看待孩子的"说话"，就不纯然是一个技能问题了。

三、心声的传递

林林两岁七个月大时开始对幼儿园生活充满向往。在这之前,我给他讲了许多幼儿园的故事,还一起玩"老师和小朋友"的游戏。我们为林林选了一家名气很大的省级示范幼儿园。开学那天,林林一大早就穿上了崭新的黑色运动服,并把报到号牌套在脖子上。他指着上面的数字,自豪地说:"我是6号!"

"宝贝,要上幼儿园了,你准备好了吗?"

"准备好了!我要跟老师和小朋友说'早上好'!"

可到了教室门口,林林却突然抓住我的手,一声不吭。我看到一位老师神情严肃地走过来,林林还没来得及打招呼,就被她拽进了教室。门关上的一刹那,林林大喊:"妈妈!妈妈!"老师对我说:"家长赶紧走!"面对如此匆忙的局面,我毫无准备,只能在外面喊:"林林,妈妈第一个来接你!再见,林林!再见!"

我难过地往外走,正好遇到园长跟一个家长说:"第一天都这样,里面的往外跑,外面的不肯进,家长不快走,孩子更哭闹。要是孩子抱住你的腿,你走得了吗?我们都有经验,入园是战斗!过两天哭过来就好了!"

我走上前说:"本来孩子准备了向老师问好,很开心地来幼儿园……"园长笑了:"你太理想了!"离开幼儿园后,我满脑子都是林林被拽走的情形。终于熬到下午,我早早去等着,站在家长队伍的最前面。门开了,我看到孩子们在小板凳上坐着,小手背在身后。林林一看到我,就把两只小胳膊向前张开,梦游似的站起来,直直地走过来,趴在我身上,哑着嗓子,呜咽起来,一边哭,一边含混不清地喊"妈妈"。这声音里分明有哀怨和委屈:"妈妈,你骗我,幼儿园一点儿都不好。我被老师拉走,你为什么不来保护我?为什么就那么走掉了?"

我抱住他亲了又亲,心酸得不得了。我忍着眼泪,对自己说:要鼓励孩子,我不能先"掉链子"。"在幼儿园怎么样呀?"我笑着问他。出乎意料的是,他居然点点头,清楚而认真地说"好"。就在这时,生活老师走过来,就是早上满脸严肃拉林林进教室的那个老师,我礼貌地问好。林林挺直了身子,仰起头看着她。这位老师看了看林林,板着脸说:"这孩子,中午老要上厕所,不好好睡觉!"她说得很大声,几乎是一字一顿。

林林低下头,整个儿蔫了一圈,绝望地抱着我的腿,向后缩起来。"哦!"我什么都没说,抱起孩子就离开了幼儿园。第一天上幼儿园,孩子因为紧张睡不着,而只有上厕所才能合理地不睡觉!这位老师,她知道吗?孩子受了那么多惊吓和委屈,哭哑了嗓子,但对在幼儿园第一天生活的评价却是一个"好"字!

回到家,林林一进门就说:"我要睡觉!"我想,他紧张了一天,肯定极度疲惫。果然,一上床,他就呼呼睡去。半夜里,不可思议的事发生了:他突然用两只胳膊支撑着上半身,把头转向左边,朝着我问:"你是林静妈妈吗?"我说:"是啊,是啊!"他撑着身子,又把头转向右边,朝着他爸爸问:"你是徐劲松爸爸吗?""是啊,是啊!"他爸爸答应着。黑暗里,他努力地看了我们一阵,又睡过去了。当时我觉得这孩子一定是睡迷糊了,可又一想:不对啊,孩子出生后第一次在"爸爸""妈妈"前面加上了我们的全名。再一想,哦,他是在确认呢!确认他是不是真回了家,是不是躺在自己的床上,是不是在爸爸妈妈身边睡觉!

第二天早上,我拉开窗帘,林林睁开眼,突然哭起来:"拉,拉,把窗帘拉得屎屎的(死死的),我还要睡,还要睡,我要一觉睡到星期六!"天哪,我呆住了!他很清楚地记得,周一到周五要去幼儿园,周六周日不去幼儿园。

母语的力量

睡觉，成为他逃避幼儿园的一个"武器"。

两岁七个月大的林林第一次发出了内心深处的呼喊，尽管他咬字还不清晰。正是在那一刻，孩子的心声警醒了我！

"我们错了，这个幼儿园不行！不去了！换一家！"

林林爸爸很吃惊，说好不容易才进了这家幼儿园，劝我再试试看。我让他仔细听孩子边哭边喊出来的话，跟他说了我的观察和理由。最后，我们一致决定：幼儿园，还是要去。因为孩子期待了很久，从各方面做出了努力，无理由的中断意味着放弃，也不是孩子真心想要的结果。其实，附近还有一家很小的幼儿园，孩子少，场地小，没什么名气，但我注意到那里的老师常蹲下来跟孩子说话。先前，我很心动，但到底还是被大家一致认为的名气和豪华所吸引。我告诉林林："妈妈昨天的选择是错的，对不起！今天我们去新的幼儿园，看看你喜欢吗？"

林林听说要去新的幼儿园，渐渐不哭了，愿意跟我去看一看。后来，林林进了这家幼儿园。虽然一开始连续两个多周的早上，林林还是会哭，但老师每次都微笑着等他跟我拥抱告别，还抱起他给他讲故事，让他听教室里很多小朋友在唱歌。林林一边哭，一边仔细听，认真地观察老师，眼神里没有了惊恐。慢慢地，我能感觉到他喜欢幼儿园。哭，对他来讲，好像是跟妈妈告别的仪式。每次，我都握着他的小手，告诉他几点钟站在哪里接他。他还是一边哭，一边往幼儿园里瞧个不停。等老师笑眯眯地领着他入园，他干吼两声，很快就向我招招手说再见了。每次接孩子，老师总是当着林林的面，大声说出他的优点和一天的进步，林林的小脸都会放出光彩，高高兴兴地跟我回家。一天天过去，他适应得很快，虽然偶尔也会舍不得妈妈，但总会在老师的支持下和我拥抱，从从容容地告别。很快，就只对我说"妈妈，再见！"然后转身去找小朋友玩了。在这段时间里，我一直留心观察，他从幼儿园回家，情绪一直很稳定而且很开心，再也没有出现过反常的行为。

对丰富深刻的体验，幼儿有自己的感受和记忆。很久以后，林林仍记得他第一天在幼儿园里的煎熬，他说："我想哭的时候，就想着妈妈说会第一个来接我！"原来，是我在窗外喊出的那句话，让孩子一分钟一分钟地熬过来！其实，我去第一家幼儿园取东西时，委婉地编了个理由，说孩子临时有一些安排，先不上幼儿园了。林林班另一位老师惋惜地说："我记得他呢，白白胖胖好可爱！我带班这么多年，他是第一个能在第一天中午就把饭认真吃光的孩子，我很喜欢他！"我很感激这位老师，多希望林林那天能听到这句话呀！我特意把她的话惟妙惟肖地给孩子说了好几遍，林林很开心地告诉我，这个人不是负责生活的张老师，是负责上课的徐老师。他记得很清楚呢！

虽然孩子才两岁七个月，但母语的力量已经显现出来。去幼儿园之前，说要给老师打招呼；害怕的时候大喊"妈妈"；最难熬的时候，在心里说着"妈妈会第一个来接我"，给自己鼓劲儿；能正面评价也许不那么美好的第一天；半夜里用父母的全名进行身份确认，让自己放心；早上醒来用"想要一觉睡到星期六"表达恐惧和逃避；听到老师的表扬，马上记起是谁……一个连话都还说不太清楚的孩子，在尽力用语言表达心意，找寻着家的温暖和自我的安全感。

孩子用他稚嫩却真切的心声，让我明白了一个深刻的道理：

父母一定要悉心聆听孩子的话，要读懂孩子那些"无声的心意"。要相信，在关键时刻，孩子能向我们表达出他最真切的心声，以及他生命中至关重要的感受。

在成长过程中，孩子与爸爸妈妈说话的时间最长。也许，孩子的话语太过寻常了，我们渐渐不那么留意，可孩子用语言表达的是他的心声，他甚至会努力发出自救声。

我庆幸用心聆听了孩子的话，理解了他的处境，感受到了他的恐惧和焦虑，并及时做出了努力和改变。我难以想象，如果无视孩子的反应，听不懂孩子的心声，会给孩子的心灵造成多大的伤害！当然，林林最终也会"适应"，但决不会有后来那么美好的幼儿园回忆。

林林还给我上了另外一课：一个以育人为目标的教育机构，再大的名气、

母语的力量

再豪华的大楼、再先进的设施，对孩子来讲都毫无意义。孩子能获得什么样的成长体验，与语言和人文环境密切相关。如果没有能用温暖话语给孩子鼓励、跟孩子沟通的老师，没有充满爱的能量的语言环境，那这个地方就是孩子精神的牢笼；哪怕再简陋不堪、名不见经传的地方，只要有能把话语温情地说给孩子听、能听见孩子心声的老师，这里就是孩子心灵的花园。

有个同去第一所幼儿园的孩子，我在电梯口遇到过几次，他哭喊着"我不去，我不去！"似乎想要抓住什么，但总会被爸爸拖出来。很多时候，我们总以为这是锻炼孩子更"坚强"，小孩子的话不用听，孩子撕心裂肺的哭喊很正常……孩子说出的心里话，如果我们一直听不到，渐渐地，孩子就不再说了，丧失了发出心声、力争改变的表达。现实中多少悲剧就是因为，家长连孩子的心声也没有听懂。

日本心理学家河合隼雄认为，童年需要敬畏，因为孩子的内心如同宇宙一般深邃。他在心理治疗中发现："有那么多的孩子，当他们的宇宙受到压制时发出了悲痛的呼喊。他们发出的悲痛呼喊与求救声，或者被完全无视，或者反而在大人以'不正常'的判断下受到更进一步的压迫而告终。"[1]

绝大多数的教育问题，归根到底是"说"和"听"的问题。成长中最重要的陪伴，是对孩子心灵之声的聆听。

小结

"说"，是孩子生命的本能、成长的风景，更是心声的传递。

耐心，再耐心一点；用心，再用心一点。聆听孩子的话语，听懂他真正的需要，听懂他情感的表达和期待。

---

[1] 河合隼雄：《孩子的宇宙》，王俊译，东方出版中心，2014年版，第5页。

第二章
让孩子成为优秀的表达者

如何引导孩子获得卓越的表达力？
如何让孩子的发音清晰、好听？
如何引导孩子说得更有条理、更有逻辑？
如何引导孩子的表达重点突出、详略得当？
如何培养孩子的言语气质，让孩子的表达富有亲和力？

十多年来，我通过调研发现，很多父母会因为孩子说话不清楚、发音不准确而满心焦虑地求助于专家，还有的父母会盲目地给孩子进行舌系带或其他口腔矫正的手术。很多时候，这些都是父母太过心急而主观臆断出来的问题。比如，很多孩子常把 gege 说成 dede，把 gugu 说成 dudu，把 niuniu 说成 youyou，等等。其实，随着孩子慢慢长大，这些现象会渐渐消失。

我遇到过一位妈妈，儿子3岁多，说话不清楚。为此，她没让孩子去幼儿园。她怀疑孩子的舌头有问题，带孩子去看医生，但孩子不配合检查。我听过这个孩子说话，他能够发出绝大多数的辅音韵尾，声母错得也不多。从发音部位来看，他的双唇音 b、p、m 发得很好，舌尖前音 z、c、s 与舌尖后音 zh、ch、sh 错误多，但在他这个年龄这属于正常现象，有很多难发的音比如舌面音 j、q、x 到 6 岁时可能还发不到位。

发音能力的发展有早晚之分，一般来讲，2~4 岁是孩子语音能力发展的关键期。通常，两岁半到 3 岁半，发音错误会集中爆发，4 岁半之后会有明显的改观。到了 6 岁，除了个别音，绝大多数孩子都会准确发音。

我从孩子妈妈那儿了解到，孩子的爷爷奶奶是重庆人，姥姥姥爷是西安

母语的力量

人，他们轮流过来帮忙照顾孩子。妈妈自己有时说西安话，有时说济南话，偶尔还来两句重庆话。孩子爸爸的普通话最好，但他长期出差，偶尔在家，就喜欢学孩子说话，逗孩子开心，好像这是他和儿子相处的乐趣。其他人则使用各自的方言。研究表明，语言环境复杂并不会影响孩子的语音感知和发音表达，但主要看护人的语音习惯交互变化，语音示范没有标准，会让孩子的语音感知混乱。

我建议孩子妈妈与孩子交流时尽量用一种口音，建议孩子爸爸不要模仿孩子的发音，而是把孩子说的话自然准确地予以重复示范，并及时回答孩子提出的问题。其实，每个孩子都有改进发音的本能，只是当孩子着急的时候，难以把注意力放在语音完善上，从而无法把话说清楚。我让孩子妈妈买一面小镜子，每天跟孩子玩"大口小口来对照"的游戏。一般来讲，单纯听到发音，孩子就能够自发地捕捉到发音特征，掌握发音技巧。照着镜子慢慢地说儿歌，妈妈说一句，孩子说一句，这样做不是让孩子模仿口型，而是让孩子对发音游戏产生兴趣，并自觉地注意到镜子里发音器官的运作过程，比如口腔的开合度，舌面、舌尖和上颚、牙齿的配合位置，从而更好地完善语音。

我建议孩子妈妈不要因为说话问题不让孩子去幼儿园，因为丰富的语言环境可以发展孩子的语音能力。家长可以暂时忽略语音问题，跟孩子正常沟通，鼓励孩子多说，通过亲子阅读培养孩子对音韵之美的感知。后来，孩子妈妈特别开心地告诉我，上了半年幼儿园，孩子已经能和小朋友正常沟通，还交了好几个好朋友。你看，先前的"大问题"不过才过了半年时间就解决了。类似的例子有很多。

在孩子说话这个问题上，当妈妈发现一些问题和不足时，如果孩子的听力正常，就应该放宽心。只要多一些耐心、关注和陪伴，给孩子一个相对高质量的母语环境，父母就是孩子最好的老师。

一、提升描述能力，让孩子的表达优美丰富

语言表达的能力，需要孩子在实践中通过不断观察、运用、反思、生发、建构、内化来实现提升。"说"的果实，绝不生长于孩子的生命之外，摘下来就能塞给他。果实的成熟，在它自己的成长中，在我们给孩子的土壤和气候中。

孩子自开始说话起就不断摸索如何说得更好，怎样可以让别人喜欢听、听得懂。通过一次次交流，从基本信息的传达，到语汇的选择、修饰，再到一定表达技巧的运用，孩子的语言表达力在不断发展。我们可以在倾听和交流中做出示范，给出方法和建议，引导孩子表达。

（一）引导孩子进行语意的联想

语意联想可以锻炼孩子对语言的悟性和直觉，帮助孩子在口头和书面表达中自如地运用丰富的语汇表情达意。日常生活中，我们可以通过多种方式让孩子感知同义词、同义句、反义词、反义句，多和孩子进行语言意义形象性的联想。

我国古代经典蒙学读物《笠翁对韵》就是典型的语意联想的典范，如：

天对地，雨对风。

大陆对长空。

母语的力量

山花对海树，

赤日对苍穹。

雷隐隐，雾蒙蒙。

日下对天中。

风高秋月白，

雨霁晚霞红。

林林小时候听《笠翁对韵》只是觉得顺口，并不仔细体会其中的妙处。我对他说："你来想想看，'大陆'和'长空'，'日下'和'天中'，'山花'和'海树'……这些相对的词，你能想到更好的词语替换吗？"林林想了想说："想来想去都不如这样好，'山花'我想到的是'海草'，可是仔细琢磨，还是'海树'更好；'赤日'我想到的是'冷月'，可是'苍穹'要更好；'大陆'我想到的是'天空'，可是'长空'多好！"通过琢磨和品味，孩子就体会到了语汇的准确和语意的呼应。

随着年龄的增长，孩子表达时会开始有意识选择美好的、符合社会文化规范的词汇。儿童的"择语"意识是逐渐发展的。[1] 而对文字的细腻体会可以帮助孩子提升语言表达的品质。对语言最美好的感知就是能品出其中的味道，这要靠敏锐的体察和联想。

"春天刚刚发出的小芽是什么颜色？"

"鹅黄新绿。"

"青黄嫩绿。"

"冬天老树的枝丫是什么颜色？"

"黑褐老黄。"

"黄褐枯黑。"

就这样，我说完了林林说，林林说完了我说，我们在问答中度过了等车的无聊时光。我曾让林林想象"黑色的天幕""轻盈的白纱"之类语言的质感，

---

[1] 郑荔：《学前儿童修辞特征语言研究》，高等教育出版社，2010年版，第219页。

让他知道语言可以有重量、色彩、味道、声效和质地。现在，老师常常赞赏林林的作文，说他的用词与众不同，别致精练。我想，这与他小时候进行过语意联想训练有密切的关系。

（二）语意延展，帮孩子学会细致表达

有的孩子上小学后写的作文干巴巴，语意延展不开，其根源是在学前阶段没有养成好的观察和表达习惯。很多时候，孩子只停留在贴标签式的认知上，也就是满足于"是什么"。我们要引导孩子继续从更多角度进行观察和描述：什么样子（样貌），在做什么（动作），为什么这么做（推理）。亲子共读可以系统地引导和培养孩子这方面的能力。我会在第三部分讲阅读的时候详细来谈。

我们可以告诉孩子，丰富生动的表达不是一上来就告诉别人"答案"，而是通过描述让别人去感受。

当孩子含糊地说"真美丽呀！""真难过呀！""真开心呀！"时，他并没有意识到如何才能表达内心丰富的想法。我们要请他继续说一说："哪些东西让你感到美丽呢？它们美在哪儿？""为什么难过？什么事情让你心里不舒服？不舒服的感觉像什么一样？""很开心吗？来，分享一下，什么事情让你开心呀？"有了这些问题作引导，孩子就能一点点地把他的所见、所闻、情绪、感受一一说出来了。

在孩子说出简单的句子之后，我们要马上和孩子一起观察，并进行语意的延展表述，而不是抽象对孩子说："你说得太简单了！要更加丰富一些才好！"孩子不明白什么叫作"太简单"、什么样的表达才是"更丰富"。比如，孩子告诉我们看到了一棵树，我们就可以和孩子一起看着树，进行语意延展。

"一棵高高的大树。"

"一棵枝繁叶茂的高高的大树。"

"一棵枝繁叶茂、很高大、开满粉色花朵的大树。"

"一棵枝繁叶茂、很高大、开满粉色花朵、散发着阵阵清香的大树。"

"一棵枝繁叶茂、很高大、开满粉色花朵、散发着阵阵清香、让人在树下驻足不愿离开的大树。"

……

比如,孩子从动物园回来,常兴奋地告诉我们看到了什么。一般的对话就是:

"我看到了大猩猩呢!可厉害了!"

"是吗?大猩猩呀!"

这样的对话无法给孩子更多的语汇营养。这时候,如果引导孩子讲出直观感受,就是抓住了扩充语汇、提升细致表达能力的绝好时机。

我们可以尝试这样与孩子对话:

"来玩'你说我猜'游戏吧,你来说看到了什么,我来猜猜是什么。"

"黑色的,有着圆圆的大眼睛、趴趴鼻、大鼻孔,站起来有半个人那么高,看上去很强壮,手臂很长,爱吃香蕉,弓着身子走来走去,时不时地露出白色牙齿,高兴了会吹口哨,生气了会嗷嗷怒吼……"

"是大猩猩!"

此时,可以进一步引导孩子描述自己和事物之间的情感关系:

"你喜欢这只大猩猩吗?为什么?"

还可以将语意进一步延展,引导孩子联想:

"这只猩猩,一定是从很远的地方来的,你能想象一下它的家乡是什么样子吗?"

"你觉得它来到咱们这里能适应吗?你是怎么看出来的呢?"

"怎么能让猩猩不想家呢?"

总之,让孩子体会到如何通过语言让别人"看到"大猩猩,进而展开联想和想象,体味从一个角度切入进而不断深入的感觉。就像一朵语言之花一点点绽放,孩子会慢慢闻见花香,记住它盛开时的美好,在今后的表达中,不管是说话还是写作,他会想要更多这样的花。

（三）美文感知，帮孩子形成细腻的语言风格

多给孩子朗读一些表达细腻的文字，是发展语言能力、增强表达生动性和丰富性的好方法。

我曾多次给林林诵读余光中先生的《听听那冷雨》[1]：

> 惊蛰一过，春寒加剧。先是料料峭峭，继而雨季开始，时而淋淋漓漓，时而淅淅沥沥，天潮潮地湿湿，即连在梦里，也似乎把伞撑着。而就凭一把伞，躲过一阵潇潇的冷雨，也躲不过整个雨季。连思想也都是潮润润的。

我还曾在带林林去南部山区看水后为他朗读苏雪林的《溪水》[2]：

> 现在，水恢复从前活泼和快乐了，一面疾忙地向前走着，一面还要和沿途遇见的落叶、枯枝淘气。
>
> 一张小小的红叶儿，听了狡狯的西风劝告，私下离开母校出来玩，走到半路上，风偷偷儿地溜走了，他便一跤跌在溪水里。
>
> 水是怎样地开心呵，她将那可怜的失路的小红叶儿，推推挤挤地推到一个漩涡里，使他滴滴溜溜地打圆转儿；那叶向前不得，向后不能，急得几乎哭出来；水笑嘻嘻地将手一松，他才一溜烟地逃走了。

当孩子听到，寻常的一场雨可以"淋淋漓漓""淅淅沥沥"，溪水与树叶、石头可以"争执"起来，他一定能感知到文字的力量，联想出那许许多多的画面，从而不断积淀诗意的语言，慢慢追寻更多优美丰富的表达。这就是语感的形成。

---

[1] 余光中：《余光中散文选集（二）听听那冷雨》，时代文艺出版社，1997年版，第388页。
[2] 上海辞书出版社文学鉴赏辞典编纂中心：《现代散文鉴赏辞典》，上海辞书出版社，2020年版，第298页。

二、发展思维能力，让孩子的表达条理清晰

在一次论文答辩会上，学生说了3分钟。

答辩主席问："请问，你的观点是什么？"

学生答："我刚刚阐述的就是我的观点。"

如此尴尬的场面总是复现。学生们显然是做过充分的准备，却不知怎么抹糨糊似的把要说的话搞得黏糊糊。会后，老师们常常惋惜说："孩子们怎么不好好说话了呢？"说话有条理的能力不是天生的，又有谁教过他们呢？作为老师，除了指责，我们实在应该感到惭愧。学校教育难以完成对孩子语言表达思维的训练，辅导班蜻蜓点水式的点拨也解决不了根本问题，还是要在家庭的日常交流中引导孩子提升表达能力，这才是最重要的。

钱冠连先生指出："儿童时期，尤其是5岁左右，是非常关键的时期。儿童时期所接受到的语言痕迹，影响他们的一辈子。语言塑造了5岁左右的儿童思维，就意味着规定了人的整个一生的思维。"[1] 加强孩子说话的逻辑性，需要方法的引导和有意识的训练。只有这样，孩子才能逐渐在各种情境下针对既定的沟通目的进行充分的观点阐发，做到思路清晰、语词丰富，体现出良好的语言素养。

叶圣陶先生说："语言说得好，在于思维的正确，思维的锻炼相当重要。"语言逻辑能力的培养跟思维的发展密切相关。一般来讲，年龄越大，

---

[1] 钱冠连：《语言：人类最后的家园——人类基本生存状态的哲学与语用学研究》，商务印书馆，2005年版，第250页。

逻辑思维越强。但如果缺乏引导，孩子养成说话不着边际、过于发散的习惯，就容易出现逻辑混乱的问题。要想做到表达有条理、有逻辑，需要运用深入理解、判断、推理等思维形式，以及分析、比较、综合、抽象、概括等思维方法。

很多科学家，如物理学家吴健雄、钱三强，数学家华罗庚，在中学时期就以出类拔萃的语文成绩而成为同学中的佼佼者，这得益于他们卓越的逻辑思维和理解能力。而说话有条理是一个人思路清晰的表现，从口头表达开始就注重培养孩子的逻辑思维，到孩子写作文的时候，无论面对任何题目，他都能做到快速谋篇布局，写起来也得心应手。

那么，如何提升孩子的语言思维力呢？

（一）善待"提问"，帮孩子形成深入思考力

孩子在成长中一定会从单纯听话的"小精灵"发展为不停发问的"小杠精"，我们虽然有些不习惯，却应满怀欣喜地知道，孩子进入了一个全新的发展阶段：通过提问，不断扩充认知和理解，发展语言和思维。

李宇明教授曾用"疑问句系统"对1~5岁幼儿的语言发展做过深入的研究。结果表明，3岁以后，儿童的问句体系进入发展的完善期；4岁以后，儿童大量使用原因问句，因果探究的意识逐渐加强，接下来会越来越多地使用"求解性"问句。这也表明，4岁以后，儿童对口头语言的运用趋于成熟和完善，今后主要开始发展"语用"了。这提示我们，儿童通过问话和回答问题，可以迅速提高理解话语、重组知识、表达感情等多种能力，疑问句在儿童的语言和思维发展中具有特殊的重要地位。孩子提问时，如果家长敷衍或者表现出不耐烦，孩子的好奇心很快就被浇灭了。因而，我们要主动回应孩子的提问，引导他深入思考，探寻答案。

母语的力量

（二）探究式启发，帮孩子发展逻辑思维力

在孩子眼中，一切都是有生命的，他急切地想通过语言来认识这个世界。此时，孩子说话的多少、语音和话语的品质高低，跟母语环境是否丰富、积极、正向有非常大的关系。

新的认知世界，也就是新的语言世界。孩子最初的世界，就是母语所建构的世界。由感觉到认知是一个阶段的飞跃，就像捅破了一层窗户纸，"看"到了新的世界。他会质疑各种存在，然后找到满意的解释，无论是奇特的、有趣的，还是精准的、发散的，都要与他的兴趣同步"对话"。

比如，孩子问："为什么要有树？"妈妈说："就是有呀！没有为什么！"

对话终止在妈妈那里很容易，在孩子的心中却很困难，因为孩子并不满足于这样的回答："没有为什么是为什么呢？"这是一个哲学层面的问题，在儿童那里是自然而然的困惑。万事万物都有个理由，树的存在为什么没有呢？

当被问到同样的问题时，另一位妈妈却十分兴奋，因为她知道，孩子这一问有着非凡的意义，可能就此开启一个新的世界。她为此翻看《树的艺术史》，告诉孩子："树的进化不仅远远早于人类的进化，而且，人类的祖先与树紧密关联……树所构成的原始丛林可以看作类人猿的'家园'，也是早期人类的'子宫'……"[1]她继续跟孩子讨论，又想出了很多理由：

"树，是小动物的家，你看树上的小动物有……"

"树，做成了家具和玩具，你看咱们家里有……"

"树，可以让大山变得更美丽，你看窗外的那座山……"

"树，可以让人们生活得更好，夏天可以乘凉，小朋友们还可以在树林里捉迷藏、采集标本……"

---

[1] 弗朗西斯·凯莉：《树的艺术史》，沈广湫、吴亮译，鹭江出版社，2016年版，第1页。

这位妈妈还带着孩子读了图画书《树真好》，带孩子去了植物园，观察各种各样的树，和孩子一起拿起画笔，画出各种各样的树……直到孩子对树的兴趣日渐浓厚，感知也日益丰富，又慢慢地转向下一个问题……

认知性的提问，是兴趣萌发的标志。父母完全可以引导孩子进行探究式的感知、观察和发现，甚至可以绘制一幅孩子成长中的研究兴趣取向图。

林林小时候，先后探寻过各个话题："机械车""恐龙""化石""机器猫""木头""颜料""地理""军事""磁力棒""乐高"……我会尽力查阅相关资料，购买相关书籍、玩具、模型，与他一起探讨，还一起实地采访，同时我也深切地感觉到自己在和孩子一起成长。

（三）让孩子有机会与内心对话

有时，孩子会自言自语，这是内心独白的外现，并不需要我们来回答，甚至不需要我们去倾听。这时，对孩子的支持方式是：不打扰，不要把自己的意见强加给孩子。

比如，一个正在画画或者做手工的孩子可能会发出感叹：

"哎呀，怎么这么高呀？"

"房子倒了，这可怎么办呢？"

"这个红色有点难看，该用什么颜色呢？"

这样的独白，在7岁之后慢慢会变成无声的"心理语言"。有时，6岁多的孩子可能还会问一些无法回答或者听上去有些不合时宜的问题，但其实他并不是要人倾听和回答，只是想要说给他自己听。[1]你发现了吗？要小孩子保守秘密特别难，大人嘱咐了好多遍："宝宝，这件事要保密哦，千万不要说出去！"可回过头来，你发现全天下的人都知道了。其实，他不是故意

---

[1] 瑞士心理学家让·皮亚杰曾在《儿童的语言与思维》等著作中，根据儿童的语言和思维发展规律指出：7岁以下的儿童有将近一半的疑问并不是寻求回答，而是自我语言的外化，可能是描述、解释或者提醒，不是真的希望有人给予他答案。

去"泄密",他的"说"是一种"独白",你越是强调,他越是在心里想着,自然就说出来。而且,他并不觉得是在"告诉"别人,只是专注在自己的世界里说给自己听,他的"说"就是在"想"、在思考。

林林刚上一年级时,我去参加学校植树活动的开幕式,有两个孩子在队伍前面念致辞稿,家长们都站在后面。这时,队伍后面有个小男孩突然侧着脸说:"在台上念多好呀,我也会念呀,我也想上去!"他的声音不大却很清楚,家长们听了都捂着嘴笑。其实,这孩子就是在跟自己对话呢。

不打扰,让孩子充分与自己对话,自由自在地梳理事情的来龙去脉和自己的情绪反应,这是思维发展的必需过程。这非常像孩子在游戏时常常自言自语,甚至自导自演的状态。记得林林5岁时常常一个人玩得不亦乐乎,先拿起玩具机关枪,喊着"冲呀",嘴里发出"突突突"的扫射声,接着扭动身子,发出"呃呃呃"的中弹声,前后摇晃,"痛苦"地倒在地上,然后马上"起死回生",爬起来继续"战斗"……在这个过程中,他不需要观众,也不需要点评。

当孩子一个人想着、说着的时候,我们只需要静静陪伴。此时生硬的干预,常常会破坏和中止孩子自我意识发展的过程。长此以往,孩子在思考问题时容易浅尝辄止,在言语表达上"没有主见",缺乏确立观点、找出依据的能力。

(四)发现孩子问题背后的思维轨迹

有时,孩子的问题是其内心需求和情绪的暗示,需要我们听得懂。当我们能够透过问题有效回应孩子内心的需求时,孩子也会对自己思维的轨迹进行更加明晰的感知和确认。得到有效回应,对孩子来讲是极大的安慰和鼓励,可以促使他进一步与人沟通,慢慢学会如何表达需求。

儿童文学研究专家朱自强先生在一次讲座中提到的例子,让我印象很深。他说一个孩子第一天去幼儿园,和妈妈走进教室,看到墙上挂着很多画,就说:"谁画的这么难看?"又指着地上的玩具说:"谁乱扔玩具?"妈妈觉得有些难堪。可是一旁的老师非常懂得孩子的心理，她知道，孩子并不是真的在提问，而只是说出了心里的独白："这个幼儿园好吗？老师会这样对我吗？我画画不好，乱扔玩具，老师会骂我吗？"这位老师并没有回答孩子的问题，而是亲切地说："这面墙是展示小朋友作品的地方，你画的画，也可以贴在这面墙上！""这些玩具可以随便玩，可以放在地上，在这里，你可以自由地玩！"听到老师这样说，孩子就跟妈妈说了"再见！"，安心地让老师牵着他的手，开始了幼儿园的生活。

所以，听懂孩子的提问很重要。要是我们都像这位老师一样"善解童心"，孩子的童年该有多么幸福啊！面对孩子的提问，有时需要回答，有时需要倾听，有时还需要猜心，这正是日常交流中蕴藏着的母语能量和智慧。

（五）谈话有方法，让孩子感知语言的秩序

1. 游戏和生活中的顺序感知

林语堂先生说过，人生的幸福无非四件事，一是睡在自家床上，二是吃父母做的饭菜，三是听爱人讲情话，第四件事就是跟孩子做游戏。要是我们能从人生幸福的角度来珍惜与孩子的游戏，就一定会发现与孩子相伴成长的乐趣。

在游戏的过程中边玩边说，自然能向孩子示范如何条理有序地表达。林林有段时间最爱和我一起搭积木，我听他指挥，一边搬运，一边看着他的动作轻轻描述：

> 第一步，红色、长方形的积木放下面；
> 第二步，蓝色、三角形的积木放上面；
> 接下来，白色、长方形的积木放左边；
> 最后呀，黄色、正方形的积木放右边。

母语的力量

哈，我们的小院好漂亮！

林林这样听着，很快也能细致有序地描述他的"工程"进度了。

学习语言，离不开具体的感知。在生活和游戏中，怎样按照顺序描述、怎样说得更清楚，都是生动、鲜活的示例。对孩子来讲，玩是感知，是学习，是成长，是语言能力最自然的内化。

你会发现，孩子自己玩的时候，常常会喃喃自语，这是孩子独有的特点。在林林写的《小豆丁幼儿园成长记》一书中，有很多这样的语言痕迹。比如写和小朋友一起画彩蛋：

> "是画动物好，还是画条纹好呢？"
> 我在心里想好以后，就开始画了。
> 一条蓝色条纹横着画过来，
> 一条红色条纹竖着画过去，
> 一条紫色条纹横着画过来，
> 一条绿色条纹竖着画过去，
> 一条黑色条纹横着画过来，
> 一条黄色条纹竖着画过去……[1]

要告诉孩子表达的具体方法，抽象的要求常常没用。日常交流中的"问话式引导"能让孩子轻松体会到"顺序表达"的内在逻辑。

我曾买来水仙花的球根，和林林一起观察。他目睹了水仙花发芽、开花、枯萎到再次萌发的全过程，认识到生命循环往复的规律。生动的顺序感知在生活中处处可见。我们可以引导孩子观察树叶在四季的不同，怎样制作小泥人，妈妈从买菜、择菜、洗菜到炒菜的每个步骤，等等，描述的时候多用一些提示词帮助孩子形成条理的思维，如"第一步""第二步""第三步""第四步"，"首先""其次""然后""接下来""最后"。

---

[1] 徐知临：《小豆丁幼儿园成长记》，作家出版社，2017年版，第70页。

引导孩子观察、表述时，不能心急，必须遵循一定的方法。

林林小时候，我总是有意识地用表示顺序、时间和空间的语汇，让孩子理解如何有条理地思考和表达。一般，先让孩子观察、描述，我再复述、补充和完善。

"呀！这辆小军车拼得太棒了！妈妈也想学，告诉我你是怎么完成的，好吗？第一步……第二步……第三步……哈哈，我学会了！谢谢林林。"

"从早上到晚上，告诉妈妈都发生了什么有趣的事情呢？"

"早晨……上午九点开始……到了中午……下午……晚上……这一天真精彩。"

"从上到下，你看到了什么呢？"

"上面先是……然后向下是……接下来是……"

"你要说的这件事，可不可以分成三个方面讲给妈妈听呢？"

"第一……第二……第三……"

有时，面对复杂的事情，我们可以和孩子一起画个简单的流程图，帮助孩子梳理事情的来龙去脉并找到解决方法。

2. 引导孩子感知关联词的意义，发展逻辑思维力

关联词是描述事物之间关联意义的常用词。跟孩子交流时，有意识地多运用关联词，孩子可以敏锐地感知到这些语词在连接时的意义。

"今天真不错，我们既去公园玩了，又赶集买回了青菜。"

"你不但会画画，还会拉大提琴。"

"我可以一边做饭，一边听你读书吗？"

"我们首先把衣服穿好，然后再收拾东西。"

"请你玩完了橡皮泥，接着就把它们收好！"

"你不但自己不着急，反而还安慰妈妈，谢谢你！"

母语的力量

在讲故事和读文章时，我们可以用不同的语气和语速引导孩子去注意这些词语。比如在读卡特娅·莱德尔的《我会永远伴着你》[①]时，我就会有意识地在"即使……也""不管……都"上停顿、强调。

> 我会永远伴着你，
> 即使在雨天，你也不会感到沮丧。
> 不管电闪雷鸣，风吹雨下，你都要坚信，
> 暴风雨后，清新一片，梦幻般的彩虹会出现在天边！
> 我会永远伴着你，即使你在黑夜的郊外，也不会感觉害怕……

感知关联词的逻辑语意时，不用具体给孩子讲解"递进""并列""转折"等抽象用语，只需要在具体生动的生活和阅读语境中多多运用和强调，孩子自然会理解、模仿和使用。

3. 快速点题后分解，帮孩子理清思路

一天，林林回家后兴奋地说他和小朋友玩了一个新游戏。我正准备炒菜，想快点听明白，他说得也急：谁跑过来谁又跑过去，谁追上了谁。至于究竟是什么游戏、什么规则，我始终摸不着头脑，想装作听懂了溜之大吉，他又不同意。

看我老听不明白，他几乎急得要哭出来，我说："这个游戏好复杂，别急，可不可以试着快速点题后分解，告诉我这是个什么游戏呀？有名字吗？"林林说："这是一种新游戏，名字叫撕名牌，是小朋友从电视里学来的。"

我说："好，知道了，分三点说好吗？第一点，请告诉我游戏的规则：怎样算赢，怎样算输。第二点，说说你和谁在一起玩，怎么分的组呀。第三点，说说玩的过程，说好玩、关键的部分。最后，评价一下这个游戏，你喜欢吗？"

[①] 卡特娅·莱德尔著、莎茵博格绘：《我会永远伴着你》，孔杰译，贵州人民出版社，2007年版。

林林就这样平心静气地、一点点地说,最后说:"我超喜欢这个游戏,改天咱们一起玩吧!"我告诉他:"完全听懂了,听上去很好玩呢!我可以炒菜去了吗?"

林林开心地点点头,自己玩去了。我想,他一定体会到了点出主题、分解要点的解说方法比"熬糯糊粥"好得多。

三、提炼精当语汇，让孩子的表达简洁生动

生活中有很多不经意的交流和游戏，可以帮助儿童感知语言的简洁之美，感受详略得当的魅力。懂得在口语表达中突出重点，对以后写作时打磨语言、安排结构很有帮助。

（一）有趣的情景游戏

"每日新闻""角色扮演"和"给故事起名字"等游戏既有趣，又可以锻炼孩子生动简洁的表达力。

林林小时候，我曾用手机为他录制"每日新闻"：请他把一天里的新鲜事进行3分钟的播报，必须做到语言简洁，一句话说清一件事。也许是特别喜欢看自己说新闻的样子，林林很喜欢这个"工作"，每天的采、编、播都一个人完成，还乐此不疲地提醒我："该报新闻了！"

"角色扮演"是林林最爱的游戏。每当我说："哎呀，看来我要买点东西才行！"他马上两眼放光，乐颠颠地开始"营业"：或是用一堆小车模型开车行，或是用收集到的石头开珠宝店，或是把心爱的玩具倒在地上摆大集。为了让"顾客"多买，他都热情礼貌地认真介绍。在这个游戏中，他懂得了想让"顾客"了解物品，就要挑重点说，否则很难引起"顾客"的兴趣……

（二）散步时的接龙游戏

你发现了吗？和孩子一起散步时随意说的话，常常简单明了又富有趣味。

我和林林有很多专属于散步的语言游戏：成语接龙、句子接龙、说反话大赛、"三句话描述一个人"、"一句话说样子，猜猜是停着的哪一辆车"……出门走到开阔宁静的道路上，游戏开始；散步回到楼下，游戏结束。在不知不觉中，孩子就能感知到如何用简练的语言表达核心意思。

一次，林林看了"吹牛"的豫剧小戏，笑得前仰后合。他问我："妈妈，为什么说大话叫作'吹牛'，不叫作'吹驴'呀？"我从没想过这个问题，赶紧查了查，告诉他："有个说法是，'吹牛'这个词源于黄河上游一带。古时候交通不便，当地人要坐自己做的皮筏子过河。他们需要用特殊工艺把整张羊皮做成筏子，还对着一个小孔往里吹气，只有身强力壮、肺活量很大的人才吹得起来。羊皮袋子小，吹起来都那么难，牛皮袋子更大，要是有人说能吹起来，那明显就是说大话了。慢慢地就把'吹牛'用来指说大话了！"林林听了以后，散步时常提议来个"吹牛大赛"，他指定主题，我们每人只说一句话，看谁更厉害。

"我家院子有多大，热带雨林装得下。"

"我家院儿比你家大，四大洋顶个石水槽。"

"三山五岳在我院儿，五湖四海是盆景。"

"世界奇迹在我院儿，五十六个民族坐一桌。"

"我家小路通长城。"

"我家水井穿东海。"

"珠穆朗玛峰像个小假山。"

"撒哈拉沙漠是个小沙池。"

"我家里，航空母舰院角停。"

……

我俩一路走，一路说，笑得肚皮疼。"吹牛大赛"后来又变成"随口一句诗"。即兴作诗，不求质量高，但求语句简、速度快，谁先说出来，谁就赢了。林林反应极快，有时我还没想好，他就脱口而出了。远处一大片石头山，我刚想要怎么说，林林就说："近看是石远看山。"对呀，那些山近看可不就是一块大石头吗？一次要说湖上的云霞，刚指定题目，林林就说："天际彩霞吻水波。"我愣了愣，可不是吗？远远地看不到边，水天相连，正像是彩霞亲吻着水波。我发现，孩子的观察和表述常一语中的，干脆利落，而我则左思右想、瞻前顾后，似乎失去了直达本真的能力。

我真希望孩子的这种能力可以存留得更久一些，恰如跟孩子一起散步的时光，都变成岁月的书签，永远在生命里散发着淡淡的清香。

（三）体会诗文中的简洁

古代经典散文是语言凝练、意蕴丰富的典范，跟孩子一起诵读会有极大的收获。我曾从《古文观止》中选择了《齐桓公下拜受胙》、刘禹锡的《陋室铭》、陶渊明的《桃花源记》、王羲之的《兰亭集序》、欧阳修的《秋声赋》、苏轼的《前赤壁赋》，跟孩子一起欣赏，一起分析和感受简练有力的语言风格和读来气贯长虹仍意犹未尽的精要之美。

如《齐桓公下拜受胙》这篇短短百字的小文章，可谓简练至极，却令齐桓公那种凛然有礼的神态和泰然行礼的言行如在眼前，十分生动。林林最喜欢这篇文章的结尾，只有四个字——"下，拜，登，受"，一字一顿表现出了一种庄严感。在简练至极的文字背后，林林能看到浩大无比的场面和人物的表情、动作，感受到他们的内心。

刘禹锡的《陋室铭》只有81个字，然而内容极其丰富，有对房子雅静环境的描绘，有对房中主人和客人们闲适生活和风姿情怀的阐发，还运用了大量的典故和对比等手法，读来金声玉润、韵味悠长，酣畅之余又品咂不尽，绚烂之极又归于平淡，是极好的寓丰富于简练的典范。我特别讲了这篇文章背后的故事，让他知道简练的"文气"常有来历：这篇文章是刘禹锡得罪权贵后从京城被贬到安徽和州县时写下的。为什么要写呢？因为当时，刘禹锡应该住三间三厢的房子，但和州知县知道他是个倒霉蛋，就故意安排他在城南的小屋面江而居。刘禹锡不在意，还写下"面对大江观白帆，身在和州思争辩"贴在门上。和州知县知道后就吩咐差役把刘禹锡的住处从县城南门改到县城北门，面积由三间减少到一间半。刘禹锡也不在意。看到垂柳依依，他触景生情，就写了"垂柳青青江水边，人在历阳心在京"贴在门上。知县见刘禹锡还怡然自乐，再次派人把他调到县城中部，只给他一间能容下一床、一桌、一椅的小屋。刘禹锡屡屡搬家，越搬越小，深感势力小人之庸俗可恶，就愤然提笔，一气呵成，写了这篇《陋室铭》，请人刻在石碑上，立在门前。显然，此文一气贯通的气势与刘禹锡当时的心境大有关系。讲完这个故事，我和林林再次诵读，一起体会作者的情绪和那字字珠玑的凝练之美。

通过对古文的诵读和分析，孩子能直观地感觉到惜墨如金又意蕴不尽的行文之美，对语言简练会有更深入的认知。

《古文观止》是孩子接受古文熏陶、汲取历史文化滋养的极好素材，还可以结合有声资源引导孩子学习。我们可以选择适当的篇章、词句与孩子一起分享、精读。

诵读现代诗歌，也可以感受到简练含蓄、富有意蕴的语言之美。我和林林曾讨论北岛的诗《生活》，内容只有一个字："网"。

"想想看，有没有其他的字可以替代？"

林林想了想说："行走的'行'，人生是由一个个的行动组成的，又是一段段的行走，或者旅行的'旅'，生活像一场旅行！"他意犹未尽："妈妈，我们来玩只用一个字做诗的游戏吧！要不就说'四季'。"我说："好呀！"他想了想说："春，一个字'萌'；夏，一个字'明'；秋，一个字'成'；冬，一个字'清'。"他解释给我听："春天草木发芽，动物萌动，都是小小的，很萌！夏天，花草繁茂明媚，一切看上去很明亮！秋天，果子成熟丰收，有好收成！冬天，冰雪晶莹，冷风清冽，所以是'清'！"通过这种交流，我想孩子会知道，哪怕只有一个字，只要抓住了事物传神的特质，就特别生动有力，甚至有时比长篇大论都有力量。

威廉·布莱克在《天真的预言》中说："在一粒沙子里看见宇宙，在一朵野花中看见天堂，把永恒放进一个钟头，把无限握在你的手掌。"让孩子体验这种在有限中表达无限的能力，就要靠不断的濡染，这比说教来得更深刻。

四、涵养言语气质，让孩子的表达优雅从容

记得一次高中音乐课上，老师刚刚领唱完"上课歌"，一个迟到的男生喊了声："报告！"

"为什么晚了？"老师问。

"拿东西去了！"那个男生一边斜着身子，一边眼睛也不抬地往教室里走。

接下来发生的事，我们谁都没有料到。

只听"啪"的一声，音乐书被狠狠扔到了男生身上，老师厉声呵斥道："站住！你怎么说话？！怎么走路？！对谁这么无礼？！"

最后，老师把他拽出了教室，闹到了班主任那里。

其实，我们知道那个男生对谁都那样，并没有恶意，只是习惯而已。那时，我们觉得老师有点小题大做。后来才明白，他那种自以为是、不修边幅的气质很容易被人拒之门外。

言语气质具有巨大的能量，有时，你的表情、语气、站立姿势、手的摆放、衣着的颜色款式等都能影响你在他人心中的印象，甚至决定了是否能有进一步接触的机会。

言语气质的养成，"内修"和"外塑"缺一不可。在孩子开始表达时，就应注重言语气质的培养。

（一）尊重自然的"内修"

"内修"一方面靠美育，引导孩子多阅读、多接触美好的东西；另一方

面，让孩子自然形成自己的风格，也很重要。

在人际交往中，我不提倡强加给孩子一些成人的标准，相反，潜移默化的示范和孩子发自本心的理解更有助于气质的塑造。比如：遇到熟人时，如果我们微笑着打招呼，孩子自然也会这样做；得到他人的帮助时，我们发自内心地说声"谢谢"，孩子看在眼里，也能表达真诚的感恩；朋友有了喜事、取得成绩时，我们热情地祝贺、祝福，孩子也自然会欣赏其他小朋友的优点。

再比如，有时我看到家长对孩子说："要分享！"孩子不情愿，自己的东西突然被要求拿给别人，就大哭起来。学前甚至7岁之前，都属于自我意识形成必经的"自我中心"阶段，这是孩子建立自我秩序和安全感的关键期。心爱的糖果玩具、妈妈的爱、爸爸的怀抱，他都要能够安全地拥有，简单而生硬的"分离"会给孩子带来伤害。

分享意识，是孩子在与周边的人和事有了牢固的关系后，在一次次对他人行为的观察、评价中建立的。他会发现，占有只能带来短暂的满足和快乐，而与他人共享、提供帮助，能带来更持久的幸福。这样自然领悟到的分享精神，就成为自发的风格气度，是真正发自内心的"大气"，而被迫的分享不会内化为孩子的心性，反而让孩子感到压抑。

对于孩子言语气质的培养，我们要加以引导，更要尊重其本真。

每个孩子的言语优势表现不同。为了研究儿童母语能力，我到过多家幼儿园和早教中心调研，发现了一个共识：普遍认为，伶牙俐齿、善于表现自己的孩子语言能力好，不爱说话或者说话不清楚的孩子语言能力就差。在如此单一的能力评价体系下，孩子的某些言语优势往往被无情忽略了。**其实，母语能力是与生活、个性和行为方式息息相关的复杂且多元的综合表现。人有多复杂，语言的呈现就有多复杂。个性成长和生活经历显现在语言上，就像立体的多棱镜，会折射出七彩光芒。如果一定要从能力上界定、从方法上引导，标准也不是单一的，还可以从语音、语汇、语言逻辑和言语行为等多个方面来努力。**

在课题研究中，我接触过很多孩子。同样的年龄，有的孩子发音很清楚，但缺乏思考,说话漫无边际,逻辑能力需要提高;有的孩子语言丰富,生动流利,但总抢着说,不听别人说,言语、行为习惯有待改善;有的孩子话虽不多,发音也不很清楚,但能用简洁的句子把事情表述得很清晰,只是语音能力需要提升。有时,一个不擅言辞的孩子可能内心非常丰富,其书面语言有着异乎常人的细腻和优美……每个孩子都有基于个性的言语优势,当被充分尊重和肯定时会爆发出巨大的能量。获得自信后,孩子也会有意识地完善和提升相对薄弱的一面,最终拥有良好的语言能力。

单一的评价机制和标准、急功近利的教育风格往往会忽略甚至抹杀孩子的个性优势,而一味强迫他向大众标准看齐会导致孩子对自己的优势不自知,没有信心,违背个性的蜕变是极其艰难和痛苦的。自己本来的优势被打压和矫正,其他方面又不如别人,真就好像越来越差了。我们要帮助孩子看见自己,让他知道自己的优势。比如,可以录制一段孩子说话或讲故事的视频,让他看到自己的言语行为,然后把他的优势说出来,增加孩子对自我的认知。

父母应该时刻牢记:优势,是孩子基于个性的内在力量,是孩子勇于塑造和提升自我的底气。

(二)在"过家家"中引导

孩子最喜欢的游戏就是"过家家"。

林林小时候跟着我去学校听专家讲座,回家就喜欢玩"做报告"的游戏:"朋友们,今天我们非常荣幸地邀请到了研究鸟类的著名学者、动物学家徐知临教授给我们讲一段小鸟的知识,大家掌声欢迎,有请徐教授!"这时,林林从阳台门后面闪出身,腰板挺得笔直,昂首阔步地走上前来,一边走,一边笑容可掬又极有风度地冲着台下的"观众"挥手:"大家好,大家好!"然后站定,开始他的讲解。家里有块小黑板,他一边画,一边说。我是他的助手,会很"谦卑"地告诉他应该站在哪里,如何倾斜45度角,既不挡黑板,又能与"观众"交流……在游戏中,孩子通过扮演各种人物,掌握

母语的力量

了很多当众表达和与人沟通时应注意的问题。这种感知很容易印刻在心里，而后在情境中实践，养成好的习惯。

林林4岁时，我们带他外出吃饭，他吃饱了就会小声地告诉我"我吃饱了，我去玩一会儿，你们慢慢吃"，然后坐在沙发上折纸或到外面看水箱里的鱼。他安静等待、落落大方、不打扰别人用餐的样子让很多人惊讶。仔细想来，我并没有刻意地教过他，而是和他一起玩"过家家"时，他作为"主人"热情周到地招待过我们这些"客人"。

（三）在模仿中提升和超越

在讲座中，我曾对幼儿园的老师说："幼儿教师无时无刻不在上课，你们的一言一行，孩子们都在看、在听、在模仿。"有个老师笑着告诉我："小朋友不学老师上课说的话，单单喜欢学老师聊天时说的话。每个班的孩子说话神态都特别像带班老师。"我想，这番话对父母同样适用。父母确实是孩子言行举止、身姿气度、心胸格局的基础榜样。母语能力培养是一种"全语言"情境式教育，不是语法、词汇和发音技巧的机械组合。语言渗透着直达内心的力量和情感，孩子每时每刻都在聆听和表达中吸收和学习。

父母说给孩子的话，常常是认识和处理事情的模范。父母说话的表情、动作、语汇，都会凝聚成一束光，照到孩子心里。在优美丰富的语言环境中耳濡目染，孩子的言语气质自然会不断得到提升。

纪伯伦有一首诗《沙与沫》说得很好：

> 我的朋友，
> 对于生命，你和我将永远是陌生的，
> 我们彼此也永远是陌生的，
> 我们每个人对自己也会是陌生的，
> 直到有一天你说给我听，

我把你的声音当作我的声音；

当我站在你的面前时，

自认为我是站在镜子前。

父母的声音塑造着孩子的声音，父母的形象影响着孩子的形象，孩子是父母的一面镜子。

我有个学生，沉稳干练，口才很好，很会举例论证，话语间常能发人深省。她曾在高考结束后的暑假，看了很多辩论赛的视频，并观察每位辩手的优势和劣势，然后用敬一丹的口吻模仿她最喜欢的"四辩"总结陈词，录下音来反复听，反复练习。在林林的成长中，他小时候多次跟我参加大学里的辩论和演讲比赛，这些经历对他的语言表达风格也有影响。

"怎样做更好？怎样说更有力量？""什么样的表现，更能让人接纳和喜爱？""怎样说，让人觉得亲切？"围绕这些问题，我们不妨让孩子多看一些著名主持人主持的节目，给孩子评述的机会，如果孩子有特别喜欢的主持人，可以引导孩子模仿和学习他们的表达风格，慢慢地，孩子会在模仿中形成自己的风格。

（四）在正向激励中面对羞怯

我有个学生不爱说话，学习认真但很少参加活动，学期末综合测评分很低，没有拿到奖学金。他告诉我，小时候最怕跟妈妈一起出门。妈妈常对人家说："这孩子认生！"他不知道"认生"是什么意思，但从大家的表情中觉得自己好像做错了事，很难为情，就想躲在妈妈身后。妈妈却接着说："你看，这孩子就是认生，来，大大方方的！"过后妈妈还总问他："你怎么老是这么胆小呢？"上学后，每逢活动，他都对自己说："这不是我该参加的！"渐渐地，在自己心里，在老师和同学的眼中，他的表现都和妈妈的"评语"一模一样……

这就是心理学上的皮格马利翁效应，也称罗森塔尔效应。美国著名心理

母语的力量

学家罗森塔尔和雅格布森曾在小学课堂上给学生以未来发展的暗示。结果证明,人的情感和观念会不同程度地受到别人的影响。"你希望一个人成为什么样子,可以用语言来塑造他!"父母的话语,可以塑造孩子的气质。一个孩子身心愉悦、表达流畅自然,一定是常常听到中肯的建议和赞美。一个孩子萎靡不振、畏缩羞怯,一定是被贴了负面标签。好的气质不是批评、打压出来的,而是肯定、赞美的结果。常常受到批评、打压的孩子早早就失去了自信的力量,而这恰恰是一个人言语气质中最重要的东西。

羞怯,是人类进化中自我保护的本能,也是遗传的自然特质。人人皆有羞怯的时候,当我们说"不要害羞!"时,孩子大脑接收的信息恰恰过滤了"不要",而接收了"害羞",看似安慰,实则是给孩子进行了负能量的强化。考试前,对孩子说"不用紧张",大脑唤起的恰是"紧张";对孩子说"放轻松,一切都会顺利的!加油!",这才是正向的能量。因此,要关注孩子"能够做到的",而不是"不要做"的事情。

挪威心智训练专家埃里克·贝特朗·拉森建议,要让一个人获得进步,就要常常提起他的优点、强项和成就,并激励他"远比想象中更强大"。孩子听到这些鼓励、夸赞的语词会产生与之相关的正向情绪,因而积极的话语激励可以优化孩子的行为习惯。他还建议那些容易感到羞怯的人,要向优秀的运动员学习,因为优秀的运动员比赛前会在脑海中详细想象各种场景和表现细节,比赛中能更加放松和专注,他称之为"具象化训练":通过想象经历的过程,能达到跟实地演练相似的效果。[1]

羞怯与勇气并存。我们可以引导孩子想象将要经历的场景,提前做一些必要的准备。要外出做客,出发前可以详细跟孩子聊一聊朋友的情况,告诉他该怎么称呼;有活动,可鼓励孩子尝试,告诉他该怎样准备,让孩子胸有成竹;平日里,支持孩子准备一首适合他的歌、一首拿手的诗、一个故事、一个笑话、一段舞蹈、一段轻便小乐器的演奏……不管是什么,要引导孩子把喜欢和擅长

---

[1] 埃里克·贝特朗·拉森:《你远比想象中强大》,王岑卉译,北京联合出版公司,2015年版,第98页。

的一件事变成"绝技"揣在怀里,在必要的时候可以拿得出来。

(五)在睡前三分钟里内化积极体验

睡前,我总是喜欢跟林林说一说一天里发生了哪些美好的事情,也说一说他当天取得的进步。比如:"今天买到的玫瑰香葡萄真好吃,有香甜的玫瑰香气;今天捡到一颗小松塔,这是大自然送给我们的礼物;看到总是喂流浪猫的李爷爷,林林主动打招呼很温暖……"这样说着,我能感觉到林林在和我一起回味,内心平和宁静,有种清泉流过心田的幸福感。林林也会对我说起很多和小朋友玩耍的趣事。后来,我读到里克·汉森博士的《大脑幸福密码》才知道,这样做可以把积极体验内化下来,让孩子更有力量去对抗大脑本能的消极倾向,能够更加平静、自信、满足。

大文豪泰戈尔在回忆录中提道:"父亲的一生不来干涉我们的自由,有几次我的作为违背了他的情感和理念,他只要稍加暗示,就可以制止住的,但他没有这样做。他认为,内心禁忌的力量未产生之前,最好还是等待,消极地接受某种意见,是不会使人痛快的。他深知,没有爱而单纯地执行命令是虚假的。他懂得,真理的道路迷失了,还可以复得,但用外力强迫一个人或使一个人盲目地接受真理,最后倒会阻碍他走上真理的路。"[1]引导孩子举止得体,并不是要塑造出"小大人",而是要让孩子知道,在人与人之间的交往中,举止优雅是对彼此的尊重,就像诚恳地说"你好"一样自然。

---

[1] 康杰:《古今中外名人教子的启示》,中国致公出版社,2010年版,第39—40页。

五、关于"说",妈妈最关心的几个问题

(一)孩子为什么不说话?

1. 食物、运动和内驱力

孩子说话有早有晚,一般来讲,不需要担心。通常在 10 个月左右,孩子会第一次说出将语音和意义联系起来的字,3 岁就可以流畅地与人交流。说话晚的孩子,也有异常聪明的情况。美国心理咨询师托马斯·索厄尔研究发现,一群患有爱因斯坦综合征的孩子普遍说话很晚,比如有的将近 4 岁才开始说话,这种情况常令家人感到内疚,认为一定是自己做错了什么。然而,在某一时间点,这些孩子会突然开始流利说话,与此同时常表现出非凡的能力。比如:有的分析能力或音乐能力出众,有的具有惊人的记忆力,有的可以超前阅读或对数字极为敏感,做事专注力极强。调查还发现,这些孩子的近亲常从事对分析能力和音乐能力有较高要求的行业,甚至近亲中也有过开口晚的现象。这一研究提示我们,顺应孩子成长的轨迹,陪伴孩子、观察孩子、尊重孩子,用爱来接纳孩子成长中遇到的各种情况,是为人父母的大智慧。

但在正常的语言环境下,如果孩子迟迟不开口说话,发音能力较弱,有以下几种情况需要引起注意:

一是孩子长期食用软食和流质食物,没有锻炼口腔肌肉的机会。

当孩子的内心语言充分发育,要开口发音时,需要舌、唇、咽、肺等器

官的和谐运作和充分支持。一般 6 个月后,孩子可以咀嚼,此时应适当添加辅食,如小菜丁或玉米面小薄饼等有点嚼头的东西,让孩子的口腔肌肉及时得到锻炼。

二是限制孩子的运动。

认知发展是语言发展的基础。认识得越清楚,才能说得越明白。儿童的句法结构是随着动作的发展而逐步完善的。① 只有学会行走,身体自控力大大提升时,孩子才会开口说话,并不断提高发音能力。如果家长束缚太多,孩子缺乏动手做事的机会,语言发展也会受到很大的限制。

三是总替孩子说。

语言的第一功能是交际,达成目标是开口说话的直接内驱力。如果我们总是替孩子说,他会觉得"不用自己说"。孩子需要得到无条件的关注和呵护,父母及时的回应能给孩子足够的安全感,我们需要和孩子建立心有灵犀的默契感。但当孩子开始"咿咿呀呀",有了自发的语言意识,我们就不能总去充当孩子的"心灵捕手",他一伸手,我们就马上拿给他;他一哭,我们就马上"翻译"出他不喜欢什么,赶紧替他拿开;他只说了一个字,我们就帮他说完后面的话……久而久之,孩子就没有了"说话"的需要。儿童语言获得中有"钟摆的现象",即语言的获得如钟摆一来一去,而非直线上升,只有到了一定程度,才能融会贯通,正确使用。因而,孩子很需要在各种情境交流中学习语汇的机会。从对儿童情态动词习得的研究来看,其习得的顺序与使用的频率密切相关。儿童在一岁八个月到两岁四个月之间开始习得情态动词,"想"是最早习得的情态动词,随后,"会""要""敢""用""愿意""能""可以""喜欢"等逐渐习得。② 这说明,在各种生活情境中运用语言,是儿童语言习得最有效的途径。

林林 1 岁多时总"懒得动口",因而,我开始改变跟孩子交流的方式。除了手语,我鼓励他开口说出来。看到苹果,他用手一指,看着我,我只微笑看

---

① 唐燕儿、李益民:《儿童语言学习心理》,暨南大学出版社,2012 年版,第 45 页。
② 杨贝:《汉语儿童情态动词早期习得研究》,科学出版社,2014 年版,前言。

着他,"装糊涂":"那是苹果,林林想要什么呀?"刚开始,他对我的"变傻"不能理解,甚至有些烦躁,发出"嗯嗯"的声音。我笑着说:"是不是要吃苹果?林林可以告诉妈妈。"他愣了愣,我说:"吃苹果,林林想吃苹果吗?"我慢慢说了几遍,他瞪大眼睛说:"您您(林林)七(吃)皮(苹)果!""对,林林想要吃苹果,说得真好,妈妈知道了!"我马上拿给他,他特别开心。孩子最初的表达是一种突破性的努力,一定要赶紧赞美和鼓励。

2. 有魔力的"微笑一分钟"

常听很多家长催促孩子:"快说呀!""好好说话!""想好了吗?还没想好吗?!"有时嘴上说"别着急!",脸上却写满焦虑和急躁,或者说:"哎呀,这么费劲!算了,等你想好再说吧!"结果常是,孩子接下来说的话语质量大打折扣。

我们常常不能等待,看看这些画面:记者随机采访,把话筒伸到一个小孩子面前,小孩子开始思考,一秒钟、两秒钟……静默中,他的妈妈代为回答了;幼儿园老师问完一个问题,一秒钟、两秒钟……孩子们努力地想着,老师却自问自答,然后很专业地问:"你们说是不是呀?"孩子们马上中断思考,齐声说:"是——"其实,我们常常只需要微笑着等待一分钟,孩子就会说出想要说的话。

我在跟很多孩子的交流中都见证了"微笑一分钟"带来的奇迹。讲座时,我对一些老师说:"提问之后,请看着孩子的眼睛,微笑地等待,试试看,一定有意想不到的发现!"很多老师发现,"微笑一分钟"带来的变化不可思议。原本静默无声、自问自答的课堂变得活泼有趣,孩子们说出的答案五花八门,几个孩子就一个观点还辩论起来……一位老师告诉我,过去她从不知道孩子们懂得那么多,说得那么好。仅仅是微笑着等待了一分钟,孩子们自由表达的热情就被唤醒了。她告诉我:"过去我总想我要说什么内容,现在孩子们参与进来,每节课都很热烈、很愉快,学习效果好太多了!"

等待，能支持幼儿形成自然的表达风格，体验到完整沟通的过程；倾听，能发现孩子的言语优势，从而给予及时的鼓励。

读《窗边的小豆豆》，最让我感动的情节是：小豆豆因上课时大声跟小燕子打招呼等不合规矩的行为被退学，不得已跟着妈妈来到新的学校——巴学园。第一天，校长先生要跟小豆豆谈一谈，他说："好了，你跟老师说话吧，说什么都行，把想说的话全部说给老师听听吧。"小豆豆很开心，她说呀说呀，从坐车说到以前的学校，从一只燕子窝说到茶色的小狗……就这样，一年级的小豆豆一直说了四个小时，从早晨说到了中午。校长先生一直微笑着，充满兴趣地聆听，那时，小豆豆觉得无论是之前还是以后，都没有一个大人这么认真地听她说话。她想："能永远和这个人在一起就好了。"[①] 每次读到这里，我脑海中就不由得出现这样的画面：一个小女孩沉浸在语言的美好世界里，她的心随着话语飞舞，那绚烂的世界也鲜活起来。一直微笑着的校长先生，跟着小女孩一起进入了她的世界，他用心感受着，满怀尊重地一直在听。小豆豆一定是感受到了校长先生在陪伴她一起"飞舞"，所以才会这样说呀说呀……

3. 敬畏孩子的"沉默期"

儿童语言的发展是一个有趣的过程，短暂的沉默常常预示着爆发式的开说。有时，孩子"不说话"是在积蓄力量，所以我们不需要焦虑，只需静候佳音，坚持亲子交流、亲子共读，给孩子"输入"更多美好的语汇。

我曾听到一段有趣的对话。楼上的奶奶领着两岁的小孙女回家，在电梯口遇到了邻居王奶奶，奶奶就让小孙女打招呼，小女孩没有说话。疫情期间都戴着口罩，孩子仔细观察着面前这个戴口罩的人。她先仰头看她的脸，然后看她手里的包。"你为什么不说话呢？"奶奶有点着急。王奶奶开玩笑地

[①] 黑柳彻子：《窗边的小豆豆》，赵玉皎译，南海出版公司，2003年版，第22页。

说:"你不说话呀,我就去你家吃饭,你奶奶给你做什么好吃的了?"小女孩仍然不说话。王奶奶继续说:"我去你家吃饭,我吃饺子,让你吃面条!你说话,我就不去你家啦。"小女孩仍然不说话。女孩的奶奶有点尴尬地说:"她就爱吃面条呢!你怎么不说话啊?"……直到进了电梯,小女孩仍然安静地观察着对面的奶奶,她也许在想:"这个戴口罩的人是谁呢?我有没有见过呢?她的包上面画的是什么呢?"我甚至觉得,她也许会想:"这个奶奶为什么要去我家吃饭呢?她去我家吃饭,跟我说话有什么关系呢?她是不是爱吃饺子呢?奶奶说我爱吃面条,我爱吃面条吗?"

这种沉默的表现有时更加明显一些,在孩子1岁到1岁半的时间里(13~18个月,有些孩子会到两岁左右),他会突然"沉默"起来,以前那个"咿咿呀呀"不停发出各种声音的孩子,突然不怎么吭声了。林林小时候也经历过这样一个短暂而特殊的阶段。他默默地玩玩具,只是偶尔哼一声,或者用手势表示他的心意。很多次,我都静静地感受着他用眼神传递的各种感受。我知道,在他的大脑袋里,对于语汇的理解力正在快速累积,为即将到来的爆发积蓄能量。这个在儿童语言学上被称为发音紧缩的沉默期,非常像是孩子在"过滤"无关的语音,集中力量,增强理解,准备迎接"词语大爆炸"的到来。虽然并不是每个孩子在发音紧缩期的表现都很明显,但所有的孩子都会经历从语音、语意的表层关联到情境运用能力的深度提升,这是一个飞跃。

语言学家李宇明先生认为:"此时,儿童要学会给一定的声音赋予意义,并要把这种音义结合体依据一定的语法规则组合起来,同时还要与一定的语境相匹配。这些新的语言和语言运用任务,使得儿童要分出许多精力去对付,所以会带来语音发展上的紧缩和简化现象。"[①] 所以,语音发展只是儿童语言系统发展中的一个方面,其他语言因素都可能与语音的发展交互作用。等孩子过了1岁半,你会惊讶地发现,沉默的孩子突然说起话来,词汇像滚雪

[①] 李宇明:《儿童语言的发展》,华中师范大学出版社,2004年版,第88页。

球一样越来越多,那些生动流畅的表达常常让我们对孩子曾经的"沉默"深感敬畏。

4. 有时说有时不说的孩子

一次,我应邀到一所小学做讲座。气氛热烈时,我提问了一个孩子,可无论我怎么启发,他都不说话,只是用清澈的眼神看着我。我请他坐下:"你希望再想一下对吗?等你想好,我们再交流好吗?"他点点头。讲座结束,带班老师告诉我:"那个孩子学习很认真,就是不说话,呆呆地看着你!平时公开课上,我们都不提问他,否则冷在那里让人不知道怎么办才好。"

心理学上把这种情况叫作选择性缄默症(Selective Mutism),一般认为在孩子3~5岁时容易发生,并可能一直持续。因为是心因性的表现,所以起因非常复杂。有的因为家里管教过于严苛,有的是受过恐吓或惊吓,有的则可能由于溺爱无法适应外在环境……还有很多无法找出明确诱因的情况。

不管什么原因,孩子具有表达能力却不说话,就是自己关闭了心门,这是自我保护的一种心理反应。我查阅了很多资料,调查了一些案例,发现针对这种现象,能够带来改善的方法有一些共同的特点:

一是相信孩子的能力。不逼问"到底为什么不说话",不给孩子贴上"不说话"的标签,因为这样做一定会强化"不开口"的行为。与孩子交谈时,耐心地向孩子表述想法、感受,让孩子感觉到与他交谈的人不会在意他是否开口说话。真挚的关爱会慢慢地让孩子放松下来,打开心门。

二是耐心等待时机。不干扰孩子沉默的状态,不急于让孩子开口,以温和有爱的态度观察孩子,发现他的优点和兴趣,并给予鼓励和支持,静静地等待时机。

三是给予宽松和适宜的生活和学习环境。常常和孩子一起唱歌、跳舞、玩角色扮演的游戏,营造快乐美好的氛围,带领孩子在丰富的语言环境中享受做事的过程。

还有就是忽略不说话的问题。根据孩子的兴趣爱好，让他做喜欢的事情，比如承担一定的家务或班级里的工作，让孩子发现自己的价值。顺应情感表现，往往会带来新的成长契机，孩子自然会开口说话。

也许，这个过程会非常漫长，因而最重要的是不能够着急。日本心理学家河合隼雄先生在书中提到过一个典型案例：有个小男孩一直不说话，老师坚持亲切地与他沟通。通过观察，老师发现他喜欢小动物，就在班里放了一个水槽，养了一些鱼和一只小乌龟，并特意请他负责喂养小乌龟。有一天，小乌龟不见了。老师和孩子们四处寻找。突然，这个男孩紧紧抱着老师放声大哭，说道："我的乌龟不见了！我的乌龟不见了！"大家很惊讶也很开心，因为男孩终于说话了。

小乌龟的失踪成了这个小男孩开口说话的契机。还有一个很重要的原因是这位老师没有干扰孩子沉默的世界，没有勉强他开口说话，也没有放弃他，而是一直坚持用爱温暖他，让他在兴趣范围内承担一份责任，并耐心地等待时机，让孩子自己走出沉默。

儿童文学作家彭学军写过一篇童话小说《哥哥在电梯里》，很有奇幻色彩，这个故事也与我们的话题有关：主人公小奕眼看着小狗"哥哥"在电梯里掉下去失踪了，有了"哥哥到底去了哪里"的心结，这就像被无形的绳子绑缚住了心灵的语言，他突然不再说话了。直到多年后，一次偶然的机会，他认定电视里的孩子是小狗"哥哥"变的，这才解开心结，终于开口说话了。

支持孩子自己解开心结，是结束缄默的关键。

（二）如何面对孩子变成"小结巴"

林林3岁半时毫无征兆地结巴起来，在这之前他说话非常流畅，这让我们很着急。我在进行儿童口语能力发展研究时，遇到过很多类似的情况，这些孩子大都集中在 3 岁半到 5 岁半,他们有一个共同点:早期阅读开始得早,亲子共读做得好,孩子思维敏捷,语汇丰富,而且妈妈陪伴的时间比较长。后来,我注意到耶鲁大学对数千位孩子真实成长跟踪 40 年的研究成果中也明确说明了孩子在 3 岁多时(有的发育早的孩子,在两岁半时就会出现)常常已经说话很流利了,却突然进入长达几个月甚至更久的口吃期,并提出这只是学前儿童语言运用不够流利的一种表现,没有必要特别去矫正。这至少说明了,不仅是以汉语为母语的孩子会出现这样的问题,其他语种的孩子也存在这种情况。

在研究中,我发现当幼儿断断续续重复表达时,家人总以为他不好好说话,会让孩子重新说,结果孩子越急越说不好,似乎真变成"小结巴"了。回顾过往,当林林有些口吃的时候,我虽然知道儿童语言发展的各种情况,但在很多人的目光下,我是不是也曾流露出焦虑的神色?林林当时如果感受到妈妈的焦虑,一定更难以顺畅地控制语流了。

经过调研,我发现导致孩子说话结巴的原因有很多,但有一个主要原因,就是父母工作和生活节奏快,跟孩子说话时语速也快,喜欢打断孩子。处在语言爆发期的孩子想说得很多,也希望像大人一样说得很快,尤其在遇到感兴趣的事情时特别急切,常常将第一个字的头音咬得很重,越用力就越难以发声,很容易造成语流急促、气息不匀。一旦出现这种情况,孩子能敏锐地感知到周围人态度的变化,这会让他更加紧张,也更加敏感,这种心理映射行为上就是口吃。

面对这种情况,首先要让沟通环境变轻松,不要模仿孩子,更不要斥责孩子,而要微笑着倾听,传达出"别着急,慢慢说"的心意。最好的方法就是关注孩子说了什么,而不是如何说。我们自己首先要放慢语速,耐心倾听,让孩子尽情说完。只要家长悉心引导,孩子慢慢就会言语流畅。

第一,像做游戏一样帮孩子打节拍,引导孩子体会慢慢说出来的感觉。林林口吃的那段时间,我常常用手打节拍说儿歌的方法来帮他感受语速和语流,林林很快就能流利地表达了,还参加了很多朗诵和演讲比赛。

母语的力量

第二，引导孩子练习呼吸方法，示范如何轻轻地说出第一个字，慢慢说下去，渐渐地，孩子就会表达得越来越顺畅。

第三，经常唱念儿歌对改善孩子的口吃也有很大帮助。唱歌时，孩子不仅能学习"以气托声"，调整气息，还能放松心情，学会调整语速、均衡发音的方法。

心理学研究发现，儿童早期口吃自然康复率高达80%[1]，并且在治疗上也大多采取言语鼓励、气息训练、慢而有节奏的示范等方法。日本倡导的"不惧怕、不逃避，顺其自然，为所当为"的森田疗法[2]，可以让口吃的孩子放松下来，语流不畅的情况得到明显改善，结巴的现象会慢慢消失。对大多数孩子来讲，这只是个时间问题。美国通用电气公司前董事长杰克·韦尔奇小时候也有点结巴，他的妈妈对此不以为然，总是鼓励他慢慢说。妈妈还告诉他，是因为他思考的速度比说话的速度更快，所以才会结巴。小韦尔奇没有感到自卑，后来他不仅语言流利，而且擅于思考。

2021年9月，国内引进出版了加拿大诗人乔丹·斯科特和凯特·格林纳威奖获得者西德尼·史密斯合作完成的图画书《我说话像河流》。故事中的小男孩因为结巴无法表达内心丰富的感受而饱受煎熬，爸爸平和自然的反应给了他关于说话的智慧。爸爸带他来到河边，告诉他："看见水怎么流动了吗？你说话就像那样。"孩子看着河流，终于明白：水花四溅、急流回旋、翻滚奔腾、拍打冲击都是多么自然呀！说话就像河流一样，可以有各种各样的状态，河流会有不通畅的时候，也会有水波像缎子一样光滑流过的时候。他牢记着爸爸的话，终于不再害怕说话了。读到这个故事，我很受震动，告诉孩子"说话就像河流一样"，是多么贴切、温暖的比喻呀！

---

[1] 彭聃龄：《汉语儿童语言发展与促进》，人民教育出版社，2008年版，第530-531页。
[2] 森田疗法又称禅疗法，是日本东京慈惠会医科大学森田正马教授（1874—1938）创立的心理疗法，其方法在于注意到心理和身体反应的交互作用。对早期口吃情况，强调关注内容，忽视重复的行为，不强化口吃行为。

（三）孩子脾气大，无法沟通怎么办？

1. 将心比心，给孩子智慧的示范

美国积极心理学家丹尼尔·西格尔和心理治疗师蒂娜·佩恩·布赖森给出了如何对待孩子带着情绪与大人争辩的脑科学提示。形象来说，人的大脑可以分为左右两部分，左脑影响语言思维，偏重逻辑和秩序；右脑影响非语言思维，偏重情感和体验。发生冲突时，孩子启动的是右脑，此时，如果给他讲道理，就是拿左脑来对接右脑，对抗情绪会更加激烈。如果我们可以和孩子一样，也启动右脑思维，感受他的情感和焦虑，反而能帮助他平静下来，从情绪状态切换到与他人对话的语言状态，慢慢唤醒左脑的思考模式，进入反思和解决问题的程序。

如果了解更多的脑科学知识，也就不那么容易跟孩子生气了，而是把每一次与孩子的争辩变成千金难买的机会，帮助孩子发展和完善认知自我的能力。除了从左右脑模式来形象理解不同的思维方式，还可以从上下层脑的角度来理解孩子的思考状态。上层脑，尤其是额头后面的前额叶皮质，负责分析、思考和规划，是擅长理性分析和判断的"人类逻辑脑"；下层脑则负责强烈的情绪和本能反应，可以称之为"爬行动物脑"。要知道，上层脑要到23~25岁才发育完全。因而，上层脑还未发育好的孩子更容易被下层脑"绑架"，产生不良情绪。因此，无条件地接纳孩子的情绪是第一步。

一次，林林跟我们玩打沙包的游戏，好不容易轮到他上场，刚跑了两下，"嗖——"，爸爸把沙包扔到了他的额头上。他生气了，大声说："你不守规则，我还没转身站好！"

我感觉他反应太过强烈，就开玩笑地说："被打中太正常了，沙包又没有眼睛。"

"可他违反了规则!他手里有两个沙包,还是连续扔过来的!"

"那是一开始就被允许的啊!"我也有点着急了。

看到林林愤怒的样子,我突然想到,此时讲道理不就是用我的左脑思维应对他的右脑思维吗?我要启动右脑模式,先感受他的心情,然后帮他做一个左右脑的联结思考,慢慢从下层"情绪脑"思维上升到理性分析的"人类脑"思维。

"沙包打在额头上很疼吧!你还没站好就被打中了,是不是很生气?"(与孩子的下层脑,即他的感受和情绪发生联结)

"爸爸不讲规则!"林林吼了一声,"你乱说话,说沙包不长眼!"(让孩子有机会表达自己的情绪,识别愤怒的原因)

"我们一直玩得很好,看你生气了,我很着急。"(用自己的感受进一步与孩子的感受发生联结)我建议,"要不,我们一起制定个新的规则可以吗?"(引导孩子启动语言思维,联结上层脑)

我找来一个小石头,在地上画起来。"打沙包,到底什么规则安全又好玩?一个沙包,还是两个沙包?有必要规定一下,被打者要完全转身站好,才可以抛出沙包吗?"我一边画,一边说,"重新定下规则,明确一下细节,我们再继续玩,怎么样?"

林林气呼呼地蹲下来,爸爸也笑着走过来。我们讨论了一下游戏规则,林林问:"爸爸,你说,沙包飞过来的速度和力度大约有多少?"我知道他已经开始思考了,进入了理性的左脑思维,也启动了他尚未"装修"好的上层脑⋯⋯

父母第一时间认同孩子的感受和情绪,迅速与孩子实现情感联结,才可能引导孩子"上行思考",帮助孩子发展上层脑,即理性思考力。当我们有情绪时,也可以告诉孩子:"我需要静一会儿,10分钟以后我们再一起讨论这件事。"

支持孩子发展和锻炼他的上层脑,最好的方法就是温和而有力地提示孩子"你觉得有没有更好的解决办法"或"请你试试说服我",引导孩子从下层脑的"怒火"转移到上层脑的思考,从而锻炼他的思维。对孩子来说,"新闻采访"和"手偶交流"就是很好的方法。

一次,林林不开心,我顺手拿起黄瓜"采访"他:"哦,这位先生,请问是什么事让你有些不高兴呢?"

林林对着黄瓜表达了意见。

我跟进:"这位先生,你怎么看这件事呢?"

林林想了想,对着黄瓜说了一些他的观点。

最后,我装作总结他的观点,还偷偷加了一点小建议。他没说什么,但我看得出来他欣然接受了。等到他把"话筒"吃掉的时候,一切就都好起来了。

面对争吵和冲突,积极正向的家庭讨论非常重要。

正常的争论和吵架(而非暴力和充满敌意的)是儿童社会性发展的必要组成部分。之后,如果父母能帮助孩子"复盘"并重新讨论,就可以给孩子做出可贵的示范。"复盘"时,重点注意以下几个方面:

第一,读懂情绪,识别心理原因。

和孩子一起辨析原因,他就有机会学会认识自我和他人的情绪及心理状态。比如:"你生气是因为我未经允许就洗了你喜欢的玩具吗?""他哭了,是因为舍不得离开吗?""你这样拿走他的东西,他会有什么感受?"引导孩子主动体察别人的情绪,能促进其情绪理解力的发展,提升情绪自控力。

第二,善意归因,传递正向接纳的智慧。

在日常生活中,如果父母能对孩子和他人不经意的过失给予理解和原谅,帮助孩子养成与人为善、善意归因的认知习惯,孩子就能少受伤害,习得与人相处的智慧。比如,孩子在幼儿园,如果被其他小朋友碰掉了玩具,在不同认知归因下,孩子的反应会很不同。如果认为对方是故意的,甚至恶意的,孩子就会很伤心很气愤,继而发生冲突;如果受过父母善意归因影响,孩子会大度地笑笑,自己捡起玩具。相比之下,后者将拥有更好的伙伴关系。生活中的绝大多数行为,哪怕是让人不愉快的,动机都不是恶意的。如果经常受到父母的苛责，孩子也容易因习惯性的认知误解，与他人发生更多冲突。

第三，预演练，帮孩子面对情绪挑战。

孩子在成长过程中会遇到各种难以处理的情绪，预先沟通、疏解能帮助孩子更好地应对这些情绪。比如，当孩子因入园产生焦虑情绪，或因弟弟妹妹的到来被激发出竞争感等时，父母要倾听他的困惑，借助故事和游戏，与他讨论新变化、预演新情境，帮助孩子走出情绪困境。

2. 假装游戏，给孩子应对的方法

小婴儿对人脸和表情异常敏感，喜爱有关切目光和友善表情的脸庞。如果母亲毫无表情，无动于衷，婴儿会烦躁不安。从两岁开始，幼儿能更多地使用"我想"来表达心理活动，同时能感知成人行为背后的情绪，并进行探究和询问。实验发现，三岁儿童如果在游戏中一边扮演角色，一边用语言描述自己的心理状态，一年后他在心理状态理解测试中就会表现得更好。

美国作家阿丽奇的图画书《我会沟通》中，有一个妈妈用手偶与孩子沟通的场景：孩子放学回家后，非常沮丧，妈妈问："怎么了？"孩子说："没事。"看到孩子很难过，妈妈说："跟妈妈说说看。"孩子说："不行。"妈妈再次发出温暖的鼓励，孩子说："我不知道怎么说。"接下来，这个妈妈就和孩子玩起手偶游戏，孩子对着手偶很自然地说出了被同学嘲笑的事。妈妈第一时间认同了孩子的情绪和感受，说："噢，你一定觉得很难受。"接下来，孩子跟随妈妈开启思考，从经历中收获成长。

当我们不知道该怎么跟孩子沟通时，不妨在假装游戏中，一起寻找各种应对情绪的方法。一般就是玩"过家家"，无论孩子是和我们，还是跟小伙伴，抑或是跟假想中的朋友一起玩，都可以更好地认知规则，管理情绪，理解他人。在游戏中，分享想象的世界、解读朋友的意图、共同讨论如何将每个人的行动和心理融入游戏，对儿童的心理发展有着积极的效果。

维果茨基指出，假装游戏能促使儿童发展出自我调节策略。与日常管教中的强制要求不同，在游戏中，儿童更愿意主动去理解和遵守规则。俄罗斯的两个有趣的心理学实验很好地说明了这一点。一群六岁的男孩玩扮演消防员的游戏。一个男孩扮演消防队队长，另一个男孩扮演消防车司机，其他男孩扮演消防员。队长一喊"着火啦"，消防员们就全部跳到玩具车里，然后司机假装开车到达火灾现场，消防员会跳出去灭火，司机也跳了出去，这时其他男孩会叫他回到车里，因为他必须和车在一起。这个男孩坐在车里，努力控制着想要参与"救火"的欲望。另一个例子是，一群3~7岁的孩子玩扮演哨兵的游戏，实验员测量他们能站立不动的最长时间。当"哨兵"独自一人站在房间里时，站的时间会短一些；而当有人在房间里监视时，多数"哨兵"都能够站得更久一些。因此，假装游戏可以帮助儿童控制他们的欲望和情绪。[①]

在亲子沟通中，给出训诫很容易。而为人父母的真正意义在于，用富有启发的爱、耐心和巧思，支持孩子沟通技能和思维能力的发展，成就属于他自己的智慧和力量。

---

① 乌莎·戈斯瓦米：《牛津通识读本：儿童心理学》，吴帆译，译林出版社，2019年版，第67-68页。

小结

  优美丰富、富于逻辑、简洁明晰的表达得益于充满爱之能量的母语环境，蕴藏在我们与孩子相伴的成长之中。

  我们善待孩子的每一次提问，引导孩子满怀好奇地去探究、去思考，尊重孩子内心的独白，听懂孩子话语背后的心意，都是在无形中给了孩子提升语言能力的秘密能量。

  在"过家家"的游戏中、在睡前的聊天里、在微笑的等待中、在耐心的激励下，孩子都有机会发现自我的言语优势，塑造最适合自己的言语气质。

  在陪伴孩子成长的过程中，我们要科学地面对曾经让我们焦虑、失眠的小"插曲"，不管是孩子的语迟、结巴、不说话，还是那些情绪激烈的冲突时刻……

  相信，有了母语之爱的能量和科学有效的方法，我们能更好地陪孩子一点点进步，与他一起享受成长时光。

第三章

让孩子成为富有创造力的表达者

孩子天生就有敏锐的心理触角,
他们不仅仅用眼睛看世界,
还用心灵感知世界。
他们常常活在童话里。
呵护孩子的"童话期",
让表达更有创造力。

孩子从出生开始,就是一个主动的学习者,既像科学家一样观察、实验,又像艺术家一样感知、创作。弗洛伊德在游戏中发现了儿童具有创造性的本能。他发现:"每个做游戏儿童的行为,同富有想象的作家在这一点上一样,他创造了一个世界,或者说,他按照使他中意的新方式,重新安排他的天地里的一切。作家创作的时候也像做游戏的儿童一样,创造出一个幻想的世界,并认真对待,他倾注了丰富的情感,同时明确地将想象的世界同现实相分离。"[1]

激发和呵护孩子的创造力,需要时间、耐心和爱。儿童心理学研究表明,适时回应是获得最佳发展结果的关键。适时回应指的是能立即回应儿童的提议并关注儿童所关注的事情。当儿童的提议能获得"支持性的结果"时,他们便能够有效地学习。[2] 比如,当孩子举着玩具向我们展示时,如果我们能跟随孩子的注意力,给予鼓励性和开放性的互动:"啊,这是小恐龙吗?它

---

[1] 弗洛伊德:《论创造力与无意识》,孙恺祥译,罗达仁校,中国展望出版社,1986年版,第42页。
[2] 乌莎·戈斯瓦米:《牛津通识读本:儿童心理学》,吴帆译,译林出版社,2019年版,第1页。

要去哪里呀？"这便是抓住了机会，激发和促进孩子创造性认知的发展。如果我们常常忽略孩子的热情，用"放好了，别乱动！"等封闭性或拒绝性的表情和语言对待他，孩子的认知发展和学习热情就会受损、减退。

一、童心创造的美丽世界

孩子从 3 岁开始会说出很多在我们看来不可思议的事。发展心理学早已揭示，儿童的思维方式带有童话色彩，儿童的游戏也时时显现出童话色彩。儿童很难区分现实和幻想，他们靠幻想去填补对事物认知的空白，也靠游戏去拉近和世界的距离。借助幻想的翅膀，他们能穿越时空，使常见的和罕见的、熟悉的和陌生的各种人物与现象关联起来，发出奇异的光彩。

林林 3 岁时，我给他读普希金的长篇童话诗《母熊的故事》。这是一首没有写完的童话诗，结尾非常悲惨：母熊被剥皮而死，小熊被抓走了，动物们一起安慰公熊。故事暂时就写到这里。

林林听完，难过地低着头走开了。过了一会儿，他回来了，手里拿着一幅画：很多动物围着三只熊——两只大熊、一只小熊。

他很认真地对我说："你知道接下来发生了什么吗？我不骗你，妈妈，这是真的！"

我很好奇地看着他："发生了什么呢？"

"我告诉你吧。动物们伤心极了，决定一起帮助黑熊。听说，森林里呢，有一种仙草，可以救命。于是，动物们跑到猎人的屋子周围嗷嗷大叫，吓晕了猎人。然后，它们把熊妈妈的皮拿出来，把仙草放在熊皮上，母熊被救活了，小熊也回家了，大家围在一起吃蜂蜜饼庆祝。"

"真好呀！"看着他认真的表情，我很感动。他给了这个故事如此温暖的结局，更难得的是还描述得如此真切，我好像都闻到蜂蜜饼的香甜了！

母语的力量

过了一会儿，他又跑过来，给我看他画的东西，黑乎乎的铅笔线条好像一个大毛毛虫。他说："妈妈，那片森林有魔法了！"

"哦？什么魔法呀？"没想到他还沉浸在故事里。

"谁来打小动物，谁就变成这样的虫子！"他指给我看，语气坚定，仿佛刚从森林里跑出来，就为了告诉我这个好消息。我高兴地拍拍手，林林点点头，心满意足地走开了。

我知道，孩子的讲述、画画就是把一腔悲愤化解到美丽的"真实"中了。他担心这样的美好会再次被破坏，所以一次又一次地用幻想实现心愿。我想，这就是苏霍姆林斯基在《我把心给了孩子们》中所说的：借助于童话，孩子不仅用智力，而且也用心灵认识世界。同时，他还对周围世界发生的事情给出反馈并表达出自己对善与恶的态度。

丰子恺先生是我特别钦佩的一位父亲，他在《给我的孩子们》[①]中写道：

> 宝姐姐讲故事给你听，说到"月亮姐姐挂下一只篮来，宝姐姐坐在篮里吊了上去，瞻瞻在下面看"的时候，你何等激昂地同她争，说"瞻瞻要上去，宝姐姐在下面看！"甚至哭到漫姑面前去求审判。……你们每天做火车、做汽车、办酒、请菩萨、堆六面画、唱歌，全是自动的、创造的生活。……瞻瞻！你的身体不及椅子的一半，却常常要搬动它，与它一同翻倒在地上；你又要把一杯茶横转来藏在抽斗里，要皮球停在壁上，要拉住火车的尾巴，要月亮出来，要天停止下雨。……你们的世界何等广大！

成人常把孩子醉心于说故事当成胡说八道。其实，仔细听，你会发现故事充满奇异的联想和想象，那些储备在孩子心里的零散语词变成了句子，因为表述情节的需要又变成了段落和篇章。当孩子述说一件事时，就自然地完成了创作，激发了聚合思维、推进故事的能力，生动的口头表达对日后的写作也有重要意义。

如果有足够的耐心，你会发现孩子喜欢表达的主题有时会延续很长时间，

[①] 丰子恺：《给我的孩子们》，甘肃文化出版社，2019年版，第34—36页。

甚至自己创造出"心灵的伙伴"。

林林4岁时的生日礼物是"机器猫一家"：小机器猫和爸爸、妈妈，一个个都圆圆胖胖的，肚子上有奇妙的大口袋。每当我们一起外出散步、买东西，在安静空阔的大路边、草坪上、操场上，他都会兴致勃勃地问："妈妈，我床上的机器猫一家人又去了哪里呢？"我知道他又在邀请我加入他的幻想聊天了。这时，我只需要表现出兴致与热情："对啊，又去了哪里呢？"林林就开讲了：空中旅行的机器猫，建造树屋的机器猫，秘密行动的机器猫，环球寻宝的机器猫，宇宙探险的机器猫……每次话题的开头总是："我床上的机器猫一家人又去了哪里呢？"结尾总是："好啦，他们又回来了！"就这样，这个话题持续了好久。我总是惊奇，他哪里有那么多的新点子！

在大人看来，一个话题日复一日地重复，多无聊呀！好几次，我都想说："要不，让机器猫一家人休息一段时间吧，他们太累了！"可他每次说起来，都那么兴奋，我只能耐心地听，在他提问的时候，我都尽力地回答，实在回答不上来，我就说："你说呢？"他就开心地继续说下去。直到他在满含憧憬的眼神、天马行空的语言中实现了自己的梦想之后，才自然地放开这个话题，开始一个新的话题。后来，当他成为稳重的少年时，"机器猫一家人"早进了柜子，我偶尔提起那些边走边听他说的故事，他微笑地听着，眼神中闪过惊喜。现在看来，我的那些不耐烦比起这个话题在孩子心中的意义是多么微不足道呀！

走着，说着，孩子想象着，成长着……他的脑海中总有些离奇有趣的故事：两只小猪亲密无间、形影不离，最后变成了"筷子猪"；每天要用脚踢几下，生气后才能把肚皮涨得圆鼓鼓的"胖气龙"；每天要吃下去很多纸片，每个纸片上都写着"傻瓜"，却比谁都快活的"乐傻龙"；铁针、松针、屁股针，见到任何针都要吃下去的"刺刺龙"；每时每刻都在唱歌，跑进作曲家家里偷吃一堆"乐谱"的"音悦龙"……

对他描述的光怪陆离的世界，我常常惊叹不已：

孩子有自己的"梦工厂"呀！

二、呵护孩子的童话期

《窗边的小豆豆》的作者黑柳彻子说:"小豆豆回眸当年,发现长大后的所思所想所作所为都源于自己的童年。"[1]可是现在呢?我们有特别多的理由和手段,可以让孩子的童年像其他东西一样"提速";我们不经意间就会给孩子注射"心灵激素",让他们的童话期像流星般一瞬而过。

很多孩子在本该读童话、说童话的年纪,却说着:"谁还看那个,真幼稚!"依然清亮的眼神,却再也融不进童真的创造和想象了。他们快速地长大了,却遗落了生命中最美丽的体验。与生俱来的那些美好——独创、冒险、坚定、好奇、幽默、艺术感、想象力,都渐渐缺失掉,他们不再说"童话",也很难写出充满灵性的文字。

这真是可悲的事情。

所以,当孩子还愿意说,还葆有蓬勃创造力的时候,我们就应该小心翼翼地予以呵护。一个充分体验和创造了"童话"的孩子,他的成熟是更加自然而坚实的。在他的成长中,只要他愿意,他就能不断回眸那个光彩奇幻的时期,不断从他读过和说过的"童话"中汲取源源不断的创造力。

我们能做些什么呢?

---

[1] 黑柳彻子:《小时候就在想的事》,赵玉皎译,南海出版公司,2010年版,扉页。

（一）沉浸于"童话"的空灵宁静

现在回想起来，林林每次给我说故事的时候，我们俩不是在飘窗上相对而坐，就是沿着大学城空旷而秀美的路漫无边际地散步；还有好几次，他挖沟建渠玩累了，我们就静静坐在长清湖边的沙滩上看倒影和远山；还一起坐火车外出……这些时刻有个共同的特点，就是空灵和宁静。

空灵，是没人填塞各种见识、布置实实在在的任务，也没有满满当当的玩具，孩子有空闲来遐思。宁静，是没有追问，没有喧嚣，没有应接不暇的热闹，没有叫卖声和广告，没有抱怨和指责……苏轼说"静故了群动，空故纳万境"，此时，孩子的心能够自由呼吸，思绪可以奔跑飞扬，所以才能创造出那一个个奇谲灿烂的意象吧。

孩子的成长，需要尽可能多一些空灵和宁静的时光。

（二）小精灵的眼睛有不一样的感知

林林小时候相信世界上有小精灵的存在，他说："小精灵一定能看到我们看不到的东西！"其实，孩子就是小精灵。英国绘本大师约翰·伯宁罕的《莎莉，离水远一点》和《莎莉，洗好澡了没？》让我们看到了孩子如何建构自己的王国。

丰子恺曾写道：我们所打算、计较、争夺的洋钱，在他们看来个个是白银的浮雕的胸章；扑扑奔走的行人、扰扰攘攘的社会，在他们看来都是无目的地在游戏、在演剧；一切建设、一切现象，在他们看来都是大自然的点缀、装饰。他感叹，孩子能撤去世间事物因果关系的网，看见事物本身的真相。我在这世智尘劳的现实生活中，也应该懂得这撤网的方法，暂时看看事物本身的真相。[①]

[①] 丰子恺：《活着本来单纯》，江苏凤凰文艺出版社，2016年版，第111页。

孩子独有的这"撒网的方法",确实惊人。

林林和一帮小伙伴喜欢在大院东南角的小花园里玩,那里偏僻宁静,少有人去。他们挖泥巴,看虫子,玩得满头大汗。6岁半时,他写了《我的王国》:

> 我的王国,在花园里,那里有玫瑰、茉莉和菊花。我的王国,在石头广场边上,那是一片戈壁滩,在夕阳下看起来荒凉又寂寥。我的金库里,藏着鹅卵石、贝壳、小手枪和一些大人看着不值钱、小孩子却最有用的宝贝。蚂蚁是我的士兵,天牛是我的宰相,知了是我的音乐家,夏天,我就有了一个大大的乐团在烈日下演奏;我的快艇是一只水蛭,我的空中战机队是一群蜜蜂,我的将军是毛毛虫。在这里,我是神奇的魔法师,泥巴和小草变幻无穷……这是我的王国,不知道多少年后,其他的孩子也会在这里找到它的遗迹,那时我就长大了。

在我看来冷清偏僻的花园,在孩子眼里充满神秘的生机。孩子是能凝视大地的人。林林小时候说着草丛里的那些故事,好像他就是里面的一只蚂蚁。有时,我忍不住努力像孩子那样去看的时候,偶尔会发现晃着长须的天牛、"摩挲"后腿的蟋蟀、搬运面包渣的蚂蚁……

林林有段时间十分迷恋《山海经》,不仅要我给他讲,还自己画里面各种大山、大河和怪物地图,我想一定是那些上古神话启发了他。从我家窗外远远看去有一座大山,相传以前叫"恶狼山"。林林总问我:"妈妈,那座山很美,为什么叫这么难听的名字呢?"我说:"也许有什么传说吧!"林林一年级开始写作文,就想象了一下恶狼山的来历,以解答心中长久的困惑。

> 我家门前,有一座山,叫恶狼山,它宽广美丽,环绕四周。
>
> 相传盘古开天辟地后,长清一带有一只巨大的狼,它踏平了很多田地,踩倒了无数间房屋,人们一直不得安宁。掌管土地的山神实在看不下去了,他苦思冥想了好几天,终于想出了一个好主意。第二天早上,他来到树林里,寻找能催眠的大树。他一边找,一边看着远处受灾的人民,心里很难过。他越过河水,跑过树林,不停奔跑,终于

找到了。他赶快采下一些叶子，再把叶子点上火，放到巨狼的洞口，烟雾飘进巨狼洞里。等巨狼回来，一闻见这种气味，很快沉睡过去。山神冒着生命危险，施用法术，把巨狼变成了石头。而山神哪，变成了春天新发出的树枝、夏天里小鸟的歌声、秋天的大风和冬天的白雪，永远守护大山。恶狼山虽然经过了上万年雨水的冲击、太阳的暴晒，但是隐隐约约，还能看到狼头的轮廓。从此以后，这里的狼再也不伤害人类，人们过上了快乐的生活。

孩子能说出自己的感知，说明他还葆有与生俱来的敏锐和细腻，这时候，需要我们充当热情洋溢的倾听者。有时，父母在孩子还没说出自己的想法前，就把自己的观点强加给了孩子；有时，父母会觉得孩子的表达凌乱幼稚而打断孩子，或者轻描淡写就转换话题了。如果孩子对世界的独特感知不断受到打压和干扰，他就不再愿意向大人描述，或者很早就开始学大人说话，因为他发现只有说"大人话"，才有参与交流和被认可的机会，在这样的妥协中，孩子会失去最珍贵的"小精灵的心灵和趣味"。

心理学家河合隼雄在《孩子的宇宙》中提示我们：在每个孩子的内心，都有一个宇宙，它以无限的广度和深度存在着。大人们急于让小小的孩子长大，以致于忽视了孩子内心广阔的宇宙，甚至把它破坏得无法复原。孩子用清澈的眼睛凝望着这个宇宙，每天都有新的发现。但遗憾的是，孩子不会再向大人诉说关于这个宇宙的发现。当遇上能够对来自孩子的宇宙侧耳倾听的大人时，孩子们会用生动活泼的语言，诉说他们的发现……[①]

愿更多的人能听到来自孩子的宇宙之声。

（三）诗意"童话"没有标准答案

孩子的语言常是诗意和跳跃的。在"童话"中，没有规范和标准答案。

[①] 河合隼雄：《孩子的宇宙》，王俊译，东方出版中心，2014年版，第1—2页。

母语的力量

在孩子看来，幻想世界的大门是敞开的，随时随地都可以走进去体验、感知。当林林跟我讨论问题时，我会静静地听，最后问他："还有吗？有其他的可能吗？"我希望他既能聚焦于一点，也能发散开去，这是培养孩子思维的有效方法。为此，我曾专门创作了《儿童哲学智慧读本》，因为我发现，对孩子来讲，思考本源性的哲学问题的最大好处就是没有标准答案，开放性的讨论能激发孩子的创造力。

一次，外面刮大风。我跟林林说起窗前的大树。我说："这棵树在风中摇晃的样子很美，好像一个人晃着脑袋跳舞。"林林说："妈妈，这棵树在没风的时候才好看呢！它在风中摇摆的样子有点吓人！"他指着楼下花园里另一株刚种下的小松树说："那棵小树在刮风的时候好看。看，像小松鼠，一跳一跳的。"他又指着那些月季花说："它们静静的好看，刮风时也好看，静静的像是一幅油画，刮风时像在互相说话！"

我看他观察得这么仔细，很开心。人们对于美的感觉有差异性，也有共通感，这里面的原因很复杂。我问他："你觉得为什么对同样的事物，人们的感觉不一样呢？"

他想了想说："那棵大树太大了，很像故事里的树妖，我一害怕就不觉得它好看了！小树，看起来更可爱！"像这样开放性的讨论，没有固定答案，也不一定能穷尽其中的道理，关键是让孩子轻松思考，孩子的思维和语言就能充分延展开来。

（四）"滑稽歌"里的创作和游戏

电视剧《芈月传》中有一处经典的场景：小芈月问小芈姝："你会放屁吗？"然后把嘴对着胳膊吹气，两个孩子马上开心地成为好朋友。小孩子对"屎""尿""屁"特别感兴趣，还很喜欢"滑稽歌"。

根据弗洛伊德的研究，3~5岁儿童处于"性器期"，开始发展性别意识，进入"婚姻敏感期"，这都会使儿童对与此相关的语言和行为感到好奇。*孩*

子在说这些令大人惊愕、抓狂的语汇时，觉得格外刺激和有趣，因而生发了对语言的创造力。儿童心理学把孩子突然说出让大人受不了的语言阶段叫作"诅咒敏感期"。其实孩子才不会想要诅咒谁，只是感知到了语言的巨大力量。孩子自创的"龌龊歌"，不管什么版本，一律有着非凡的想象、铿锵的节奏和朗朗上口的韵律。大一点的孩子还开始随口自编"滑稽歌"，不在意内容，对韵律却很较真，自得其乐。

"对不起，没关系。放个屁，臭臭你。"

"小佚名，不干净，身上老是招苍蝇。家住东山屎橛屋，长得活像一只猪。"

"我去集上买凉席，小童席上笑嘻嘻。卖掉一个大凉席，换来三个铜板两只鸡。"

语言，对孩子来讲，除了有交际功能外，还有一个特别重要的功能，就是"游戏"。婴儿常常咿咿呀呀地"玩声音"，发现了语言的"秘密"：语音、语调和心理情绪往往相互关联。即使你不懂某种语言，仅仅从发音上也能感知到情感好恶的倾向，比如："轻"和"重"、"好"和"坏"、"甜"和"苦"、"鲜"和"辣"等。语音可以把感情和形象一起精妙、细腻地传达出来。

就像我们读《诗经·黍离》：

彼黍离离，彼稷之苗。行迈靡靡，中心摇摇。知我者，谓我心忧；不知我者，谓我何求。悠悠苍天，此何人哉？

彼黍离离，彼稷之穗。行迈靡靡，中心如醉。知我者，谓我心忧；不知我者，谓我何求。悠悠苍天，此何人哉？

彼黍离离，彼稷之实。行迈靡靡，中心如噎。知我者，谓我心忧；不知我者，谓我何求。悠悠苍天，此何人哉？

蒋勋先生从语音角度解读这首诗说："中国所有的字都有一个声音，而每一个声音都有情感。'离'的韵母是i，诗人哀伤的时候，会用到这个闭口音，共鸣音很小。'凄凉'的'凄'、'寂寞'的'寂'、'离别'的'离'、'依靠'的'依'，都有一点哀伤对不对？所以当我们说'彼黍离离'的时候，

母语的力量

不仅有对黍子的形容，还有离别的哀伤和声音上的低沉。"[①]

"滑稽""恶作剧""无厘头"与儿童期的创造力和想象力紧密关联，也是儿童文学的传统题材。英国诗人爱德华·李尔（Edward Lear，1812—1888）有本特别受欢迎的诗集，名叫《胡诌诗集》，其中夸张的漫画和搞怪的诗歌，激发了儿童的兴趣。还有"倒霉蛋""糟糕事"主题，一直是孩子们特别喜欢的。《和甘伯伯去游河》里哗啦一起掉到水里的热闹场面，斯凯瑞的"金色童书"中经典的一团糟的场面："消防局里的车和番茄车相撞""倒霉的浣熊先生撞上了兔子太太的鸡蛋""小虫钻进了大面包满地跑""猫爸爸的尾巴被大鱼咬""爱摔跟头的大脚，一跟头摔进了大汤碗里"等等，类似的主题和场景深受儿童欢迎。

孩子能在这种不同于日常生活的语言和故事中发现另一个自我，培养和提高创造力。

（五）驰骋在"精灵世界"的话语里

林林3岁开始进入思维创编的爆发期，也就是大人眼中胡说八道的"怪话期"。

"霸王龙定做的鞋子会飞！"

"山那边有个大山洞，里面有外星人的宝贝！"

"回家的路上遇到龙卷风，把他卷到了操场上！"

孩子是不是在胡说八道呢？**其实，孩子说出来的未必都是他理解的，因为单单是对语言形式的感知，就能让孩子产生"说"的兴趣。因而，有时孩子说话，并不像成人那样需要提前理解、求证。**在良好的语言环境中，孩子广泛地听、看，通过亲子阅读等渠道获得大量信息，就会有选择地模仿感兴趣的语汇和表述方式。

[①] 蒋勋：《蒋勋说文学》，李炳青整理，中信出版社，2014年版，第36页。

正是通过不断模仿、不断创造，孩子才能迅速提升表达能力即输出语言的能力。大人常常被孩子的话弄得云里雾里，一会儿似曾相识，一会儿又未曾听说。儿童的表述也常常带有自我中心式的想象，他们会把听到和观察到的东西与对世界的理解融为一体，一会儿是眼中现实，一会儿天马行空，这都是"小精灵"特有的语言表现。

其实，直到6岁，儿童都还常常处于语言幻想的时期，在充分地感知和积累自己的潜意识世界。从心理学角度看，8岁之后，孩子会迅速遗忘自己的"精灵本能"，随之遗忘的还有自己曾经富有创意的问题和充满个人趣味的"说说"。孩子会逐渐在思维和逻辑方面认同于规则、客观，以及纯粹的物理现象，他不再把雷电认为是"老天爷发怒"，不再把花儿的开放看作为了要"让世界变得更香"，也不再把漫天的星星看作"专门为他而点亮的天灯"……

孩子的那个精灵世界去了哪里呢？去了心灵深处。这就是弗洛伊德所说的潜意识的世界，这个世界丰富多彩，仍会在人格塑造、精神发展和丰富的情感表现中起到重要作用。因而，当孩子说出很多所谓的"怪话"时，我们只需要欣赏和聆听。这种毫不费力的宽容，对孩子来说却是珍贵的保护，可以让孩子在"童话期"积蓄更多创造的能量，伴他走得更远。

母语的力量

> **小结**
>
> 　　给孩子足够空灵、宁静的时光,让孩子在自己的世界中不断感知那些充满想象的语言的力量。
>
> 　　当孩子葆有蓬勃的创造力,他们会说故事、唱滑稽歌、创编各种让我们惊讶的幻境……这是生命中无比珍贵的"童话"。我们的热情聆听,就是给孩子的巨大能量,可以让这样的"童话"期延续得更加长久。
>
> 　　一个充分体验和创造了"童话"的孩子,他的成熟是更加自然而坚实的。
>
> 　　在他的成长中,只要他愿意,就能不断回眸那个光彩闪亮的时期,从他读过和说过的"童话"中汲取源源不断的创造力。

第三部分

读，
阅读语言力

方法导论视频

一本书，
一个抱抱，
讲故事的妈妈，
听故事的娃娃。
童年，就这样，
有了蜜糖的味道。
人生，就这样，
有了幸福的可能。

——题记

第一章
让孩子爱阅读、会阅读的秘密

是不是能够把给孩子读书听当作一件快乐的事情？
是不是自己喜欢读书，孩子也会爱上阅读？
文学的滋养就像母亲的呵护一样，让人更加安心地成长。
实现孩子与"阅读"的三个重要联结，
就能让孩子真正爱上阅读，
从阅读中持续获得营养。

  引导孩子爱上阅读、学会阅读的重要性，怎么强调都不为过，这应是为人父母的重大责任。因为，阅读不仅能打开通向知识之门，而且会成为孩子汲取高品质的语言、收获更多经验、学会自我反思的重要途径。用好的阅读改善孩子的成长环境，是父母可以做到的性价比最高的教育投入。

  正如英国诗人威廉·华兹华斯在诗中所说："我们所爱的，也会为人所爱，我们还应教会他们如何去爱。"父母和孩子一起阅读是极其简单和自然的事情。在阅读中，我们不仅能给自己一个心灵的庇护所，也能把那份热爱传递给孩子。当孩子想要读书的时候，那种渴望与书为伍的力量可以克服任何阻力，而且沉浸在大量阅读中的孩子可以洞悉一切秘密。

母语的力量

一、让孩子爱上阅读的意义

现在,很多妈妈哄宝宝的法宝是手机。其实,仔细观察,你会发现,宝宝看手机时的眼神高度聚焦却茫然一片;看书则不同,那是调动几乎所有脑区协同作用的眼神,主动且有所选择。几乎所有人都知道阅读对孩子很重要,但如果仅仅把阅读看作立竿见影出成绩的事情,往往会走入误区,无法真正领悟父母在引领孩子爱上阅读中的责任。那么,让孩子爱上阅读到底有什么意义呢?

(一)激发阅读兴趣,促进大脑发育

父母如果不曾陪伴孩子早期阅读,自己也没有阅读的习惯,或许很难理解阅读行为,以及阅读能力的发展。有个妈妈问我:"老师说孩子阅读不好。可他视力没问题,脑子好使又认字,你说他是不理解还是怎么回事,怎么读不好呢?"

阅读不是先天能力,需要培养和学习。研究发现,儿童在阅读时会充分调动视觉、听觉,还要进行图像处理、文字解码、语意分析、背景知识关联、因果判断推理、情绪激发和情感投入。因而,早期阅读行为可以促进大脑智能的发育。

心理学家基思·斯坦诺维奇指出,如果一开始,没有重视或者培养孩子的阅读能力和阅读习惯,那孩子的认知能力就会提升得慢一点,这会进一步

母语之爱　点亮童年

宝宝语录

（附赠）

年　月　日

宝宝语录：

妈妈心语：

年　月　日

宝宝语录：

妈妈心语：

　　　　　　　　　　　　　　　年　月　日

宝宝语录：

妈妈心语：

　　　　　　　　　　　　　　　年　月　日

宝宝语录：

妈妈心语：

....

....

....

....

年　月　日

宝宝语录：

妈妈心语：

年　月　日

宝宝语录：

妈妈心语：

年　　月　　日

宝宝语录：

妈妈心语：

....

....

....

....

....

年　月　日

宝宝语录：

妈妈心语：

....

....

....

....

....

年　月　日

宝宝语录：

妈妈心语：

....

....

....

....

....

年　月　日

宝宝语录：

妈妈心语：

年　月　日

宝宝语录：

妈妈心语：

....

....

....

....

....

年　月　日

宝宝语录：

妈妈心语：

年　月　日

宝宝语录：

妈妈心语：

年　月　日

宝宝语录：

妈妈心语：

年　月　日

宝宝语录：

妈妈心语：

....

....

....

....

年　月　日

宝宝语录：

妈妈心语：

年　月　日

宝宝语录：

妈妈心语：

　　　　　　　　　　　　　　　年　月　日

宝宝语录：

妈妈心语：

年　月　日

宝宝语录：

妈妈心语：

年　月　日

宝宝语录：

妈妈心语：

年　月　日

宝宝语录：

妈妈心语：

年　月　日

宝宝语录：

妈妈心语：

年　月　日

宝宝语录：

妈妈心语：

....

....

....

....

....

年　月　日

宝宝语录：

妈妈心语：

....

....

....

....

....

　　　　　　　　　　　　　　　　年　月　日

宝宝语录：

妈妈心语：

年　月　日

宝宝语录：

妈妈心语：

　　　　　　　　　　　　　　　　　年　月　日

宝宝语录：

妈妈心语：

....

....

....

....

....

年　月　日

宝宝语录：

妈妈♥心语：

....

....

....

....

....

年　月　日

宝宝语录：

妈妈心语：

年　月　日

宝宝语录：

妈妈心语：

年　月　日

宝宝语录:

妈妈心语:

年　月　日

宝宝语录：

妈妈心语：

年　月　日

宝宝语录：

妈妈心语：

....

....

....

....

....

年　月　日

宝宝语录：

妈妈心语：

年　月　日

宝宝语录：

妈妈心语：

年　月　日

宝宝语录：

妈妈心语：

年　月　日

宝宝语录：

妈妈心语：

年　月　日

宝宝语录:

妈妈心语:

年　月　日

宝宝语录：

妈妈心语：

年　月　日

宝宝语录：

妈妈心语：

....

....

....

....

....

年　月　日

宝宝语录：

妈妈心语：

年　月　日

宝宝语录：

妈妈心语：

　　　　　　　　　　　　　　　年　月　日

宝宝语录：

妈妈心语：

年　月　日

宝宝语录：

妈妈心语：

年　月　日

宝宝语录：

妈妈心语：

年　月　日

宝宝语录：

妈妈心语：

　　　　　　　　　　　　　　　　年　　月　　日

宝宝语录：

妈妈心语：

年　月　日

宝宝语录：

妈妈心语：

....

....

....

....

....

年　月　日

宝宝语录：

妈妈心语：

年　月　日

宝宝语录：

妈妈心语：

年　月　日

宝宝语录：

妈妈心语：

年　月　日

宝宝语录：

妈妈心语：

年　月　日

宝宝语录：

妈妈心语：

年　月　日

宝宝语录：

妈妈心语：

年　月　日

宝宝语录：

妈妈心语：

....

....

....

....

....

年　月　日

宝宝语录：

妈妈心语：

　　　　　　　　　　　　　　　　年　　月　　日

宝宝语录:

妈妈心语:

年　月　日

宝宝语录：

妈妈心语：

年　月　日

宝宝语录：

妈妈心语：

年　月　日

宝宝语录：

妈妈心语：

年　月　日

宝宝语录：

妈妈心语：

....

....

....

....

....

年　月　日

宝宝语录：

妈妈心语：

年　月　日

宝宝语录：

妈妈心语：

年　月　日

宝宝语录：

妈妈心语：

年　月　日

宝宝语录：

妈妈心语：

年　月　日

宝宝语录：

妈妈心语：

年　月　日

宝宝语录：

妈妈心语：

年　月　日

宝宝语录：

妈妈心语：

年　月　日

宝宝语录：

妈妈心语：

年　月　日

宝宝语录：

妈妈心语：

年　月　日

宝宝语录：

妈妈心语：

年　月　日

宝宝语录：

妈妈心语：

年　月　日

宝宝语录：

妈妈心语：

....

....

....

....

年 月 日

宝宝语录：

妈妈心语：

....

....

....

....

....

年　月　日

宝宝语录：

妈妈心语：

75

年　月　日

宝宝语录：

妈妈心语：

年　月　日

宝宝语录：

妈妈心语：

　　　　　　　月　至　　　　　　　　年　月　日

宝宝语录：

妈妈♥语：

....

....

....

....

....

年　月　日

宝宝语录：

妈妈心语：

年　月　日

宝宝语录：

妈妈心语：

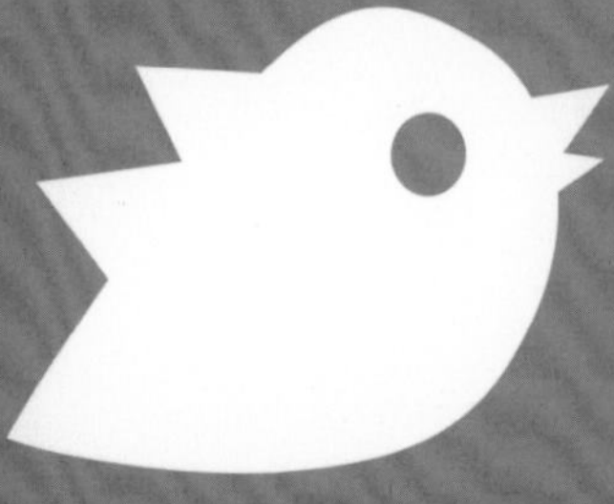

增加他的阅读困难，而且由于孩子的词汇量和知识储备量增长得慢，造成了环境对他的刺激就相对更少，结果就是孩子的阅读能力更难提升，这是一个相互影响的负循环。阅读能力好的孩子和阅读能力差的孩子，在语言能力、对世界的认知等等智能方面的表现，其差异会越来越大，强的越来越强，弱的越来越弱。[1]

（二）养成阅读习惯，培养学习能力

当孩子在小学、中学面临学习困境时，父母的第一反应就是补习相关的学科知识。实际上，从阅读对各种能力的奠基角度来看，阅读力就是学习力。苏霍姆林斯基指出："在学习应具备的各种能力中，阅读能力居于首要地位。一个人如果不能完善地掌握阅读这个工具，就不可能顺利地学习。"在信息爆炸的时代，阅读能力表现在不仅享受阅读带来的乐趣，还能够持续和自觉地发展出阅读的策略，读图、读文都能快速摒弃干扰，提取有效信息。阅读有"越读越会读越爱读，越读得少越不会读不爱读"的马太效应。阅读习惯和阅读策略不会自然形成，需要在亲子阅读和自主阅读中逐渐培养和提升。研究表明，让孩子亲近阅读、学会阅读的关键时期是 8 岁之前。

从孩子出生后的 6~9 个月到 3 岁上幼儿园、6 岁进入小学，可以说，整个学前阶段是阅读能力发展最为关键的黄金时期。学前阶段阅读的培养目标是要让孩子在阅读和游戏中产生兴趣、感知方法、养成习惯，主动发起阅读行为，逐渐从亲子阅读过渡到独立阅读，通过阅读培养认知力、语言力、理解力、专注力、审美力、情绪力等关键能力，为后面即将开始的学科学习奠定基础。

进入小学后，信息量越来越大。在三年级，也就是 8 岁左右，孩子先要成为优秀而独立的纯文本读物的阅读者，然后才能发展高阶阅读能力，通过

---

[1] 郑钢：《怎样让学生爱上阅读：培养积极的终身阅读者》，华东师范大学出版社，2019 年版，第 20 页。

阅读学习更复杂的知识。阅读，对人生的意义重大，绝不是为了应试。但说起考试，目前包括中高考在内的各类选拔性测试的命题方向都很明确，都在加大试题文本的阅读量，加强对深度理解力的考查。这些能力绝不是死记硬背、一朝一夕能获得的，一定需要孩子大量的主动阅读和思考。

研究表明，亲子阅读的质量与孩子日后的学习能力和学业表现呈明显的正相关。阅读是学习一切学科的基础，阅读动力不足、阅读技能缺失，会阻碍学习方法的获取和批判性思维的发展，在发展学科技能中产生负面连锁反应。即使是数学，学生在完成应用题、阐述题以及解决现实问题时都需要通过阅读快速提取信息，准确理解语言的含义。

亲子阅读做得越好，儿童的词汇量越大，口语表达能力越强，写作能力也普遍越强。世界著名语言学家、阅读教育理论的研究者斯蒂芬·克拉生教授经过多项实验研究提出，自由自主阅读（Free Voluntary Reading，FVR）具有巨大的力量，是最有效的提升语言能力的方式。[①] 这些研究在现实中得到了印证，这就是为什么许多国家，包括我国，都把全民阅读列为国家教育的战略计划。如果非要用投资与回报来作比喻的话，对父母来讲，我们在陪伴孩子成长的过程中，让孩子爱上阅读、养成阅读习惯，将使孩子受益终生，是最具价值的投入。

让我们来做一个推想：

如果一个孩子在 1 岁之前大量听妈妈读，愿意亲近书本；

两岁到 3 岁喜欢亲子阅读，主动拿书给妈妈，发起阅读；

5 岁到 6 岁进入识读敏感期，开始对文字符号感兴趣，尝试自主阅读桥梁书；

8 岁时享受沉浸阅读，进入大量阅读阶段，养成良好的阅读习惯；

10 岁之前，他不仅能有相当的阅读量，而且能实现阅读能力的飞跃，阅读感兴趣的主题，开始发展阅读策略；

[①] 斯蒂芬·克拉生：《阅读的力量》，李玉梅译，王林审译，新疆青少年出版社，2012 年版。

12岁小学毕业时，阅读量已达到几百万字，其广博的视野、丰富的语汇、较高的深度理解和思辨力，为进一步学习打下坚实的基础；

到了中学，在繁忙的学习之外，依然能够把阅读作为成长的重要依傍，源源不断地汲取丰厚的营养，其思想境界随着年龄、阅历和阅读一起提升；

到了大学，更多地发掘阅读的乐趣，前期的阅读积累让他具有专业发展的底蕴，向更高远的目标出发；

踏入社会，具备面对新挑战的阅读和学习能力，能够把阅读的收获运用到实践中；

结婚后，继续保持阅读习惯，家中充满书香，和伴侣分享读书的快乐；

为人父母后，能为孩子读书、讲故事，成为一个自我完善的教育者和致力于让孩子爱上阅读的人，因为爱书，全家人拥有永远鲜活的话题；

步入老年，继续保持学习和思考的习惯，与好书为伴，内心完整、富足、安宁、美好，与家人一起边阅读边旅行，生命因阅读而辽阔，为孙辈留下宝贵的精神财富……

（三）给孩子"精神流浪"的机会

人类渴求认知和冒险的天性，在童年是最为敏感和活跃的。孩子总是充满好奇，想要探索一番，幸而还有阅读，可以满足对自由的渴求。

离家出走、流浪、捣蛋包，都是儿童文学的重要主题。这是因为，成长中自我意识的确立需要这样的精神之旅。比如：《逃家小兔》《野兽国》《阿尔菲出走记》《天使雕像》《我的妈妈是精灵》等等。孩子们之所以喜欢这些故事，是因为他们或多或少都渴望做一些不平凡的事，比如一次探险。

不止一次，有妈妈担心地问我："孩子老让我给他讲《大卫，不可以》，可是大卫这么捣蛋，孩子模仿怎么办呢？怎么会有这样的书？！"记得和林林一起看这本书，他乐得不得了。慢慢地，看到大卫被妈妈罚，他不笑了。最后，看到大卫被妈妈抱，感到妈妈还是爱他的，林林似乎松了一口气，看

母语的力量

着我微笑了一下。从大笑到紧张再到释然微笑，这是孩子的心路历程。这本书最大的力量在于用真实的情境传达给孩子这样的信息：每个孩子都会犯错，不管怎样，妈妈的爱不会改变。其实，这是一本忠实地从孩子的眼睛和心灵来表现童年的作品。成人眼里的"破坏"和"犯错"是孩子学习认知的重要途径。孩子一不小心就会触犯各种禁忌，听到的大都是像书中那样的"不可以"。他们需要在文学作品中释放被压抑的情绪，获得真实生活无法得到的体验，从而更好地审视行为和结果。看到大卫被妈妈罚，心中会感到害怕，担心妈妈不再爱自己，这是每个孩子内心潜藏的恐惧，而结尾的拥抱给了孩子爱的安全感。

林林四年级时写过一篇文章，提到自己读书：

> 我会看得忘了时间，看到深夜；时而会笑，时而会哭，时而欣喜，时而沮丧。我畅快地看着，看他所看见的，听他所听见的，感动他所感动的，愤怒他所愤怒的，欢喜他所欢喜的。那时候，我仿佛已不是一个捧着一堆打满字的白纸坐在家中的局外人，而更像一个将要经历故事的旅人，在异地他乡、天涯海角经历着奇幻的故事。每当放下书时，便无比期待后面的情节，有时故事结束了，我还盼着能与书中的主人公多待一会儿，再看到更多的风景。而过不了多久，我就会翻开另一本书，开始新的旅程……

弗洛伊德认为，成人将其担忧、内疚和愿望在梦中以象征的方式安全地表现出来。童话犹如梦一样，它帮助儿童宣泄不安、恐惧、仇恨等情感。[1] 心理学家布鲁诺·贝特莱姆说，如果不让儿童接触有野蛮和残酷行为的童话故事，他们就无法宣泄自己可怕的冲动，童话中对妖魔鬼怪的惩罚，可以帮助幼儿减轻内疚和懊悔的心理，使他觉得自身的邪恶冲动也被清除掉了，所以通过童话来疏导倒不失为良策。[2] 经典儿童文学作品中有很多"孩

---

[1] 刘晓东：《论童话的教育学意义》，《教育科学》2000年第1期。
[2] 闫春梅：《童话精神与儿童审美教育》，山东人民出版社，2013年版，第83页。

子喜欢，大人头疼"的形象，著名作家林格伦笔下的长袜子皮皮、小飞人卡尔松、淘气包埃米尔等无一例外都是童年的英雄。这些故事得到全世界孩子的喜爱，因为说出了他们心中的渴望，在故事里，他们把现实中不可以做的事情做成了！

台湾作家蒋勋先生曾说，为什么青少年时代会喜欢充满浪漫和自由的文学？那是因为，那时候，每天要被剪头发，裤腿宽一点要被叫出去训很久，那时候，觉得心里有一个世界，是可以出走的，可以孤独的，可以流浪的。

朱自强先生在《经典这样告诉我们》中提出：以儿童为本位的儿童文学就是应该鼓励儿童向前发展，帮助儿童向上成长，与儿童一起直面成长道路上的各种各样困难的文学。

在外界的纷扰和严苛的限制中，是文学给了孩子精神流浪的机会，而每个人的生命似乎都是在最大的孤独中才实现了自我的成长。我想，引导孩子爱上阅读，孩子就能收获"向前发展""向上成长"和"直面困难"的勇气和力量。

（四）给生命打上光明的底子

现在的世界，不可谓压力不大，各种各样的竞争和变化纷扰而至，能享受其中乐趣的人，必定有让生命充满诗意的能力。

文学，是照进生命里的一道光。

钱理群教授说："当遇到外在黑暗和内在黑暗的时候，心里的光明就唤不出来，就会被黑暗压垮，或者和它同流合污。很多人都走这个路子。你要做到不被压垮，不同流合污，就要打好光明的底子，无论是知识底子还是精神底子，内心要有一个光明的底子。""我们对大环境无能为力，但我们是可以自己创造小环境的。我一直相信梭罗的话：人类无疑是有力量来有意识地提高自己的生命质量的，人是可以使自己生活得诗意而又神圣的。"[①]

---

① 钱理群：《从底层教师到北大教授，我明白了何谓教育和人生》，搜狐网。

母语的力量

著名作家肖复兴说:"我一直这样认为,孩子时候的阅读,是人生之中最为美好的状态。孩子时候的阅读,融化在他们成长的血液里,镌刻在他们成长的生命中,会让他们一生受用无穷。而在阅读之中,文学书籍的作用,在于滋润孩子的心灵,给予孩子的温馨和美感,以及善感和敏感,是其他科目所无法取代的。日后孩子长大当然可以再来阅读这些书籍,但和当时的阅读已是两回事,所有的感觉和吸收都是不一样的。孩子时候的阅读和成长一样,都是一次性的,无法弥补。一切可以从头再来,只是安慰自己于一时的童话。"[①]

梅子涵老师说过的一段话,可以解答好多父母的疑问:"读那么多书有什么用呢?不如多买点试卷让孩子做!"梅老师没有说高考改革,没有提到"得语文者得天下",他知道仅仅这样"近视"地看到阅读的好处,实在是对文学的大材小用。梅老师是从人生幸福的角度来回答的。他说:"文学真是非常好的。她把梦在白天给你。她把温暖在寒冽里给你。她把天真在微笑里给你。她把希望在苦难里给你。她把哲学在幽默里给你。她把巨大在轻小里给你。她把一个世界放在一个故事里给你。她把一辈子的路途放在一天里给你。她把任何庸常生活里没有的全部提拎了来给你。她把你提拎到你的心思里根本就闪现不出来的高贵里。"[②] 对于文学的阅读,梅老师用了"她",他一定是告诉我们,文学的滋养和呵护就像母亲一样,让人成长得更加安心。

阅读是使孩子"精神成人"的重要途径。孩子每年都会长高,我们希望随着身体成长的,还有他的精神和气质。

[①] 肖复兴:《我教儿子学作文》,广东教育出版社,2005年版,第256页。
[②] 梅子涵:《新寄小读者:说给听你》,安徽少年儿童出版社,2011年版,第101页。

二、让孩子与阅读建立三个联结

做讲座时，常有妈妈对我说起孩子的阅读情况："让他读，他就读；不让他读，他就不知道读。"我想，这是因为阅读这件事没有跟孩子的生命状态完成很好的联结，孩子还没有养成阅读的习惯。

对于已经完成阅读联结的孩子来说，阅读已经是构建生命、安顿生活的一部分，而不是外在的任务。

如同"听"和"说"一样，对阅读兴趣和能力最好的培养，一定是在家里跟随父母完成的。只有在家里，才能完成和阅读的三个重要联结，这种联结来自于情感和生命上的自然陪伴和关联。

（一）情感联结，让阅读有爱的印记

在早期阅读中，重要的是把书作为心灵沟通和爱的传达通道。始终把书和父母的爱关联在一起，孩子会感觉到有书、有爱。这就是阅读和生命情感的深度关联，会让孩子觉得阅读是每天都要做的特别值得期待的事情。

在大脑快速发育的时候，神经元的联结对应着技能的习得，尽早让孩子习惯阅读、喜欢阅读，更容易让孩子与阅读发生惯性、持久的联结，从而发展持续阅读的兴趣和意志力。让孩子认识、发现阅读是一件有趣的事，并能主动阅读，这是两岁之前培养孩子阅读能力最重要的目标。

母语的力量

孩子出生后，我们就可以给他说唱童谣、儿歌，看黑白或彩色卡片，一边给宝宝换尿布、做抚触，一边回应宝宝的"咿咿呀呀"，告诉他妈妈在做什么，实现视听觉的互动、语言的启蒙和情感的交流。

6~9个月的时候，宝宝可以稳稳地坐着了，我们就可以和他一起读低幼绘本。最好是每天固定时间来读，比如在睡前，让孩子形成习惯。读的时候，要观察并积极回应孩子。在早期阅读中，互动一直是非常重要的，要注意停顿，给孩子时间来参与互动，使书里的世界和孩子的世界不断产生关联。比如给孩子讲《脸，脸，各种各样的脸》，我们就可以一边和孩子看书上的脸，一边做表情，孩子也会模仿做表情，摸摸妈妈的脸，拍拍自己的脸，再看看书上的脸，慢慢地会理解书中事物和现实事物的关联，发展出书的概念和表征的能力。慢慢地，孩子就不再只是把书像其他玩具一样啃咬和拍打，他会试着翻页，并知道拿书来递给你，要你讲给他听。

这时候的讲读，要让孩子多感官地参与进来，让孩子控制讲读和翻页的节奏，让他体会到书的神奇和有趣——"哇，这就是书！妈妈每次一拿起书，就会用很美好、很生动的声音跟我说话。我可以控制翻页的节奏，书里面有很多东西，比如小奶瓶，我也有。有的东西我没见过，我小手一指，妈妈就告诉我这是什么，原来有这么多东西我还没见过呢。而且，这个书居然有味道，还有小洞洞，小手可以抠一抠。呀，这里还有个翻翻页，里面藏着什么呢？呀，这个地方一摁，还有声音！啊，书真有趣！我喜欢和妈妈一起看书。"

孩子一旦对书萌生了兴趣和期待，形成每天都要和妈妈一起看书的习惯，就能为以后阅读能力的发展奠定坚实的基础。

把孩子抱在怀中，握着他的小手，用充满爱的语言讲述的故事会在幼儿心中播撒下阅读的"快乐种子"，这就是孩子与书第一次凭借声音和亲情建立的深刻联结。

我小时候最爱的书是一本带着插图的《安徒生童话》。很多人问过我："林老师，给孩子讲故事，怎样算是好的讲述呢？"我想，应该就是我小时候我妈妈那样的讲述吧！听我妈妈读书，像是小时候吃最爱的华芙饼干，柔软、甜蜜、还散发着层层喜悦。听着妈妈的声音，看到拇指姑娘在小小的胡桃壳里盖着玫瑰花瓣的被子，轻轻地睡着……妈妈声音里的世界，静谧而安宁。妈妈的味道、书的味道，和故事里的一切交融在一起。听觉印记告诉我，她不仅仅是在读，一定是自己先进入故事中，酝酿出酸甜苦辣之后再给我讲出来。这些可触摸、可感觉到的声音，带着丰富的意象和情感，向我涌来……一种奇妙而又神秘的东西一点点流淌到我的心里，我想那就是母语之美的力量。

在课题研究中，我常告诉一些家长不要在孩子面前说这样的话："这是幼儿园的作业，不读不行啊！""不读书，坐不住，买来的书都浪费了。"家长自己是否喜欢读书，能否把给孩子读书听当作一件快乐的事情，会对孩子的阅读行为产生深远的影响。在早期阅读中，愉悦、轻松的阅读感知比阅读本身更重要。

吉姆·崔利斯在《朗读手册》里说过："你或许拥有无限的财富，一箱箱的珠宝与一柜柜的黄金。但你永远不会比我富有，我有一位读书给我听的妈妈。"这句话绝非夸张，而是每个孩子内心的真实渴望。物质所带来的爱容易被忘记和忽略，唯有精神的陪伴和浸润是印刻在生命中的记忆和感动。亲子阅读之所以能促使孩子日后自主阅读，其最大动力并不是故事本身，而是妈妈温暖的怀抱、生动的笑脸、甜蜜的声音、亲切的气息……这种妈妈和孩子一起沉浸在阅读中的感觉，会打上终生难忘的爱之标签，使读书成为至高无上的享受。

（二）环境联结，让阅读自然成习惯

有妈妈问我："我家孩子天生不爱看书，就爱看电视、玩手机，你说怎么办？"其实，不存在孩子天生不喜欢读书的问题。孩子喜欢探究，不可能天生不爱读书。父母为了让孩子安静，给孩子玩手机，自己也手机不离手。

母语的力量

孩子看在眼里，久而久之，与电子产品的情感联结越来越深。一位妈妈说，如果断网，孩子就像疯了一样。实际上，外出时，我们可以给孩子带一本有趣的绘本、彩色的卡纸、一把安全小剪刀和一支彩笔。你会看到，孩子不会因为得不到手机而哭泣，而是会静静地沉浸在创作中。

孩子与什么发生联结，不是孩子的自我塑造，而是我们在日常生活中对他的影响。孩子越是好像对阅读不感兴趣，我们就越应该做出愉悦的阅读示范，带动他一点点感受阅读的好处。好的家庭环境能够让孩子与书自然地发生联结。

建设阅读环境，首先给孩子一张适宜的小书桌。林林会走路的时候，我们就给他准备了一套圆形的塑料桌凳，简易舒适，轻便安全。他随时都能在上面写写、画画。我和他一起看书时，就把书摊开放在书桌上，解放了双手，可以更好地跟他互动。可以说，在林林的读写启蒙这件事上，这张小桌子功不可没。有时我们觉得，孩子这么小，用饭桌和茶几就行了。但给孩子一张小桌子是很有必要的，他会知道那是他的专用桌，上面总是放着好看的书、彩笔和漂亮的卡纸。有时，我们希望一步到位，买大的学习桌，但对幼儿来讲，高大笨重的桌椅不舒服也不实用。

其次是幼儿书架。我们家客厅和卧室里都有低矮的小书架，比孩子略高一点，原木材质、不刷油漆的开放式书架，光滑安全，环保方便。林林走过去随手就可以拿出一本书翻看，翻到喜欢的，就找我一起看，让我讲给他听。

此外，我还准备了一块柔软舒服的地毯，尺寸不大，扔到洗衣机里就可以洗干净。这块"魔法故事毯"被林林拖到屋子的各个角落，我们可以窝在上面一起读书。

家庭阅读环境的硬件创设很简单。软件呢，就是父母的行为选择，要让孩子知道，阅读是家里人都喜爱的事情。

我去拿快递。林林问："妈妈，你买什么书了？有林林的吗？"

"你怎么知道我买的是书呢？"

"看出来了！"

你瞧，从眼角眉梢，孩子就知道大人期待的东西是什么。

让孩子爱上阅读，与孩子跟家人一起阅读的时间占比有很大关系。在有限的时间里，拿出多少时间来看电视、怎么使用电子产品等等，这些都是值得考量的问题。**和孩子一起阅读、一起欣赏经典电影后的互动讨论、心得分享所带来的收获是漫无目的地看电视、刷小视频无法得到的**。媒介文化研究大师尼尔·波兹曼在其《童年的消逝》和心理学家吉姆·泰勒在其《数码时代教养指南》中都深入研究了电子媒介文化对儿童精神成长的影响。众多专家和儿科医生都建议，尽量少让3岁之前的孩子接触电子产品，最好每天不要超过1个小时。孩子3岁之后，也要让他知道电子产品仅是辅助生活和学习的工具，而不是任意吞噬我们时间的"黑洞"。

通常认为，让孩子看视频学习，非常方便，也特别省心。然而，研究表明，对于同一个行为，用视频演示给孩子的效果远远低于用真实情境演示。视频，无法实现高品质的共同注意。**共同注意是指我们和孩子在真实情境中共同注意一个东西，这是亲子互动中的常见方式**。比如，我们拿苹果给孩子，同时看着孩子的眼睛说："看！苹果。"孩子咬了一口，我们说："这个苹果，什么味道呀？"孩子一边细细品尝，一边回应我们。在这个简单的生活情境中，我们和孩子一起完成了注意的迁移。从视觉观察到嗅觉体味，再到语言表达，对孩子来讲，瞬间发生了聆听、触摸、认知、思考、辨析、反馈等一系列行为。在这个过程中，他与我们进行了眼神、表情、动作、情感上的即时互动。而在视频信息的被动输入中，孩子很难主动完成参与、感知、互动等行为，也无法与我们完成共同注意。

阅读需要不断对意义进行理解和诠释，包括听读判断、单字合成、篇章理解，以及想象、综合、分析、推理、判断、创意、情感体验等。在亲子阅读中，孩子可以主动选择停下来，进行提问、讨论、交流和思考。电子媒介则是对内容进行流量至上的最大化传播，充斥着不规范的语言、夸张的情境、话题的炒作。视频媒介中大多是直白的简单句，孩子很难从中学到优秀图书所带来的优美句式和丰富语汇。

神经心理学专家发现，长期依赖诸如短视频一类短时间内就能得到大量信息的体验或娱乐活动，会改变大脑回路，逐渐使大脑习惯短期体验，而需要较长时间注意力和耐力的体验，如阅读、运动、人际交往等，会下降。在忙碌的工作之余，一家人团聚的时间本就不多，如果因为手机等电子产品切断与孩子的联结，不仅会伤害孩子的视力，也阻碍语言力、情绪力、行动力、创造力的发展。

先给孩子什么很重要，因为先给他什么常常能让什么先占据他的心。

美国学者加德纳说："如果我们错误地以为人只需要满足其物质要求而不是给他提供任何有意义的东西，那么他就会轻率地抓住出现在面前的头一个有意义的东西，不管它是多么肤浅和愚蠢。"[①]你会发现，爱上阅读的孩子，即使面对电子产品也不会盲目痴迷，他非常清楚阅读带来的美好体验难以被替代。

有父母担心，如果孩子缺乏电子产品的使用经验，在未来人工智能的时代，会不会失去竞争力？

越来越多的研究表明，伴随着信息技术、人工智能、虚拟环境的发展，我们更需要具备机器智能、信息算法无法替代的情感、审美、创造、沟通等能力，而孩子只有在现实情境的互动、交流中体验和学习，在大量阅读中丰富语言与思维，才能掌握这些。

新加坡开国元首李光耀支持小儿子家里不安装电视，还建议在孩子们学习和休息的时候，电视台应取消儿童节目，他认为父母要做出榜样，拿出时间多多阅读。美国前总统老布什家中最重要的活动就是为孩子们朗读。当 iPad 上市后，记者问乔布斯："您的孩子喜欢 iPad 吗？"乔布斯回答："他们还没用过 iPad，我们限制孩子在家中使用电子产品。"而《纽约时报》的一篇调查文章提出了"新型数字鸿沟"的概念。文章指出，来自低收入

[①] 马斯洛等：《人的潜能和价值》，华夏出版社，1987年版，第 412—413 页。

家庭的青少年平均每天在"屏幕"上大约花费 8 小时 7 分钟，而来自更高收入家庭的同龄人大约只花 5 小时 42 分钟。白人家庭的孩子在"屏幕"上花费的时间要远远低于非洲裔和拉丁裔的儿童。在学费昂贵、备受硅谷精英青睐的私立学校里找不到一台电脑或其他电子设备，相反，有的公立中学则把 iPad 当作必不可少的学习工具。来自中产阶级以及更贫穷家庭的孩子可能会在电子设备的陪伴中成长，而高收入家庭的孩子却回归玩木偶和看护人陪伴的生活。微软公司的前任主管表明："生活在硅谷的人很清楚，大数据、人工智能才是未来发展的核心所在，而这些并不是因为你从小开始玩手机，长大后就能非常擅长的。"相反，在"屏幕"上花费大量的时间使孩子远离现实世界，会损害儿童的注意力、学习能力、社交能力和情感的发展。

一名 19 岁的发明家、加拿大亚裔女孩登上了 2017 年度福布斯"30 under 30"榜（30 岁以下精英榜）。15 岁时，她发明的不用电池、用人体热能发电的手电筒获谷歌科学挑战赛大奖。她还发明了用热咖啡给手机充电的马克杯，被誉为"未来最具才华的青年领袖"。直到 18 岁，为了与家人联系，她才第一次接触移动科技，买了一部翻盖式手机。在 TED 演讲《如果你想成功，请远离智能手机》中，她特别提到远离手机是激发和保持创造力的重要原因，她建议父母们一定要限制孩子使用高科技产品，多让孩子去发掘身边的事物。TED 演讲《玩手机太久是你不开心的原因之一》值得我们深思。日前，市场上出现了越来越多面向学前儿童阅读教育的 APP，很多产品研发的理念是解放父母，倡导让孩子对着电脑听故事、看电子书，所谓的互动是让孩子发出声音、用 APP 录音，进而听到自己的声音。然而，学前阶段的亲子共读，其意义远远超出了阅读本身。在亲子共读中，父母与孩子借由书实现心灵沟通和情感互动，孩子在父母的陪伴下，积累阅读和思考经验，养成阅读习惯。陪伴，是早期阅读的灵魂，没有灵魂的产品，即使再高大上，对孩子来讲都是没有价值的。我曾在多元智能绘本阅读课题的研究中强调，孩子在亲子阅读中感受到与家人一起深度精

· 143 ·

读、快乐游戏的珍贵价值，哪怕只是每天睡前的 15 分钟，听着父母的声音，与父母依偎在一起读书，孩子也会有与父母心意相通的感受。实践表明，当父母和孩子更能享受和融入阅读过程的时候，不仅阅读的品质提升了，更重要的是整个家庭氛围得到了改善，父母和孩子在互动中重新发现了"在一起"的意义。

（三）兴趣联结，给孩子适宜的书

快乐的阅读教养要让孩子有机会接触到不同种类的书，让孩子自然亲近书本，爱上阅读。那么，怎么给孩子选书呢？

1. 最初的"书朋友"

从广义上说，只要孩子具备了视听能力，就可以开始阅读了。1 岁之前，正是孩子通过玩书来亲近阅读的时候。优秀的低幼作品，一定是能让孩子在惊奇中感到快乐的。比如松冈达英的《蹦》，每一页都有一个小动物，小动物们都在做同一个动作：蹦。各种"蹦"既有相似的节奏，又有出乎意料的小变化。竖开本的造型，满足了孩子对于"蹦"的具象认知。

1 岁之前，孩子有时会把书扔在地上，捡起来会再扔下去，这是他在感知因果关联和"上下""有无"的认知图式。这时如果给孩子提供巴掌大小的书，让他尽情翻看和玩耍，孩子就可以安心地触摸和感知，获得丰富的体验和乐趣。玩具书、洗澡书、啃咬书、洞洞书、纸板书、布书，还有摸上去毛茸茸的动物书，以及很多专门为幼儿设计的充满"机关"的翻翻书、触觉书、指偶书、发声游戏书等等，其大小、形状、质地的设计正可以满足孩子用嘴巴和小手感知的需求，简单而有韵律感的语言、鲜艳明快的色彩可以满足孩子视听的探索，孩子在对书的感知中获得趣味印记。在这一阶段，孩子会发现书是一个玩伴，可以用手翻开玩"躲猫猫"，可以随意啃咬、拍打，还会发现妈妈可以用它讲故事。他对于书的感知，是轻松自如的。这就是孩子与书、与阅读最早的联结。

慢慢地，1岁之后，孩子会喜欢上书朋友，开始主动拿书让妈妈讲。此时，要为孩子提供足够多的选择，每天约定相对固定不受打扰的"故事时间"，让他期待并持续感受到亲子阅读的美好。此时可以选择高品质的认知类绘本和游戏书，这类书包含丰富的想象和趣味，能很好地满足我们与孩子互动的需求。比如，日本雕塑家新宫晋的《草莓》就像一首诗，饱含着对生命深情而非凡的想象，有关于成长、变化、收获的喜悦，有对生命的感悟，也有对宇宙万物的敬畏。很神奇，如此多的蕴意，就汇聚在这样一本简单到纯净的小书里，用最直接的方式轻轻流入孩子的心田。

草莓有北极，有南极，还有打在两极之间的金钉。

红色果实的正中央，是太阳到不了的白色冰冷世界。

一颗草莓蕴藏的风景无限。

我至今还记得林林指着那幅飘浮在浩瀚宇宙中的草莓，他看着我，震撼地说："草莓！"我从他的语气中知道，他体会到那确实是一颗草莓，但又不仅仅是一颗草莓。当我放慢语速，用同样的语气读出那句话的时候，他很敏锐地发现开头和结尾都是："天色渐暗，已经没有半颗草莓了，田里却仍然飘散着这么甘甜的香味。"这首尾的呼应，是小小的草莓乃至所有生命的一次轮回。不同于生活中指着草莓、带着孩子认识草莓的直观认知，也不同于给孩子一张识字卡告诉他"看，草莓！"的简单对应，这样的认知是富于文学品质的诗意哲思，有丰富的蕴意。

如果读物选择得不合适，孩子不喜欢听，就会排斥阅读，难以形成沉浸其中的专注力。父母也会感到挫败，误以为孩子不爱读书，进而错失培养阅读情感和习惯的最佳阶段。对儿童读物的选择，我们要特别注意图文的品质。给孩子阅读前，我们自己先要赏析鉴别，可以关注一些世界大奖作品，比如凯迪克大奖、凯特·格林威奖、国际安徒生奖、意大利博洛尼

母语的力量

亚国际儿童书展奖、日本绘本奖等，还有中国绘本大奖，如丰子恺儿童图画书奖、信谊图画书奖。

有的父母喜欢字多、知识性和教育性很强的书。而学前阶段的孩子更喜欢对图画做出优先回应。就像《爱丽丝漫游奇境记》中的小爱丽丝那样，她向姐姐看的书瞥了一两眼，心想："要是一本书既没有插图，又没有对话，那还有什么意思呢？"因而，我们一开始给孩子的书不能像大石头般沉重，而要有些巧妙空灵的趣味。阅读的起步，不是把书塞给孩子，而是要让孩子欢欣雀跃、蹦蹦跳跳地往书里跑。

2. 更多主题的书

如今，童书的主题越来越丰富，很多故事的主题就是培养阅读情感，帮孩子理解阅读行为的意义。如：《我喜欢书》告诉孩子，书是我们的朋友，可以陪伴我们；《图书馆老鼠》通过一只热爱读书又自己创作的小老鼠，告诉每个孩子读书的快乐和写作的秘密；《吃书的狐狸》告诉我们饱"吃"各种书带来的神奇改变；《图书馆狮子》让我们知道，爱读书，即便是一头狮子也会受到欢迎；《爱书的孩子》则会在孩子心中印刻下"书是任何时候都需要的东西"；《我讨厌书》可以让孩子发现原来喜欢读书是来自心底的呼唤；《神奇飞书》让孩子知道书可以带来美丽的人生；《最想做的事》告诉我们很多人把阅读当作梦想来追求；《如何做一本书》让孩子了解一本书诞生的过程，产生创作的向往；《卢利尤伯伯》告诉我们爱书人如何爱书，以及书籍制作的传统工艺；《朗读者》串联了好多爱书的故事，给出了朗读的意义；《和爸爸一起读书》将读书与成长融合在一起；《如果我是一本书》让我们在想象中感受对书的期待；《闪电鱼尼克：一条爱读书的鱼》把阅读和自我认知联系在一起；等等。这些让孩子与阅读行为发生联结的故事，都可以找来跟孩子一起读，共同分享对书和阅读的理解。

在众多图书中，科普和数学主题的书需要特别留意。

留心观察会发现，科普和数学类的书越来越多，这是一件大好事。由于创作难度较大，这类书过去比较少，孩子很少能从阅读中收获到这些领域的语汇和经验。科学和数学主题要让孩子们喜欢，就要有一些巧趣在里面。很多经典的科普和数学类图书在出版时都做了年龄的分类推荐，比如"乐乐趣科普翻翻书""自然科学启蒙系列"等都有不同年龄的分辑。总的来说，对这类书的选择秉承一个原则，就是要让孩子带有想要发现的乐趣。

针对3岁之前的孩子，主要是激发孩子的好奇心，语言要简洁且富有韵律，内容要有趣味性和故事性，线索简单明确。比如：宫西达也的《猜猜我的哪里长？》《好饿的小蛇》，新宫晋的《草莓》《鲸鲨》，"大视野猜猜看"照片翻翻书等。

针对3~6岁的孩子，可以选择能够激发孩子探究的优美故事。比如，《一棵知道很多故事的树》不仅介绍了植物知识，还传达了人与自然和谐美好的感知体验；《大象的算术》绝不仅有对数字概念的理解，还包含了生命的哲思；《神奇校车》则让孩子在奇妙之旅中探索未知等，都是不错的选择。

对于科普和数学类主题的阅读，如能与实地观察和动手操作相结合，效果会更好。 不妨以孩子为主导，跟着他的问题走，我们辅助做一些扩展性的提示。我们可以根据故事准备材料，一些简单的实验就可以做起来。比如用一根筷子插住一个橘子，转动筷子，演示自转的地球，然后用手电筒作太阳，中间用一个乒乓球作月亮。孩子会觉得很有趣，更能理解书中的概念。

3. 孩子心中的经典

不管怎样的故事、怎样的风格，经典的儿童文学作品都有一个共同的特质，就是会让孩子不知不觉地走进去并且沉浸其中，戏剧般地经历喜怒哀乐，走出来的时候能感到满心畅快，同时收获成长。

在阅读这件事上，小小的孩子，其实有着源于生命本能的直觉和感悟。他们喜欢完整而富有戏剧性的故事；喜欢真挚、饱满，来自于不同人物的本真情感；喜欢和自己有点一样又不太一样的主人公——人、动物、精灵、怪物等，什么都可以，只要肯带着自己驰骋到故事的尽头；喜欢挑战，喜欢冒险，喜欢直面和战胜困难的感觉；喜欢竭尽所能地努力，并在努力之后，轻轻地舒一口气，看到圆满的结局……"好满足啊！好满足啊！"他们拍拍手，心满意足地合上书，期待着踏上下一段阅读的旅程。

陪伴孩子读书的这十几年来，我越来越相信，正是一次次让孩子心满意足的阅读，才为幼小的生命注入了欣然有爱的生命能量。我想这就是伊塔洛·卡尔维诺在《为什么读经典》中提到的，孩童时代的阅读会构成我们生命中内在恒定的一些特质，比如那些美的范式、把经验加以归类的方法、价值的衡量标准……童年阅读的好作品可能会被忘记，却在我们身上留下了"种子"。这样的"种子"并不是明确的答案，而是生命的延展和感悟。

阅读与成长同步，随着年龄的增长，养成阅读习惯的孩子也会遇到一个大问题，就是随着学习任务加重，时间越来越紧，思想认知愈来愈深刻、广博，阅读却陷入瓶颈期。此时，长期处于阅读"舒适区"的孩子，要想获得进一步的提升，就要跳出单纯情感性、欣赏性的阅读，跨入分析性和思辨性的阅读，进入更宽广的阅读领域。原杭州二中校长叶翠微认为，阅读可以让不同学科之间形成联结，这种联结要通过哲学、艺术、美学、史学的阅读来实现。他指出，阅读首先是有层次的，应该从文艺的阅读走向经典、哲学和思想的阅读，进而才能达到超越的阅读。杭州二中在读书方面有着自己的行动：所有学生高中三年至少读完60本书，其中包括中国经典作品《红楼梦》《雷雨》《鲁迅选集》等，也有世界名著《傲慢与偏见》《欧也妮·葛朗台》《百年孤独》等，甚至还有《老人与海》《追风筝的人》等10本英文原著，涵盖了文学、历史、哲学、政治、经济、科学和艺术等多方面。只有读得越多，获得的思想自由、精神解放才越大。[①]朱光潜先生也说过,"爱好故事不是一件坏事,但是如果要真的能欣赏文学,我们一定要超过原始的童稚的好奇心,要超过对于《福尔摩斯探案集》的爱好,去追求艺术家对于人生的深刻观照以及他们传达这种观照的技巧"[②]。这时,父母要把更多富有价值的阅读主题及时提供给孩子。

  我曾专门研究孩子的分龄阅读,我发现孩子三年级开始读的郑渊洁、罗尔德·达尔、林格伦等人的作品,能充分调动他的阅读趣味,发展孩子"完整读完一本书"的耐力和技能;四年级之后,根据兴趣,逐渐增加人物传记、哲学、科学类的著作;升入中学后,孩子的阅读趣味更加广泛,开始跟随学校和老师的要求,通过阅读来学习。目前,语文课程会开展主题阅读、比较性阅读、群文阅读、非连续性文本阅读等等,同时发展各种阅读策略,进一步发展阅读思维和提升理解能力。同时,孩子会选择喜爱的作家和作品,除了进行提升性阅读,还可以在阅读中得到休憩和放松。

  阅读一直伴随着孩子的成长,而整个学前和小学阶段的阅读更弥足珍贵。因为在这一时期,孩子有大量自由自在享受阅读乐趣的时间,那些与父母一起阅读的感受,能为孩子今后的阅读之路打下坚实的基础。

[①] 叶翠微:《把时间还给学生,把自由还给教师》,搜狐网。
[②] 朱光潜:《谈读书》,译林出版社,2020年版,第36页。

母语的力量

小结

早期阅读的意义和价值远远超越了阅读本身。

对孩子来讲,阅读是一件快乐的事情,跟爸爸妈妈爱的陪伴紧密关联在一起。那些阅读中的互动和欢笑,那些睡前故事传递出来的温馨和快乐,给孩子注入了无限的爱之能量,让他知道阅读在生命中是心灵的小屋,稳妥坚固。

家庭阅读环境的建设,一切都以亲子之爱为核心,充满了与爸爸妈妈相伴的爱之能量。孩子随手可以拿到喜欢的书,随时可以坐在他的小书桌前或"魔法毯"上翻翻看看、写写画画。感受阅读是家庭生活的一部分,是生命中快乐的美好时光。

当我们因为陪伴孩子而爱上阅读,爱上那些充满爱与美的清甜时光,我们的身心必将充实而安宁,会与孩子一起收获到可贵的成长。

第二章

从亲子共读到独立阅读

亲子共读，是我们与孩子在绘本中
进行心灵对话、相伴成长的过程。
亲子共读绝不是念故事那么简单，
而是可以让孩子与好书真正相遇。
只有深度精读，才能让孩子充分汲取到绘本的营养。
在孩子读写敏感期到来时，要用好的方法开启识读，
支持孩子快乐地进入自主阅读阶段。

    从亲子共读过渡到独立阅读，就好像是孩子与父母一起旅行过后开始拜别父母，独自旅行。当一起看过很多风景，孩子能够发自内心地感叹、分享时，就已经做好了准备：有一天，他将独自背包上路，走入更广大的世界。

    亲子共读给我们提供了与孩子共同置身于其中的风景，那些旅途中的对话、分享是最为珍贵的收获和最刻骨铭心的记忆。正如曾因神经学与早期读写行为的关联研究获得"一丹教育奖"的剑桥大学教授乌莎·戈斯瓦米所说的那样："在早期互动交流中，提高语言质量最简单的方式是围绕图书做互动。就算是一同看书里的图片并讨论，都会使儿童学会使用更复杂的语法形式并学到新概念。简单的养育过程中所使用的语言，尽管对于巩固生活常规是很重要的，但是并不会非常复杂。每天带着儿童和图书互动会很自然地引入更复杂的语言，为认知发展提供大量的刺激。研究表明，早期语言输入的丰富程度不仅会影响之后的智力技能，还会影响情绪技能，例如如何与同伴化解矛盾。"[1]

---

[1] 乌莎·戈斯瓦米：《牛津通识读本：儿童心理学》，吴帆译，译林出版社，2019年版，第2-3页。

母语的力量

一、从绘本开始的亲子共读

很多人觉得，绘本图多字少，一本书只有一个故事，买它不如买其他书划算。然而正如新西兰图书研究专家多罗西·怀特所说："绘本是孩子们在人生道路上最初见到的书，是人在漫长的读书生涯中所读到的最重要的书。一个孩子在绘本中体会到多少快乐，将决定他一生是否喜欢读书，儿童时代的感受，也将影响他长大成人以后的想象力。"[①] 经典绘本里有很多美好且富有深度的蕴意、趣味，其艺术表现的多样化和品质感，最易贴近和契合儿童感性直观、全身心参与的审美期待和阅读心理，那种直抵心灵深处的触动力和感染力是一般童书难以达到的。

绘本延展和丰富了童年阅读的主题，很多难以直接跟孩子交流的话题，都有经典的绘本为我们架起"心桥"。

孩子渴望了解自己与他人的基本权利，思考界限与规则，对人生、社会等很多终极问题产生兴趣，涉及人性、道德、哲学、战争主题的绘本能够从各个角度启发孩子，如《开往远方的列车》《安娜的新大衣》《断喙鸟》《公园里的声音》《犟龟》《最重要的事》《杰德爷爷的理发店》《小恩的秘密花园》《凯琪的包裹》《铁丝网上的小花》等。

当孩子需要理解与面对"死亡"的时候，生命教育的困难在于如何言说、以什么方式言说，幸而有《回忆树》《一片叶子落下来》《獾的礼物》《大

[①] 祝士媛、张美妮：《幼儿文学》，吉林大学出版社，2000年版，第119页。

象的算术》《爷爷有没有穿西装？》《再见了，艾玛奶奶》《樱花明年还会再开》《外公》等。

当孩子对身体、性别差异、婚姻爱情感到好奇，我们却难以启齿的时候，有《小威向前冲》《小鸡鸡的故事》《乳房的故事》《呀！屁股》《菲儿——喜欢讲故事的红鱼》《鳄鱼爱上长颈鹿》《搬过来，搬过去》《天生一对》《猪先生去野餐》《亲爱的小鱼》《好好照顾我的花》《活了100万次的猫》《小猪的爱情》《青蛙娶亲记》《我讨厌妈妈》等。

当孩子面对情绪难题，不知道如何认知、接纳、调整，有《菲菲生气了》《生气汤》《生气的亚瑟》《爱哭公主》《生气王子》《我变成一只喷火龙了！》《神奇的色彩女王》等。

当家里要有新宝宝，孩子会产生爱被分享的焦虑和嫉妒，甚至会再次出现尿床、要求哺乳等退行行为，试图与小宝宝争夺妈妈的爱，此时可以一起读绘本《你爱谁多一些》《跟屁虫》《小凯的家不一样了》《彼得的椅子》《一点点儿》《妈妈肚子里有座房子》《嘘——轻点儿声！》等，帮助孩子更好地完成角色转换，确认妈妈仍然爱着自己，也开始思考如何和妈妈一起更好地接纳新生命……

绘本，以儿童适宜接受的方式，从各个角度满足他们对自己、他人和世界的认知需要，提供日常难以获得的情感体验，拓宽了孩子的心灵之路。正如日本纪实作家柳田邦男所说："生命和灵魂、生存和死亡，对这样的重大问题，不把它看作仅仅是表面的语言的问题，而是能够用震撼灵魂的形式进行传达，我感到这一绘本的力量实在太大了，没有比这更好的交流手段了。"[1]与此同时，绘本能带给孩子理解图像、发现细节、关联推理、符号象征、观察描述等独特的阅读经验。

不管是在亲子共读中实现情感联结，帮助孩子养成好习惯，还是促进大脑发育、发展核心素养、奠基各项能力，孩子在学前都需要与父母一起阅读

---

[1] 河合隼雄、松居直、柳田邦男：《绘本之力》，朱自强译，贵州人民出版社，2019年版，第79页。

大量的经典绘本。

  "日本绘本之父"松居直先生有一段论述精妙地阐述了亲子共读的阅读状态:"绘本这种书在一边看画,一边听别人读的时候,产生了神奇的作用,营造出一个广大的世界。当孩子是读者的时候,他自己创造出绘本。就是说,孩子用耳朵听语言,用眼睛看绘本的绘画。实际上,孩子不是在看绘画,而是在读绘画。绘画这种东西全都是语言的世界。没有不能成为语言的绘画。即使是抽象画,也能变成语言。因为绘画有线条、形状和颜色。孩子是在读画,读存在于画里的语言,而且是完全地用耳朵体验语言的世界。用耳朵听到的语言的世界和用眼睛看到的语言的世界,在孩子的心里融为一体,在这里,绘本便产生了。"[①]因而,在早期阅读中,通过绘本开始的阅读更容易让孩子接受,也能够激发孩子的读图能力和记忆能力。

  阅读绘本,是培养读图理解力和审美素养的重要途径。在电子图像包裹童年的时代,绘本能让孩子获得有品质的审美力和鉴别力,以及阅读纸质书的经验,养成深度阅读和思考的习惯。绘本是整本书都在讲故事的独特存在,绘本图像的经典品质和文图结合的叙事特点,在培养孩子的读图能力、意志力、想象力和理解力上具有无可替代的作用。

  图画,可以直接作用于人的潜意识和情感领域。当今网络上传输的90%的数据为可视化数据,有蕴含着丰富意义又直达人心的图像,也有大量低劣干扰我们正确思考和判断的"惰性图像"。如何鉴别和判断,如何用优质的视觉元素传情达意,已是必备的能力和素养。是否具备优异的视觉素养,几乎决定了是否可以高效地接收和传达信息。

  儿童文学理论家朱自强先生在这一点上有非常深入的论述:"良好的图像阅读者是不能依靠影视图像来培养的。与绘本有引申意味的深度图像阅读相比,影视图像的阅读是平面化的没有深度的阅读。学会阅读绘本的读者,会对影视作品的图像有一种判断力。他们会很喜欢地去阅读(观看)影视作

[①] 河合隼雄、松居直、柳田邦男:《绘本之力》,朱自强译,贵州人民出版社,2011年版,第39页。

品的图像,但是,他们很可能不会依赖、沉迷于影视的图像,因为他们知道还有另一种充满魅力、富有魔力的图像——绘本的图画,而且因为经由绘本的图画的欣赏,他们还同时体验到了文字语言所构筑的文学世界的奇妙。对这样的读者,我们似乎可以少一点担心,担心他们因为沉迷于电视图像而造成的语言能力、思维能力、判断力和想象力的退化。"[1]

(一)成人还能喜欢和开始阅读图画书吗?

在一次讲座上,有位爸爸站起来说,如果自己不喜欢,讲故事给孩子听就是一种折磨。

这个问题确实值得思考。

亲子共读是一个非常特殊的阶段,从选书、买书到读书给孩子听,不情愿地去做和发自内心地喜欢去做,效果大不一样。因而,明确成人阅读儿童文学作品、阅读图画书的意义,是一件重要的事情。

阿根廷作家博尔赫斯说过,伟大的文学最终都趋向于儿童文学。迄今为止,儿童文学的创作以儿童为潜在的读者,但儿童文学中那些纯真、自由、富有想象和梦想的魅力从来不仅仅感染儿童,同样能让成人收获到心灵的芬芳。而且,好的儿童文学作品常常是老少皆宜的。"儿童文学并不仅仅是针对孩子的,无论对于大人还是对于孩子而言,它都是有意义的文字。它们作为描写以透彻的'孩子的眼睛'所观察到的宇宙的作品,为大人们指出了一片意想不到的真实天空。"[2]

安徒生曾说:"我写的童话不只是写给孩子们看的,也是写给老头子们、中年人看的。""当我为孩子写一篇故事的时候,我永远记住他们的父母也会在旁边听,因此,我得给他们写点东西,让他们想想。"[3]

---

[1] 朱自强:《亲近图画书》,明天出版社,2011年版,第19页。
[2] 河合隼雄:《孩子的宇宙》,王俊译,东方出版中心,2014年版,第28页。
[3] 闫春梅:《童话精神与儿童审美教育》,山东人民出版社,2013年版,第58页。

母语的力量

  关于童书对成人的用处，周作人先生在约百年之前就论述得特别清楚了，他推荐赵元任先生翻译的《阿丽思漫游奇境记》时说："大人——曾经做过小孩子的大人，也不可不看，看了必定使他得到一种快乐的。世上太多的大人虽然都亲自做过小孩子，却早失了'赤子之心'，好像'毛毛虫'的变了蝴蝶，前后完全是两种情状：这是不幸的。他们忘却了自己的儿童时代的心情，对于正在儿童时代的儿童的心情于是不独不能理解，与已相当的保育调护，而且反而加以妨害；儿童倘若不幸有这种的人做他的父母师长，他的一部分的生活便被损坏，后来的影响更不必说了。我们不要误会这只有顽固的塾师及道学家才如此，其实那些不懂感情教育的价值而专讲实用的新教育家，所种的恶因也不小，即使没有比他们更大。"他推荐这本书给心情没有完全"化学化"的大人看，并且说："特别请已为或将为人们的父母师长的大人们看，若是看了觉得有趣，我便庆贺他有了给人家做这些人的资格了。"他认为儿童文学的价值并不亚于莎士比亚，因为成人可以从中得到"永久的儿童的喜悦"。[①]

  图画书，我常常感觉是图书中更富于性灵和艺术的存在，就像我们在美术馆静静地看一幅画常可以感到忘我的静谧和安宁，很多图画书作品也有这样的力量，好像成人世界中的那些"烦"在这里可以释然和放松。感到身心疲惫时，我非常喜欢伊势英子、霍利·霍比的作品，在那些或浓或淡的水彩中，我们忙碌着奔跑的心灵得到了休憩，感到安宁、甜美和清新。日本纪实文学作家柳田邦男先生在次子逝去的悲痛中重新认识了图画书，从中找到了慰藉心灵的温暖力量，因而他认为"正是大人才应该读绘本"，"特别是在人生的后半期，意识到了衰老，身患了疾病，或者回顾人生的波折，这时候，会出乎意料地从绘本中读到不少可以称之为新发现的深刻意味。要生存下去的话，最为重要的事情是什么，这样的问题已经写在绘本中了。"[②]他还提出，阅读绘本时，静静地翻页，感到自己进入作品，

[①] 周作人：《周作人论儿童文学》，海豚出版社，2012年版，第141页。
[②] 河合隼雄、松居直、柳田邦男：《绘本之力》，朱自强译，贵州人民出版社，2011年版，第72页。

将自己这一存在与绘本联系在一起的感觉很不一样。他特别提到在写纪实文学和评论时，会努力地说明、阐述理由，越思考字数就越多，往往要花费几万个词语。"有时我会突然这样想，这种写法，能怎样深入地触及人的灵魂和人生真正重要的东西呢？""与纪实文学相比，绘本是用非常少的字数和画面，按照一般标准来说，是十几幅到二十幅这样刚合适的画面数量，以及与画面配合的非常少的文字，就能将人生、生命、生存、喜悦和感动等重要的东西，很快地表现出来。我认为，这是非常了不起的手段，是进行有效交流的手段。"[1]

其实，很多图画书是写给成人的。看上去简单纯真，却饱含意味。

比如，《爱德华——世界上最恐怖的男孩》这本书让我们意识到语言的力量可以塑造一个人；谢尔·希尔弗斯坦的《失落的一角》让我们反思人生的追求；安东尼·布朗的《朱家故事》提醒每个渴望幸福的家庭成员都应承担责任……图画书常常把生活中的本真呈现给我们看。为了不总在夜晚流泪想念去世的外婆，我曾一个人反复读《獾的礼物》《一片叶子落下来》《再见，艾玛奶奶》，慢慢地品味生命的陨灭……

在河北省新华书店"新华·小桔灯"绘本馆的座谈会上，我曾提出绘本阅读的定位除了儿童，还应该面向老人，甚至所有人。绘本馆可以作为"现代都市的心灵瑜伽馆"，让每个人都有一个心灵休憩的地方。讲到这里，有个绘本馆的工作人员告诉我们，的确有很多老人喜欢读绘本，有一位中风的老人看了《先左脚，再右脚》后特别感动，获得了身体恢复的信心和力量；还有的老人看完《为爱朗读》后，开始借阅图画书……

回想起 2005 年年底，我怀孕八个月时走进书店，看到一本本绘本，抽出一本，是《逃家小兔》，再抽一本，是《要是你给老鼠吃饼干》。当时，我一边读，一边在心里说："哦，现在有这么美丽有趣的书了！"那时，我首先想到的是：发现了这些书真好，可以给肚子里的宝宝看。后来，我才知

---

[1] 河合隼雄、松居直、柳田邦男：《绘本之力》，朱自强译，贵州人民出版社，2011 年版，第 98 页。

道，这也是给我自己看的。正如儿童文学作家和研究者孙莉莉在《童年的秘密藏在绘本里——绘本里的儿童心理学》中所说：大人读绘本会带来意外的收获。绘本当然是孩子喜欢的读物，因为绘本里有好听的故事，有无限的创意，有人生的哲理。但同时，绘本对创作者、编辑、父母、老师、阅读推广人等所有有志于深入了解孩子的人而言，也是生动有趣的"教科书"或者"教学参考书"。[1]

在和林林亲子共读的过程中，除了在儿童图书馆和绘本馆广泛地浏览和借阅，我还购买了近千册经典图画书，几乎可以开个阅读馆了。之所以不断购买，除了个人的研究和喜爱，还因为图画书是可以珍藏和反复阅读的。图画书的文字和图画以及图文之间的关系为阅读者留有足够探索和发掘的空间，第一次读、第二次读和后面多次读，总能有新的触动，或许是图画的质地、肌理，抑或是细节，文字与图画构筑的那种张力……

日本纪实文学作家柳田邦男先生在《绘本之力》中说到，图画书"一生要读三次"：自己是孩子时，养育孩子时，进入人生后半期时。

虽然很多经典绘本可以面向0~99岁的读者群，但实事求是地讲，现阶段，一个孩子能大量集中阅读绘本的时间基本是在学前阶段，最多辐射到小学三年级，高年级的绘本课往往是启发思维的工具。错过了学前期，孩子可能永远都不会有机会大量接触这种独特的文图叙事作品，这真是巨大的遗憾。

（二）像看电影一样精读，汲取丰富营养

很多妈妈说，一本绘本一会儿就讲完了，总觉得少了点什么。面对一本本制作精良的书，如何读，才能让孩子汲取到更丰富的营养呢？我在研究儿童阅读中发现，一本绘本特别像一部纸上电影，我们可以像品味电影一样来欣赏绘本。

---

[1] 孙莉莉：《童年的秘密藏在绘本里——绘本里的儿童心理学》，北京联合出版公司，2021年版，序言第8页。

1. 看封面、封底，介绍作者，就像看电影之前，看看海报、说说导演

看电影之前，总有很多的期待。海报上人物的神态、表情、动作，甚至海报的颜色，都让人忍不住猜想："这是一部什么样的电影呢？"这些遐思是享受电影必不可少的铺垫。我在创作绘本时，有与编辑座谈的体会：绘本的开本、封面、封底和前后环衬页（蝴蝶页）、扉页，都是用了很多巧思、反复斟酌的结果，它们常常对故事氛围的烘托起到很大作用，甚至包含了很多妙趣和细节。

当孩子面对一本绘本时，也像面对一部电影，需要一些情绪的铺垫和猜想。和孩子一起读绘本时，你会发现，有的封面和封底横向展开，就组成了一幅整体、连续的画面；有的封面和封底是各自独立、相互呼应的画面。此时与孩子的互动交流，可以有多个角度：

认知角度：封面上有什么呀？画的是什么呀？

描述角度：图画中的人物、环境是什么样子的呢？

引导孩子按照一定的顺序，如从上到下或者远景、中景、近景，来观察、描述画面。

推理角度：为什么是这样子呢？猜一猜，这是一个什么样的故事？

这样交流不仅可以让孩子对接下来的故事有心理预设，而且可以充分引导孩子发挥想象力。在互动中，我们要鼓励、肯定、总结孩子的表达，并用手指着画面，和孩子一起观察、描述，补充孩子没有发现的内容。

然后，说一说作者。为什么要说作者呢？当我们看过很多电影，对一个导演的风格熟悉之后，会主动与其他导演进行比较。在这个过程中，我们会逐渐了解导演这个职业的特性，更加了解电影这一艺术样态。对于绘本作者的了解，也是如此。

介绍作者时念出名字和国别，是对绘本作者的尊重，也是对即将拉开帷幕的故事的致敬。因为总是大声念出创作者的名字，孩子就会知道：是作家，

· 159 ·

和画家一起，创作出了一个个让他喜欢的故事。慢慢地，他也会对创作产生兴趣，开始尝试着写写画画，同时会对一些人的风格产生印象，他会说欣赏哪一个人的风格和作品，比如告诉你："这一定是维吉尼亚·李·伯顿的作品，她总是这样画！圆圆的线条，还装饰着这样的边框！"

2. 看环衬页和扉页，就像欣赏电影的序幕

电影开演之前的悠长序幕会引领我们走进一种感觉和氛围中。绘本的环衬和扉页就有这样的作用。它们是完整阅读的一部分，让阅读富有仪式感。

有的前后环衬页用某种色彩进行相关情绪暗示，有的环衬页和扉页用某种纹理、图案呼应主题或展露细节。比如《团圆》一书的环衬用的是一家三口的床单，《我爸爸》《我妈妈》中则是睡衣上的花纹。有的环衬页已经出现文字，进入故事，比如《驿马》《暴风雪中的火车》。有时，对比前后环衬，还会发现故事的线索，比如《好饿的小蛇》，前环衬中有苹果树，在后环衬中却不见了，会激发起孩子更多的好奇。

记得读萧袤和周一清老师创作的《驿马》，看过封面后，林林听到这是由中国作家和画家创作的特别高兴。当我打开环衬页，他明显地安静下来：一大片灰色天幕下，看不到边际的西北戈壁，一种苍凉、悠远、凝重之感扑面而来。翻到下一页，在一群怡然自得的马儿中，那匹低着头的白马映入眼帘。有文字了，我轻轻地读出来："青扬是一匹驿站里的马。小时候，青扬经常听爸爸妈妈说起一个美丽的地方，在那儿——天蓝得像缎子一样，云白得像牛奶一样，河蓝得像宝石一样，羊白得像云彩一样。它，就是楼兰。"读到这里，我们的目光慢慢地移到下一页："驿马"两个字和那匹昂着头、深情凝望远方的白马出现了。林林安静地看着，我知道他已经沉浸在故事里了。

翻开维吉尼亚·李·伯顿的经典之作《生命的故事》，前环衬和后环衬的图案好像构成了一个剧场，瑰丽壮观，呈现出生物进化的过程。还有一些仔细看才可能发现的细节，比如一个小人面对观众。"怎么做到的？"林林

吃惊地说。后环衬页是对整个自然博物馆的展现，包括每一层、每一个窗口。这是我们看得时间最长的环衬页。还没开始进入故事，我们就已经感受到了自然的奇妙和丰富。如此博大的视野，仅在一个画面中呈现，真是大手笔！我告诉林林，为了写这本书，作家用了8年的时间租住在博物馆旁研究、学习。林林感叹道："8年？写一本这样的书可真不容易！"

3. 开始读内页，大片正式开演，全身心全感官沉浸

看过海报，欣赏了序幕，接下来电影正式开演了。与看电影不同，幼儿只看图画也可以看懂大部分内容。正式讲述之前，可以让幼儿自己翻一翻，看看图画，猜猜故事情节。不管孩子如何描述，我们都要安静耐心地听完。孩子讲完之后，我们可以说："你讲得好有趣呀，我都听得入迷了，我特别喜欢你的故事！下面，我们来看看作者是怎么讲述这个故事的呢？"接下来，我们可以进入到亲子共读当中。给孩子读故事时，要尽可能忠实于作者的文字。绘本的文字经过反复的打磨推敲，简洁且富有韵律，因而，我们阅读时要注意语速和节奏，同时注意根据孩子赏读画面的速度，掌握翻页节奏。遇到情节转折的地方，可以放慢速度，让孩子猜猜下面的情节，再翻页揭晓答案。

比如，读安东尼·布朗的《我爸爸》，读完每个"我的爸爸，他真的很棒！"之后都可以停顿，让孩子有时间想一想：为什么爸爸很棒呢？一本绘本可以从多个角度进行精读，甚至可以创编游戏。深度精读的关键步骤如下：

阅读准备，预测故事（观察、发现问题，猜测预判，初步寻找答案）；

根据图画，孵化故事（对发现的问题和预判，寻求解决方案）；

精读图文，洞察故事（主动参与到故事中，跟随作者发现解决方案）；

互动讨论，情境验证（鉴赏故事细节，评估主题和解决方案）；

拓展游戏，互动表达（将想法进行转化、分享和再创造）。

我在多元智能绘本阅读课题的研究实践中得到过很多妈妈的反馈：深度

精读大大提升了亲子共读的品质，过去读完一遍就被扔在一边的绘本，好像成了孩子的朋友，在一个星期中，孩子能够有机会多次全身心、全感官地沉浸、参与到绘本的故事情境中。

在讲读环节，当孩子充分熟悉了故事文本后，可以和我们一起共读。可以分角色阅读，也可以我们说前半部分，孩子说后半部分。通过反复深入的阅读，孩子能感知到富有韵律的语言结构，还能从各个角度进行创编。比如读了《我爸爸》，孩子能够用下面的结构创作自己的《我爸爸》：

> 这是我爸爸，他真的很棒！
> 他可以……还会……
> 他像……一样，也像……一样。
> 我爸爸真的很棒！
> 他是个……也是个……
> 我爸爸真的真的很棒！

（三）了解绘本叙事语言，深度精读，汲取营养

知晓图像叙事的技巧和元素，能够帮我们真正读懂绘本。

儿童阅读教育实践发现，借助图像听故事，孩子的理解力可以提高两倍以上。绘本可以帮助儿童发展感知能力、思维能力、审美能力和创造能力。在绘本中，因为有故事情境的支持，儿童对图像的理解不会仅停留在"看图识物"的指涉性认知上，而是会上升到概念的表征、图像的符号化，并展开想象，感知到象征的意义，进而对图像的元素、造型、风格产生自己的理解。比如，在安东尼·布朗的《我爸爸》中，每一页都出现了太阳，其形状从具体唯一到各种样态的呈现，从太阳的光照到温暖的感受，再到心理体验中爱的关联，孩子最终领会到，"太阳"这个语汇和符号还象征着爸爸无所不在的爱。

哪怕孩子读懂读透一本绘本，也能收获到图像叙事的宝贵经验。随着阅读量的增加，孩子的视觉感知和审美素养会大幅提升。而无论是理解图像，还是基于图像能力发展的创意思维都是未来各种职业发展极其重要的核心能力。

下面，我们简要介绍一下图像中的叙事元素。

1. 色彩与线条

色彩能带来心理暗示，大量经典绘本能给孩子带来视觉盛宴。

儿童早期都喜欢鲜艳明亮的色彩，因而，经典低幼绘本米菲兔系列的作者迪克·布鲁纳用最简单的线条与橘、蓝、黄、绿几种颜色，塑造了具有童年符号的小兔子。随着对色彩蕴含的情感和文化的感知，不同性格的孩子开始有自己喜欢的颜色。阅读绘本时，孩子会感知到冷暖色的对比、相近色的和谐，以及互补色带来的视觉冲击。我们可以跟孩子玩色环游戏，让孩子更加敏锐地发现色彩在故事中的作用。比如，《暴风雪中的火车》讲述了孩子跟着爸爸坐火车遇到暴风雪，一起直面困难的经过。画家商金昌老师为了这本书专门去了东北小九亚林场，用油画细腻地描绘了东北的雪原、绿皮火车、远山、森林……整本书都是冷色调，然而，他特意安排故事里的孩子围着中国红的围巾，以代表温暖和希望。在《快乐的一天》的黑白画面中，所有动物从左侧向右侧飞奔，让人十分困惑：到底发生了什么呢？直到最后雪地上出现了一朵嫩黄色的小花，瞬间"点燃"了快乐。有时，色彩在绘本中直接参与了情节推动和角色塑造。《神奇的色彩女王》《菲菲生气了》都直接用色彩呈现人物情绪的发展和变化。美籍华裔插画家杨志成的作品多次获得凯迪克奖，他的《七只瞎老鼠》用色彩关联了数字、时间、心理和角色。

与色彩一样，线条也能营造故事的氛围，还能传达细微的表情和心理。《我是霸王龙》中，霸王龙的硬直斜线条带来的力量感与故事温暖的主题形

母语的力量

成强烈反差；《小牛的春天》里，小牛背部和四季的大地融为一体，平直线的延展带来了成长的安定和喜悦；《流浪狗之歌》中，细微颤抖的线条传达了小狗敏感不安的状态；《野兽国》里，野兽的身姿用柔软圆滑的线条呈现舒缓了孩子的恐惧心理。

读绘本时，我曾带领孩子们特意观察线条和色彩。很快，孩子们会在画作中使用线条和色彩表现各种创意，并传达情绪。当孩子用红色涂满圆圈，再用绿色画波浪线的时候，你可以体会到他们心情的变化。

2. 风格与媒材

台湾师范大学教授叶咏琍在《西洋儿童文学史》中写道："20世纪也是美术真正走进儿童文学的领域的时代。它与文字平分了秋色，共同负起了丰富小小心灵的重任。图画故事书的出现，令艺术家们纷纷将油彩、水彩、铅笔、炭、摄影、剪贴、木刻、石刻……乃至各种各样的绘画特技，带进了这片新的园地……凡是图画史上有的画派，都可以在儿童读物中，找到它们的踪迹。"[①]

绘本的表现形式，融合了中西方美术史、设计史的各种流派和风格，并一直在不断探索变化，为孩子带来了丰富的视觉体验。自1580年乔斯特·阿曼在法兰克福出版了第一本配有插图的艺术与教育的小册子以来，带有图画的儿童书籍一直是儿童阅读的重要形式。特别值得一提的是，捷克大教育家夸美纽斯为儿童出版了《世界图解》，书中不仅有生动传神的插图，还特别强调了这些图画本身的意义。他认为，这些插画不是吸引人注意的"文字附庸"，而是代表了一种学习过程。他预言，对儿童而言，图画将是最浅显易懂、最有效的学习方式。几百年来，孩子们的阅读实践证明了他的话是正确的。20世纪30年代，绘本进入发展的黄金期。风格方面，既有富

[①] 叶咏琍：《西洋儿童文学史》，东大图书有限公司，1982年版，第103页。

有想象力的抽象艺术风格，如李欧·李奥尼的作品，也有超现实主义大师安东尼·布朗的作品，充满梦幻感的如大卫·威斯纳，具象写实的如罗伯特·英潘，唯美主义风格如安野光雅，卡通风格如宫西达也，交互符号风格如埃尔维·杜莱，民族艺术风格如蔡皋、熊亮，等等。能欣赏到各种艺术风格的孩子，其图像视觉体验能不断拓宽、加深，审美创造力也能被极大地激发出来。

从媒材来看，绘本呈现了各类媒材的表现效果。

（1）水彩

水彩色彩清透，可以呈现出画纸与颜料的晕染纹理，传达出细腻、温柔、灵活的表现力。伊势英子的绘本被认为有疗愈作用，因为她的水彩笔触清新、柔和、淡雅，比如《第一次提问》《1000把大提琴的合奏》《大提琴之树》《卢利尤伯伯》等。霍利·霍比绘制的《嘟嘟和巴豆》中那两只俏皮灵动的水彩小猪也令人过目不忘。

（2）铅笔

铅笔可以绘制细节，在线条和明暗色调中传达朴素的美感。克里斯·范·奥尔斯伯格在《勇敢者的游戏》中用木炭铅笔画传达了多元的绘画视角、传神的留白和神秘的氛围，获得了凯迪克金奖；比利时艺术家嘉贝丽·文生也是铅笔媒材使用的典范，她的《流浪狗之歌》、"艾特熊和赛娜鼠"系列，通过深浅不一的线条推进叙事，反映了角色敏感细腻的心理状态，富有别样的魅力；获得《纽约时报》年度十佳儿童绘本奖的华人绘本作家郭婧的《独生小孩》，用铅笔明暗光影的丰富变化描绘了一个孩子童年里亦真亦幻的心理场景。

（3）钢笔

钢笔画适合率真的表达，需要深厚的造型功力。1964年获得凯迪克金奖的莫里斯·桑达克的代表作《野兽国》，第一次用钢笔和水粉结合的形式，触及幼儿深邃的情绪和心理世界。

（4）油画

油画有厚涂、点画、刮画等笔触，可以重复上色，描绘出富有质感的纹理，营造出层次感，呈现出丰富多样的画面效果。马塞尔·马里耶创作的"玛蒂娜系列"画面精致明亮，是油画作品的经典；麦克·格雷涅茨的《彩虹色的花》采用壁画法，在画布上涂上石灰再作画，体现了童真稚拙的美感。《暴风雪中的火车》也是油画作品。画家商金昌老师告诉我，在绘本创作媒材中，油画是非常难驾驭的一种，画面干起来很慢，因而现在单纯的手绘油画媒材的绘本已经不多见了。

（5）丙烯颜料

丙烯的表现力比油画更加灵活，可以通过多层涂画产生不同的纹理和层次，厚涂有粗犷而不透明的效果，薄涂则有清爽半透明的感觉，而且色彩稳定，印刷时色差较小，是非常受欢迎的绘本作画颜料。国际安徒生大奖获得者苏西·李创作《海浪》时在压膜处理的纸张上，用融水的丙烯颜料呈现出粗糙不平的沙滩质感；芭芭拉·库尼的《花婆婆》，原画是用丙烯和彩铅共同完成的，丙烯呈现细腻的纹理，彩铅点缀细节。

（6）水墨

水墨呈现在纸张上给人气韵生动、意味悠长之感。传统的水墨媒材充满了东方特有的美感，熊亮的《小石狮》《梅雨怪》，蔡皋的《孟姜女哭长城》《桃花源的故事》都是十分经典的作品。

（7）综合材料的拼贴

把报纸、壁纸、布料、木材、花卉、照片、衣物、纸板、毛线等材料结合起来，运用到平面上讲故事，常常能营造出特别的艺术感。如李欧·李奥尼的《小蓝和小黄》、艾瑞·卡尔的《好饿的毛毛虫》，美国插画家西姆斯·塔贝克的《有个老婆婆吞了一只苍蝇》和《约瑟夫有件旧外套》，都是这类作品。

（8）摄影

摄影能够捕捉稍纵即逝的真实瞬间，能够凝固真实世界中最本真的时刻。摄影绘本作品能带给孩子独特的阅读感受，如大塚敦子的摄影绘本《再见了，艾玛奶奶》，真实记录了生命旅程的最后一段。作家彭懿一年里有近一半的时间在世界各地进行各种主题的跟踪拍摄，在摄影绘本的创作上做出卓越的探索和努力，出版了一系列独具特色的摄影绘本，如《巴夭人的孩子》《驯鹿人的孩子》《山溪唱歌》《寻找鲁冰花》等。韩国作者白希那的《云朵面包》《月亮冰激凌》，加拿大艺术家艾莉·麦凯的《蝴蝶公园》都是"纸上剧院"式的呈现，先用各种实物材料进行手工制作，布景三维空间，营造故事氛围，将人物动作立体化，然后进行拍摄，最终用一幕幕的立体场景完成作品。

（9）传统工艺

很多绘本作者为孩子们呈现了传统工艺的魅力。用剪纸的方法创作绘本，如伊安的中国原创剪纸系列绘本，用清新精湛的剪纸艺术表现了春夏秋冬的场景和故事，其他还有《七只瞎老鼠》《云朵一样的八哥》《我是花木兰》等；布艺的使用，可以让孩子看到不同布料的花纹和质地，具有立体效果，如《乌龟一家去看海》等；用皮影制作插图的绘本，如《梁山伯与祝英台》；用橡皮泥捏出具有浮雕效果的画面，然后拍摄照片作为插画制作绘本，如《小老鼠的礼物》；用版画制作而成的绘本代表作品有《一百万只猫》《故事的故事》《讨厌黑夜的席奶奶》等。

3. "镜头"语言

在读绘本的时候，除了故事情节、人物角色、风格媒材之外，书本开本、版式设计、画面细节和翻页惊喜都值得我们引领孩子细细品味。

（1）开本与书形

书的开本、形状、装订方式，通常与阅读对象的预设、故事的主题息息相关。开本造型常常参与故事的叙事，这是很值得我们与孩子一起观察和品味的部分。我们可以和孩子一起对比不同绘本的大小、形状，让孩子想一想：为什么会有这样的差别？这本书为什么要做成这个样子呢？

这可以很好地提升孩子的视觉审美素养和创造力。比如《月光男孩》《100层的房子》《蹦》的竖形开本都与故事中的动作方向相关；传记类绘本通常是正方形，很像庄重的肖像画；风景主题的则以横长方形开本居多，比如《北冥有鱼》《世界上最美丽的村子——我的家乡》等；《小老鼠奇奇去外婆家》则用3米多长的风琴拉伸页展现了小老鼠一个人去外婆家的全过程。

（2）版式与构图

绘本的版式和构图，代表了创作者的取景方式和视点，会影响读者的视觉感受。

我在幼儿园做绘本课题研究时，曾跟孩子们观察《生气汤》的题目。我问中班的孩子："题目'生气汤'这三个字被设计成了锯齿状。大家想想看，改成圆圆胖胖的字体可以吗？"我一边说，一边出示提前准备好的圆形字体的"生气汤"三个字。孩子们马上观察标题的设计，告诉我："锯齿状才是生气呀，生气就是尖尖的样子，圆圆的就是'快乐汤'了。"我说："为什么生气是尖尖的样子呢？"有个孩子说："生气的时候，就像针扎人一样，很疼！自己疼，别人也疼！"你看，这就是孩子对绘本设计最直观、最真切的感受。通过这样的观察和引导，儿童会发现图像符号更丰富的象征意义和表现方式。

绘本中单页、跨页的运用，就像电影的镜头语言；蒙太奇的画面组接方式，常常体现出叙事中的时间推移、速度节奏、时空变化等。

无边框画面仿佛邀请读者置身其中，有边框的画面则打开了一个神秘的镜头角度；单页图和跨页图的使用，也让画面的呈现富有节奏感，哪怕没有文字也能讲述故事，比如无字书《雪人》《疯狂星期二》《海底的秘密》等。《雪人》里的连续小图突显了故事情节的连续性，而画着雪人和孩子一起飞过城市夜空的无边框大跨页则表示飞行时间的延续，好像我们也跟着进入故事中一起俯瞰城市，并在夜空中飞了很久。《疯狂星期二》中用竖直边框的间隔代表时间的变化。平均分隔的长条边框，代表这几个动作的发生时间依次并列；而青蛙们在空中飞行时，边框出现了疏密不同的呈现，代表了长镜头和短镜头的交替，同时还出现了青蛙表情的特写镜头。我们在和孩子一起看图画的时候，要把边框体现出来的时间感和节奏感讲出来，比如，"青蛙们慢慢地向前飞呀飞呀""嗖嗖嗖，飞得越来越快了"。《海底的秘密》中的小男孩捡到相机后，出现了一个个大边框场景画面，代表男孩并没有马上研究相机，而是四处寻找相机的主人，直到一次次询问没有结果，确认这是一部无人认领的神秘相机后才开始研究相机里到底有什么。当他发现了胶卷、跑到照相馆等待冲洗时，作者用了仿若胶卷的连续边框，表达了男孩坐立不安、期待尽快看到照片的心境。

（3）细节与惊喜

孩子常常比成人更容易发现绘本中的细节。比如，很多孩子认定《是谁嗯嗯在我的头上》里的小鼹鼠是位先生，因为他穿着一双男士小皮鞋；《不许抠鼻子！》里几乎每个页面都有奇怪的小手；《轱辘轱辘转》里的"金虫子"无处不在。有些细节，是作者特别用心设置的，需要我们引导孩子细细品味。比如《大家来刷牙》是一本玩具立体书，很多时候，妈妈给孩子念一念，孩子动手玩一玩那些小机关就结束了。其实，这本绘本里看似简单的牙刷图案和牙线的设计，包含了动物和喜爱的食物之间的关联、动物伙伴们的共栖关联，还有刷牙好习惯和爱之间的关联，而河马头上的莲花也暗示了河马的生活环境。这些都需要父母引导孩子思考，比如动物、环境和生命的不同样态，这样的阅读才更加有趣、有效。

除了各种各样的小细节，绘本中还有令孩子们爱上这本书的"翻页惊喜"。一般来讲，情节发生大转折的地方，答案即将揭晓的地方，版式设计、画面色彩出现重大变化的地方，还有主人公的动作、表情突然夸张的地方，都是深深吸引孩子们的"翻页惊喜"。这时候，我们不要急于翻页，讲述节奏一定要慢下来。比如，《野兽国》中麦克斯和野兽一起狂欢时，连着三个大跨页一个字都没有，很多家长可能很快就翻过去了，但对孩子来说，这是理解麦克斯能够疏解压抑情绪、开始想家并平静回家的关键，也是所有孩子期待的惊喜。如此自由自在的狂欢场面，需要给孩子充分的停留时间，让他们跟着麦克斯，跟着野兽们跑啊、跳呀、闹呀、叫呀。这时孩子们会发现，原来自己心中也有一个神秘的"野兽国"。

（四）读完故事，交流感受

看完一部好电影，我们常常意犹未尽地对影片的角色、情节、场景，甚至服装和音乐进行评说。同样，对一本经典绘本，亲子共读的结束并不意味着阅读状态的结束。

和孩子一起感受和回味，是自然而然的心有所感。当父母真诚地说出喜欢的人物或画面、读到哪里最好笑、讲到什么地方心有所动时，孩子自然也加入进来。

和开头预测期待时的讨论不一样，沉浸之后的回味可以是对人物的探索，比如：《是谁嗯嗯在我的头上》中的小鼹鼠和《鼹鼠的故事》里的鼹鼠有什么不同？可以谈谈画面的颜色、线条的形态，比如：《石头汤》中的小女孩穿着亮黄色的衣服代表快乐吗？《铁丝网上的小花》中那个站在铁丝网后面的女孩头上的红色蝴蝶结为什么让人忧伤？可以体会画面中不同大小和比例带来的气势和效果，比如：《绿色小家伙》里的大公鹅是多好的爸爸呀，他伟岸的身躯让人觉得什么都不可怕；而《小小迷路了》里的猫头鹰妈妈高大可爱，给圆圆胖胖的小小多少温暖和保护呀。可以谈谈很多让人看了就想钻进去的美景，比如：《世界上最美丽的村子——我的家乡》里，我们一起在巴格曼村的李子树下停留，在飘着瓜果香气的集市上漫步；在《小鱼的春天》里，我们一起在水墨画般的江南看到细细的雨丝，在大片金黄色的油菜花中看天空的晚霞……还可以是思想和情感上的交流。看完《我的爸爸叫焦尼》，林林说："蒂姆为什么不能和妈妈一起送爸爸呢？爸爸为什么不能等妈妈来了再坐火车离开呢？"我想了想说："生活中有很多无奈的事情，关键是爸爸妈妈都爱蒂姆！"林林说："要是这个绘本有续集就好了，蒂姆可以安排爸爸妈妈相聚，我想让蒂姆和爸爸妈妈在一起吃饭！"看完《小鲁的池塘》，我们谈了很久关于珍爱朋友的话题。林林坚信那只鸟一定是小鲁的化身，我知道这样想他心里会好受一些，可是他又不确定，一遍遍地问我："妈妈，你说，是不是呢？是的，对吗？"我只能这样回答："只要愿意相信，心中的小鲁就一直在那里呢，从来不会离开！"有时候，我们也跟随孩子一起感受故事中的温馨时光。读完《嘟嘟和巴豆》，看着最后一页，我们能感到那两只世界上最幸运的小猪在散发着黄晕的灯光下，窝在松松软软的被窝里互道晚安的幸福感和满足感。"你看呀，他们！""好舒服呀！""真美好！"……我和林林不由自主地体味着那份安然和甜蜜。

经典绘本需要一读再读，一点点体味其中的美好，才能收获到阅读带来的丰富营养和心灵成长。

二、引导孩子为独立阅读做好准备

（一）能识字，不等于会阅读

常有妈妈问我："孩子认字了，字卡都会念，可为什么不爱看书呢？"她们认为，孩子会识字，自然就能阅读，入学就有优势，因而常常把识字作为亲子共读的第一目标。实际上，研究表明，早期识字带来的学习优势，像很多其他超前的知识技能一样，在小学三年级左右就消失了，因为这并不是真正的能力优势。认识很多字，并不代表孩子会阅读。真正意义上的阅读，不仅仅是一个见字辨音的过程，还包括对字、词、句、声韵的辨识，对上下文情境、前后语意、情节发展的理解。当儿童开始阅读时，现有的神经结构和功能需要经过调整才能完成阅读任务。大脑区域，例如视觉皮质（字母识别）、听觉皮质（口头语言识别）、跨通道区（将文字与声音关联）和运动区（大声朗读），都会发展出连接，最终构成一个用于阅读的神经系统。[1]阅读对孩子来讲，是一个多感官协同的过程。以书为桥梁，在亲子共读中调动多种感官进行互动、对话、游戏，才能够帮助孩子激发阅读兴趣、感知阅读方法、养成阅读习惯，为独立阅读做好准备。

父母并不需要提早给孩子认字，因为4岁之后，儿童才开始更多地关注文字和符号，5岁进入识读敏感期后，孩子自然会表现出对文字的兴趣。过早让孩子认字，并不利于综合能力的提升，尤其是审美鉴赏力和读图素养的

---

[1] 乌莎·戈斯瓦米：《牛津通识读本：儿童心理学》，吴帆译，译林出版社，2019年版，第99页。

提升和形成。华东师范大学的周兢教授和张明红副教授曾就儿童早期识字问题有过一段对话[①]。

张明红："成人阅读和幼儿早期阅读的区别：成人阅读以画面为辅、文字为主，幼儿早期阅读以画面为主、文字为辅；成人阅读是自主阅读，幼儿早期阅读是陪伴阅读；成人阅读以学习为主，幼儿早期阅读以激发兴趣为主。学龄前儿童不是先识字再阅读，而是先阅读再慢慢地识字。"

周兢："表面上看，孩子在识字班认了一大堆的字，但一旦给他绘本阅读的时候，他的注意力就会放在文字上，根本不看图画。在读完这些认识的字以后，他不像其他孩子一样去看图画，完全忽略了图画上面讲的什么内容。他知道一个个的字，但不知道连起来到底是什么意思。所以这样培养出来的孩子会认字但不会阅读。其实，孩子两岁以后就已经能较好地去阅读绘本了，当然他们的阅读能力是在逐渐发展的。孩子一开始都是对图像感兴趣，到四五岁的时候才逐渐地增加对文字的兴趣。在不断地跟书互动的过程当中，孩子就会培养起对汉字的兴趣。"

我在做课题时，见过很多孩子虽然认字多，但不喜欢读书，看书的时候坐不住，总是中断，不停换书，理解力差，在阅读能力发展上停滞不前。可见，识字量不是问题，问题在于没有沉浸阅读的习惯，缺乏对耐力、情感、态度、方法的感知和积累，缺乏对语句、篇章连贯而深入的理解。

（二）亲子共读，培养孩子的意志力和理解力

国际阅读素养发展研究（PIRLS）项目提出的阅读素养指标强调：阅读者能够理解并进行书面表达，能够从阅读中学习和获得乐趣，能够从各式各样的文章中建构意义，能掌握关键的信息并合理推论，能够整合信息和观点、理解和解读文章等。

[①] 张明红：《学前儿童需要进行识字教育吗？》，《中国教育报》，2012年9月23日第1版。

母语的力量

在这些要求中，阅读素养涵盖了阅读态度、阅读行为和阅读实效。因此，提升孩子的阅读素养，就要让孩子从阅读中感受乐趣。在学前阶段，我们可以从亲子共读开始。

亲子共读中，伴随着我们的声音，孩子会对画面进行细节观察、信息捕捉，同时进行画面、情节的想象、建构。一边听，一边看图画，一边体会语言中的情感、趣味和语气、句式的变化。画面中没有体现的细节，也能在我们的朗读中得到补充。这样的过程可以提高孩子的听读注意力以及对语言和画面重合互构的想象力，加强对语言的形式之美以及情节巧思的捕捉和体验。只有引导孩子沉浸其中，才能发展其阅读专注力。绘本故事的篇幅正适合幼儿完成整本书阅读，一本一本读下来，逐步培养孩子阅读时的意志力和理解力。

通过早期的听读启蒙即"我读他听"，和长期亲子共读绘本，林林的理解力得到了发展。5岁时，他能沉浸在各种篇幅和题材的文学作品中，并做出反应。这个时候，他的阅读兴趣、理解力和意志力基本形成了，可以逐渐过渡到独立阅读了。

（三）开启独立阅读的"识读"环节

与过早让孩子识字相反，还有一种说法是学前不能认字，这也是不恰当的极端认知。儿童在5岁左右进入读写敏感期，对字的关注是自然而然的。正如在5岁前，当孩子拥有"图像优势"时，我们不能逼孩子识字，那么，当他自然萌发读写意识，主动关注字符的时候，我们也应自然予以引导，而非压制。母语能力在发展中，听、说、读、写会自然而然地互相影响。研究表明，"儿童在入学前，读写能力已经通过多种途径得到了一定程度的发展。而且儿童入学时所具备的读写知识和技能与其随后取得的学业成绩有显著相关"[1]。因而，只要方法得当，孩子在学前自然开始认字和阅读，能为后面大量的阅读和学习做好准备。孩子进入小学后，如果无法识字阅读，将出现

---

[1] 彭聃玲：《汉语儿童语言发展与促进》，人民教育出版社，2008年版，第196页。

一个"能力空档",学习的信心会大受影响。更重要的是,仅仅把小学语文教材作为母语教育的延续还远远不够,一定要进行大量课外阅读。而阅读情感和阅读态度的养成,在学前就要打好基础。最好的方法就是在大量亲子共读的基础上,让孩子逐步感知到沉浸其中自主阅读的乐趣。

那怎么让孩子快乐、自然地开始识读,体会到独立阅读的快乐呢?

1. 在重复阅读时使用"指读"

如果只是通过提供大量字卡让孩子机械地认识很多字,效果不会好,因为脱离了句子和上下文语境,字很容易混淆和遗忘。最好的方法是在阅读中自然识读。

"指读",即用手指着文字朗读,能够帮助孩子观察字形、识别语汇,可以在亲子阅读绘本中使用,但一定先让孩子有机会伴随着我们的声音专注地观察图画,体会到在如水的语流中品读图画生成故事的珍贵感觉。因而,建议在孩子完整欣赏过一本绘本,与我们充分互动交流之后再来使用"指读"。虽然有眼动研究表明,指读时孩子同样还会观察画面,但从阅读体验来讲,专注其中的沉浸与想象,与逐字顿开获得的感知是不一样的。

在5岁左右的识读敏感期,用指读的方法重复讲读绘本,孩子很容易就会发现文字和语音的对应关系。很多孩子"装模作样"地自己念,尤其是那些重复的句子,能轻松地体会到自己识字阅读的快乐。此时,我们要及时赞许孩子,表达我们的惊喜:"好棒,你能念故事给妈妈听了呢!"这样的鼓励能极大地激发孩子识读的动力。

2. 巧用造字法识字

很多妈妈纠结要不要让孩子先学拼音再识读。实际上,先学习拼音,并不利于孩子开启独立阅读。研究表明,不同特性的文字对学前儿童的语言学

母语的力量

习和阅读有一定的影响,学习拼音较学习汉字有较大困难。①实验表明,与用注音符号来识字相比,通过留意构字部件完成 1500 个字识读的儿童整体年龄要早将近一年。

汉字有六种造字法,对孩子识字特别有帮助的是象形和形声。象形,可以让孩子发现中国文字演变过程中图画和意义的特性,从而产生浓厚的探究兴趣;形声,可以支持孩子掌握规律,快速识读。形声字在汉字中约占 90%,构字规律比较直观。研究发现,一个孩子只要具备 1500 字的识字量,就可以比较流畅地阅读。这 1500 个字,由 300 多个部件组成。借助《汉字树》《汉字王国》等书给孩子讲解,不仅可以帮助孩子了解汉字的结构,还能提升认读的趣味性。

3. 利用环境文字加强记忆

据调查,孩子最先识读的往往是居住环境中高频出现的字。比如,在林场出生的孩子,最先认识的字往往是"防火护林,人人有责"等。这是因为,每次经过这些标识,孩子常常会主动认读。带孩子逛街或去超市时,我们要引导孩子观察各种标识上的文字,当孩子指给我们看时,要指着文字和孩子一起读出来,并多读几遍。在环境中识字自然方便又能记忆牢固,非常有效。有时,孩子会混淆形近字。比如,有个 4 岁半的孩子指着电话上的免提键对妈妈说"兔提",这时妈妈先要赞赏孩子主动识读的行为:"哇,你能自己念出来了,真棒!"然后,抓住机会,不评判也不否定,直接让孩子比较"免"和"兔"两个字的不同。当孩子说出不同的时候,就带孩子念几遍"免",告诉孩子"免"的意思是"不用","免提"的意思是按下这个键,不需要提起话筒就可以通话了。如果能联系多个感官,学习效果会更好。我们可以让孩子按下免提键,打个电话,增强理解和记忆。

---

① 王淑珍、朱冬生等:《文字特性对学前儿童阅读能力的影响》,《中国妇幼保健》2002 年第 6 期。

4. 巧用句子纸条激发兴趣

我们还可以给孩子写句子纸条，每次一两句话，字不离词，词不离句，兼顾孩子已经认识的和新拓展的字词，孩子会非常喜欢、非常骄傲，会感知到字是鲜活的、有趣味的，可以表情达意。

比如：

今天早餐吃的西红柿面条，你喜欢吗？

明天早上，我们继续吃西红柿面条，可以吗？还是吃黄瓜面条呢？

孩子既希望能读懂妈妈的"信"，还希望可以比着葫芦画瓢——写"回信"，这样一来，自然就能认识越来越多的字。

5. 自制情境卡片，玩识读游戏

在主题情境中认识字词，能够帮助儿童加深对字、词、句的理解和记忆。我们可以和孩子一起用彩色卡纸做出不同主题的卡片：家庭主题、天文主题、动植物主题、心情主题、天气主题、交通工具主题、动作主题、颜色主题、味道主题等。卡片的一面画画，另一面写字，制作完成后，就可以进行各种卡片游戏。比如"摸卡片，组句子"游戏，用不同主题的卡片随机组成一句话，有时可能出现很意外的组合，非常有趣。还有"做动作，猜卡片""卡片接龙"等游戏，孩子也非常喜欢。

6. 利用读熟的书，并增加桥梁书阅读

5岁开始，经过半年左右的自然识读引导，孩子就可以开启独立阅读了。这时可以拿出孩子小时候喜欢又很熟悉的书，也可以用朗朗上口的儿歌、童谣书。因为熟悉，孩子凭记忆就能读下来，会特别开心。此时，抓住孩子这

母语的力量

一阶段特别感兴趣的主题,我们还可以给孩子选一些画面和文字大约1:1的桥梁书。桥梁书,既有适宜的文字量,又有画面辅助,还能让孩子反复读到大量新语汇。孩子一本本读下来,就会有"我自己可以读书啦"的成就感。

刚刚开始独立阅读的孩子,会更加喜欢亲子共读。因为相较从前,他可以更多地参与、分享,也能让爸爸妈妈看到自己的进步。因而,这一阶段,我们还要继续坚持亲子共读,同时把更多的主动权让给孩子,进行分角色朗读,增加趣味性。

小结

很多父母在陪孩子读绘本的过程中,深深地爱上了这种独特的儿童文学形式,成为绘本的"发烧友",甚至为此开办绘本馆,成为儿童阅读推广人。可见,绘本不管对成人还是儿童都有着巨大的艺术魅力。

父母和孩子经由绘本而达成的亲子之爱和心灵沟通是最为珍贵的。绘本的主题非常广泛,能够帮我们抵达孩子的心灵深处,甚至孩子内心宇宙的隐秘角落发出的声音,都能在绘本中得到回应。

优秀的绘本,整本书都在讲故事,从封面、环衬、扉页、内文到封底,从图画风格、媒材笔触到设计用心,都需要父母和孩子一起细细品读。当我们陪伴孩子精读绘本,孩子才真正与一本好书相遇、相知,并汲取到丰富的营养。当孩子能够读懂读透一本绘本的时候,他的读图素养、审美能力、理解能力和表达能力都会大大提升。

当孩子经历了充分的亲子阅读,建立了图书和情感、兴趣的关联,形成习惯,到了5岁左右的识读敏感期,自然就开始亲近文字符号。我们可以随着孩子的兴趣,重读那些绘本故事,用指读的方法,配合环境文字、象形和形声的构字方法,给孩子讲汉字的故事,写传达心意的纸条,提供感兴趣的桥梁书……你会发现,孩子很快就能自主阅读,享受到阅读的乐趣。此时,我们也会为孩子大踏步走向更广阔的阅读新世界感到由衷的喜悦和欣慰。

第三章
支持孩子发展阅读策略

引导孩子读后复述,
形成创造性思考的习惯,
提升阅读专注力,
学习深度阅读的策略,
可以有效支持孩子发展阅读能力。

当孩子爱上阅读、充满欣喜地大量阅读时,他不再仅仅满足于娱乐式的阅读,转而开始探究阅读中的更大可能性,逐渐从富有挑战的深度阅读中享受更多乐趣。孩子的阅读策略,不是强加于阅读行为的"攻略",而是在大量阅读中自然形成的,就像学习游泳一样,让孩子在水流中自然而然地体会和形成独立畅游的技巧。

母语的力量

一、引导读后复述

研究表明，6个月大的婴儿开始有长期记忆，3~5岁幼儿的视觉识别记忆已经发展得很好了。父母在生活中常常讲述孩子小时候的事情，会帮助孩子构建情境记忆，促进自传式情景记忆的发展。[①] 复述故事可以帮助孩子提升语言能力和记忆能力，因为当我们跟孩子一起回想故事细节时，就是在帮助孩子构建情景记忆。慢慢地，孩子可以对听过的故事进行更加连贯、详细的描绘。

（一）学习类型不同，复述表现不同

在复述故事时，有的孩子能说很多，有的说不出来，有的只说一点点。是没听懂呢，还是复述能力差呢？我们不能简单地做评价，而应发现他的特点和优势，给予鼓励和引导。

孩子的复述能力是逐渐发展的。

两岁到两岁半时一般不会主动叙述，需要提出问题或给出有趣的引导；

从3岁开始，孩子会主动发起话题，复述能力逐渐增强；

6~7岁，儿童开始能够进行比较连贯的叙述。

发展心理学表明，儿童一开始不能很好地进行抽象的概括表达，常常关

[①] 乌莎·戈斯瓦米：《牛津通识读本：儿童心理学》，吴帆译，译林出版社，2019年版，第75页。

注喜爱的细节或者对话,对与自己经历类似的情节感兴趣。

孩子的复述状态与他当时的情绪、对故事的喜爱程度以及感知学习的风格也有关联。学习类型不同的孩子在复述上的表现也有所不同。

擅长以听觉方式学习的孩子,习惯通过语音来记忆,背东西时喜欢读出声音来,喜欢说话和发出各种声音。有轻柔舒缓的背景音乐时,学习效率更高。学唱歌特别快的孩子往往用听觉型学习方式。

擅长以视觉方式学习的孩子,喜欢图像记忆或文字记忆,善于观察,容易发现移动的物体和各种细节,听人说话时,喜欢看着对方的嘴唇和肢体动作。

擅长动觉型方式学习的孩子,喜欢运动、触摸、全身心参与,喜欢做手工,表现力强,肢体动作丰富,常常手舞足蹈。电影《阿基拉和拼字大赛》中的女孩一边跳绳一边背单词,是典型的动觉学习类型。

有学者对平均年龄五六岁的听觉型、视觉型和动觉型儿童的复述能力进行了实验研究,发现不同学习类型儿童的复述表现有所不同:从字量和分句量来看,听觉型儿童最多,视觉型儿童次之,动觉型儿童最少;从描述的详尽性来看,三类儿童复述的情节数量大致相当,都能复述出情节的60%左右;从表述的生动性上看,视觉型儿童在描述语运用和细节表述中表现最好,听觉型次之,动觉型儿童运用描述语最少;在表达方式上,动觉型儿童的语言概括程度最高,视觉型儿童次之,且两者明显高于听觉型儿童;在对白和场景复述的准确性上,听觉型儿童最准确,动觉型儿童次之,视觉型儿童的错误较多;在对人物的心理、情感等内部反应的描述上,听觉型和动觉型儿童要多于视觉型儿童,而且听觉型儿童更多的是在表达自己主观感觉到的人物情绪,比如"他很生气""实在是太冷了",而动觉型儿童则倾向于对人物内心想法进行关联推理,比如"他一直向前跑,他可能以为前面有出口";在对故事内容的评价方面,绝大多数孩子都未给出评价性叙述,但相比较而言,听觉型儿童给出的评价最多,视觉型儿童则基本上没有评价。

综合来看,**不同学习风格的儿童在复述中都有自己的感知偏好和独特优**

势。听觉型儿童长于角色对白和角色的内部反应，会加入自己的评价；视觉型儿童长于画面描述，尤其是细节观察；动觉型儿童则能用简洁的语言展现事件的主要过程，甚至能解释事件之间的因果联系。①

我们还发现，孩子的复述行为有着丰富多样的表现，不仅表现在回答我们的提问上。有时，对某个画面细节重新观察后，孩子会开心地向别人推荐这个故事，表达对某个人物、情节的感动和赞叹；有时，孩子放下书跑开了，过后会再回来细细地翻看……

以《环游世界做苹果派》为例，故事讲完了，如果我们说："你来复述一下吧！"或者简单地问："小女孩是怎么做苹果派的呢？"还沉浸在故

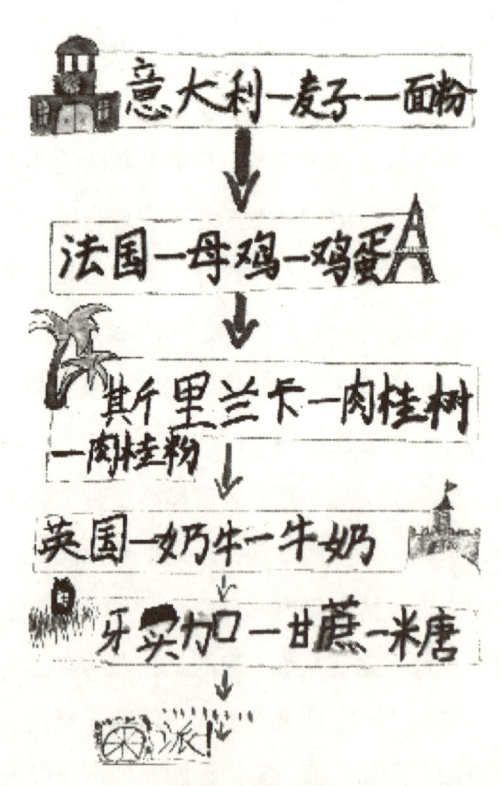

林林绘制的线索图

---

① 刘晓燕、陈国鹏、方钧君：《谁是更好的复述者——儿童感知学习风格与故事复述特点的研究》，《学前教育（幼教版）》2013年第11期。

事乐趣中的孩子才不愿意回答呢！这时候，我们完全可以拿出彩笔和纸，像做游戏一样，画一画，说一说，和孩子一起回想有趣的场景。如果孩子只愿沉浸在其中的一个细节里，我们可以让他充分发挥，随后，再回到故事的主线上来。我们还可以和孩子一起做一个苹果派，做的过程就是步骤的复述；也可以做一碗西红柿鸡蛋面，用故事里的口吻讲出步骤。

先带着孩子一起去买西红柿，问问这个西红柿是从哪里采摘的。

再和孩子一起买鸡蛋，看看产地。

然后，了解面条是怎么做成的。

最后，和孩子一起做一本《西红柿鸡蛋面诞生记》，也是一种有意思的"复述"。

角色扮演也是很好的复述游戏。比如，妈妈扮演母牛，孩子需要帮助，他要怎么说呢？或者请孩子把故事讲给玩偶娃娃听，或者做一些相关的手工，或者用玩具手偶与孩子沟通。当赋予孩子一个角色的时候，他会更愿意讲述听到的故事。

（二）提升复述能力的阅读游戏和思维工具

在早期阅读中，复述最重要的目的是让孩子与我们一起享受阅读的趣味，分享阅读的体验。我们可以用阅读游戏和思维工具，从孩子特别喜欢的故事开始，引导孩子从各个角度回忆故事，提升记忆力、理解力，扩充语汇，感知故事的逻辑结构。

1. 手掌复述法

和孩子一起伸出手，用手指复述法引导孩子重温故事。

母语的力量

手指及代表	问题
大拇指（人物）	故事中的人物有哪些？主角是谁？其他人是谁？
食指（背景）	故事是在什么情况下发生的呢？（时间、地点、起因）
中指（问题）	故事中需要解决的关键问题是什么？
无名指（事件）	故事是如何发展的？（起因、高潮）
小拇指（结局）	故事的结局是怎样的？想一想，还能有其他的结局吗？

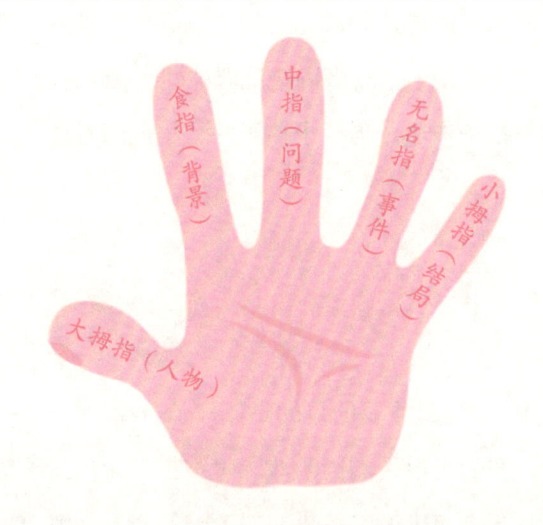

比如，读完安东尼·布朗的《我爸爸》后，可以一起回忆：

手指及代表	问题
大拇指（人物）	重要：爸爸。 其他：大灰狼、大力士、运动员、歌唱家、舞蹈家。
食指（背景）	这是我爸爸，他真的很棒。

（续表）

手指及代表	问题
中指（问题）	爸爸哪些方面很棒呢？
无名指（事件）	爸爸很厉害，做了很多事情，强大、快乐又温暖。
小拇指（结局）	最后，我爱爸爸，爸爸也爱我，永远爱我。

2. 情节"故事山"

和孩子一起画一画，"爬一爬"故事的"情节山"，回忆故事的发展脉络。

很多绘本是多线并行的故事，比如《爷爷一定有办法》《公园里的声音》等，可以多画几个山坡，分别想一想、说一说，增进趣味，引导孩子感知情节发展的开端、高潮、结局。

3. 人物心情卡

和孩子一起制作情绪卡片——开心、悲伤、愤怒、沮丧、恐惧、着急、难过、平静，感受故事主人公心理的变化，发展共情同理心。

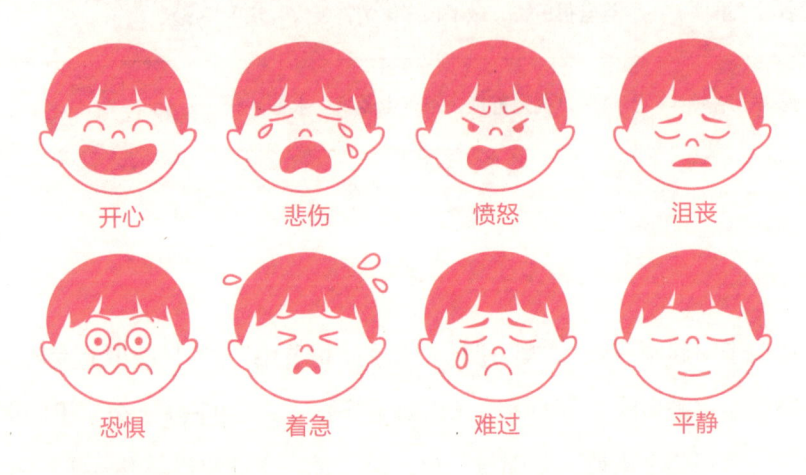

开心　　悲伤　　愤怒　　沮丧

恐惧　　着急　　难过　　平静

4. 全感官沉浸阅读

引导孩子调动多种感官，沉浸式享受阅读的快乐，在让孩子体会到阅读乐趣的同时，也对自己的阅读状态和思考轨迹有更多了解。

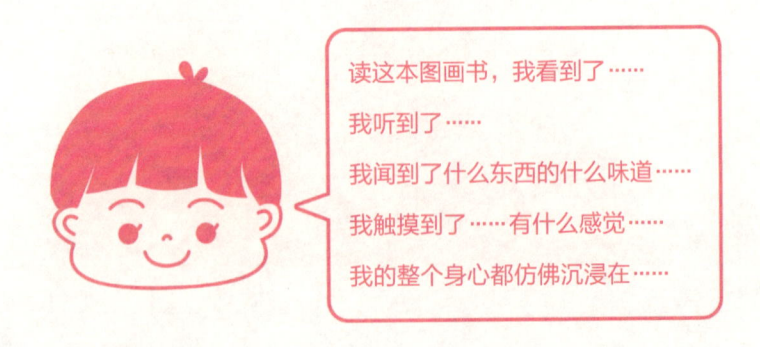

> 读这本图画书，我看到了……
> 我听到了……
> 我闻到了什么东西的什么味道……
> 我触摸到了……有什么感觉……
> 我的整个身心都仿佛沉浸在……

5. 阅读方法感知

和孩子在互动交流中感知阅读的方法。

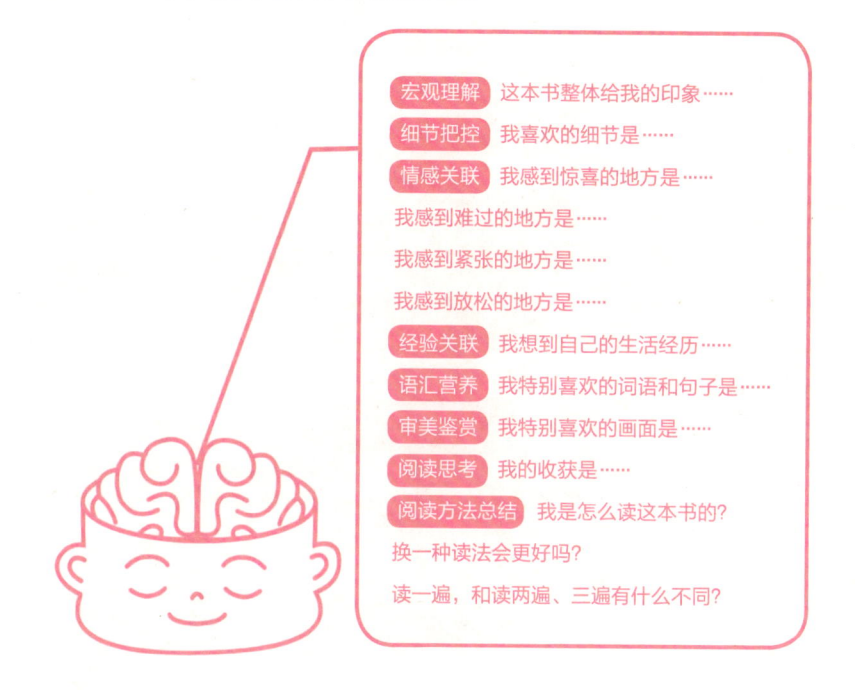

- **宏观理解** 这本书整体给我的印象……
- **细节把控** 我喜欢的细节是……
- **情感关联** 我感到惊喜的地方是……
  我感到难过的地方是……
  我感到紧张的地方是……
  我感到放松的地方是……
- **经验关联** 我想到自己的生活经历……
- **语汇营养** 我特别喜欢的词语和句子是……
- **审美鉴赏** 我特别喜欢的画面是……
- **阅读思考** 我的收获是……
- **阅读方法总结** 我是怎么读这本书的？
  换一种读法会更好吗？
  读一遍，和读两遍、三遍有什么不同？

6. 思维导图

特征花瓣图：适用于描述事物特征，以启发孩子。

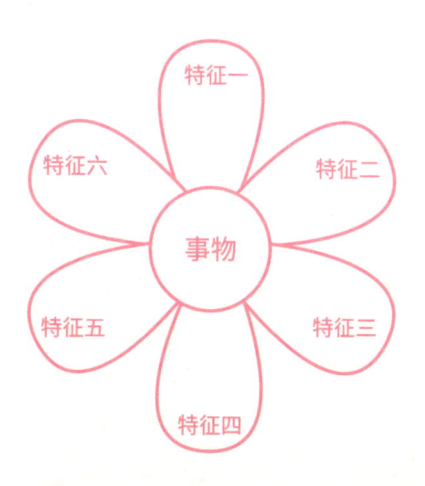

母语的力量

任务流程图：适用于科普类、说明类和逻辑明晰的绘本，如《环游世界做苹果派》。

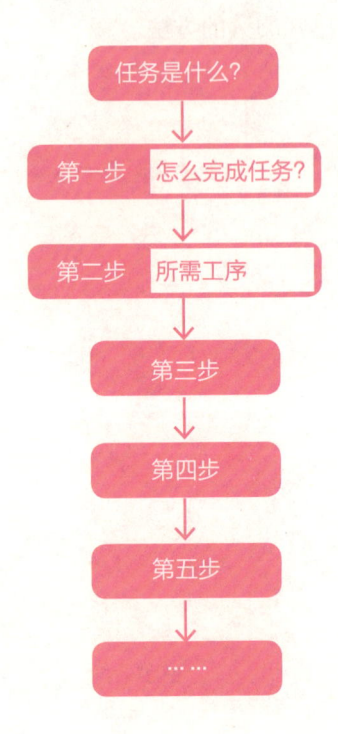

```
        任务是什么？
            ↓
   第一步  怎么完成任务？
            ↓
   第二步  所需工序
            ↓
        第三步
            ↓
        第四步
            ↓
        第五步
            ↓
         ……
```

二、发展创意思考力

2005年12月24日,《羊城晚报》刊登了美国的一堂讲解童话《灰姑娘》的教学实录。在培养创造性思考能力方面,这位老师在课堂上的提问方式很值得借鉴。

老师:你喜欢故事里面的哪一个?不喜欢哪一个?为什么?

学生:喜欢辛黛瑞拉(灰姑娘),还有王子,不喜欢她的后妈和后妈带来的姐姐。因为辛黛瑞拉善良、可爱、漂亮……后妈和姐姐对辛黛瑞拉不好。

老师:如果在午夜12点的时候,辛黛瑞拉没有来得及跳上她的南瓜马车,你们想一想,可能会出现什么情况?

学生:辛黛瑞拉会变成原来肮脏的样子,穿着破旧的衣服,哎呀,那就惨啦。

老师:所以,你们一定要做一个守时的人,不然就可能给自己带来麻烦。另外,你们看,你们每个人平时都打扮得漂漂亮亮的,千万不要突然邋里邋遢地出现在别人面前,不然你们的朋友要吓着了。女孩子们,你们更要注意,将来你们长大和男孩子约会,要是你不注意,被你的男朋友看到你很难看的样子,他们可能就吓昏了。

(老师做昏倒状,全班大笑)

老师:如果你是辛黛瑞拉的后妈,你会不会阻止辛黛瑞拉去参加王子的舞会?你们一定要诚实地面对这个问题!

母语的力量

（过了一会儿，有孩子举手回答）

学生：是的，如果我是辛黛瑞拉的后妈，我也会阻止她去参加王子的舞会。

老师：为什么？

学生：因为，因为我爱自己的女儿，我希望自己的女儿当上王后。

老师：是的。所以，我们看到的后妈好像都是不好的人，她们只是对别人不够好，可是她们对自己的孩子却很好，你们明白了吗？她们不是坏人，只是她们还不能够像爱自己的孩子一样去爱其他孩子。

老师：孩子们，下一个问题：辛黛瑞拉的后妈不让她去参加王子的舞会，甚至把门锁起来，她为什么能够去，而且成为舞会上最美丽的姑娘呢？

学生：因为有仙女帮助她，给她漂亮的衣服，还把南瓜变成马车，把狗和老鼠变成仆人……

老师：对，你们说得很好！想一想，如果辛黛瑞拉没有得到仙女的帮助，她是不可能去参加舞会的，是不是？

学生：是的！

老师：如果狗、老鼠都不愿意帮助她，她可能在最后的时刻成功地跑回家吗？

学生：不会，那样她就可能成功地吓倒王子了。

（全班再次大笑）

老师：虽然辛黛瑞拉有仙女帮助她，但是光有仙女的帮助还不够。所以，孩子们，无论走到哪里，我们都是需要朋友的。我们的朋友不一定是仙女，但是我们需要他们。我也希望你们有很多很多的朋友。

老师：下面，请你们想一想，如果辛黛瑞拉因为后妈不愿意她参加舞会就放弃了机会，她可能成为王子的新娘吗？

学生：不会！那样的话，她就不会到舞会上，不会被王子看到、认识和爱上她了。

老师：对极了！如果辛黛瑞拉不想参加舞会，就算她的后妈没有阻止，甚至支持她去，也是没有用的。那么，是谁决定她要去参加王子的舞会的？

学生：她自己。

老师：所以，孩子们，就是辛黛瑞拉没有妈妈爱她，她的后妈不爱她，这也不能够让她不爱自己。就是因为她爱自己，她才可能去寻找自己希望得到的东西。如果你们当中有人觉得没有人爱，或者像辛黛瑞拉一样有一个不爱她的后妈，你们要怎样？

学生：要爱自己！

老师：对，没有一个人可以阻止你爱自己，如果你觉得别人不够爱你，你要加倍地爱自己；如果别人没有给你机会，你应该加倍地给自己创造机会；如果你们真的爱自己，就会为自己找到自己需要的东西——没有人能够阻止辛黛瑞拉参加王子的舞会，没有人可以阻止辛黛瑞拉当上王后，除了她自己。对不对？

学生：是的！

老师：最后一个问题，这个故事有什么不合理的地方？

（过了好一会儿）

学生：午夜12点以后，所有的东西都要变回原样，可是辛黛瑞拉的水晶鞋没有变回去。

老师：天啊，你们太棒了！你们看，就是伟大的作家也有出错的时候，所以出错不是什么可怕的事情。我担保，如果你们当中谁将来要当作家，一定比这个作家更棒！你们相信吗？

（孩子们欢呼雀跃，自发鼓掌）

综合来看，这位老师的提问方式，有以下几个特点：

提出的问题大都是开放性的，不带有暗示和说教引导，让学生们能够充分思考；

重视引导学生对故事的质疑和反思；

鼓励学生个性化的表达；

鼓励多种角度和可能性的理解和阐发；

注重结合生活实际，思考故事内容。

这样的互动提问对儿童的心智成长有珍贵的启发价值。

林林小时候，我常常和他一起通过很多有趣的问题，玩"改编"故事的游戏。我借用的是美国教育管理者罗伯特·艾伯尔（Robert F. Eberle）于1971年提出的一种思考方法，即替代（Substitute）、合并（Combine）、改造（Adapt）、调整（Modify）、挪用（Put to other uses）、删减（Eliminate）、重组（Reverse）。为了便于记忆，这种方法被浓缩为SCAMPER，也被称为能让思考跑起来的"奔驰"策略。

用这种方法和孩子一起重新理解故事，不仅能增强孩子对故事各要素的理解和记忆，还能提升写作能力，如表1。

表 1　SCAMPER 方法表

方法	思考角度
替代	主角可以换一下吗？
合并	事件、环境的细节可以合并在一起吗？
改造	结构或讲述方式能改造得更有趣吗？
调整	什么东西可以变得更强大？ 原来强大的可以变得弱小吗？
挪用	故事中的物品可以用到其他地方吗？ 其他故事里的东西可以放进这个故事吗？
删减	什么情节或物品可以去掉？
重组	把时间和事件的顺序逆转一下可以吗？ 上下、里外、前后可否颠倒呢？试试看好玩吗？

我和林林曾用这个方法改编过《环游世界做苹果派》，如表2。

表2　SCAMPER 创编故事要素表

方法	原来的故事要素	创编后的故事要素
替代	小女孩，苹果派	我和林林，超级神奇冰果冻
合并	各地找材料	神秘探险，发现奇异冰果
改造	小女孩自己做派；坐船，坐火车	发动森林里的动物和精灵们一起做；坐飞毯，骑扫把
调整	凶恶的豹子	可爱的魔法猫
挪用	肉桂树皮	"哈哈树"笑出的眼泪
删减	烤制派的过程	混合材料的美味咒语
重组	找材料到最后做好	先得到又失去，再寻找和制作

就这样，《环游世界做苹果派》被我和林林创编成了一个完全不同的故事：我俩，一个骑着扫把，一个坐着飞毯，为找寻曾经拥有的"超级神奇冰果冻"到森林中历险。其间，我们遇到了可爱的魔法猫，想办法让"哈哈树"笑出眼泪，历经艰难，最后学会了混合材料的美味咒语，重新做出了"超级神奇冰果冻"，邀请森林里的小伙伴一起吃……

三、养成阅读专注力

有妈妈问我:"给孩子讲故事,孩子坐不住怎么办?"一般来说,孩子都喜欢听故事。孩子坐不住,常常是因为他还没有做好听故事的准备就被拉过来了,他的心里还记挂着其他事情。

让孩子在听故事之前充分地运动和舒展身体,释放体内那些渴望动起来的能量,会让孩子的注意力更加集中。给孩子一些新鲜的阅读体验,调整阅读状态,集中听觉注意力,也会提升专注力。

讲故事前,可以有一个固定的小仪式。比如每次一拿起"魔法毯",就是故事时间到了。还可以把玩具们也找来一起"听"故事,小熊、机器猫、小鸭子等围坐在身旁,孩子就知道要开始讲故事了。另外,换个有趣的地方讲故事,也会让孩子充满新鲜感。比如在被窝里打着手电筒讲一个冒险的故事,哪个孩子会不喜欢呢?去水族馆的路上可以顺便讲一本关于大鲨鱼的绘本。各种节日、节气,也可以选择相应的主题绘本来讲。

在开展早期阅读时,孩子最喜欢和我们互动、合作,这样可以充分感知到阅读的乐趣。合作的形式有很多,我们可以和孩子一起自编曲调把故事唱出来,也可以在熟悉故事后,和孩子分角色、分情节演绎出来。

运动型感知的孩子,喜欢摸一摸、闻一闻,因此可以触摸的实物能让他安静下来。阅读时,可以让孩子一只手拿着他喜欢的东西,和故事内容有关或者无关的都可以,同时我们要真诚地请他在妈妈读完一页内容后用另一只手来帮助翻页。孩子会很喜欢翻页的动作,因为能遇到惊喜。或者从后面抱着他，请他拿着书，根据他喜欢的阅读节奏翻页。听故事的时候，我们不要在意孩子是不是坐得笔直，动一动、站起来、坐下去都可以，你会从孩子的眼神发现他是否一直在听。

培养阅读专注力的方法很简单，就是让孩子舒舒服服、快快乐乐地听故事。

对于节奏和韵律鲜明的绘本，可以边打着节奏，边玩着、画着来读，比如《一起玩形状游戏》《小黄和小蓝》《点点点》《变变变》《打瞌睡的房子》《我们要去捉狗熊》等等。另外，在书的选择上，立体书、游戏书、洞洞书、贴纸书等都可以让孩子全身心沉浸，收获到专注阅读的体验。

儿童特别喜欢模拟各种声音。讲读绘本的时候，风声、雨声、小动物的叫声、好笑的声音、可怕的声音、奇怪的声音，都可以让孩子来发声表演，既可以提升语言的表现力，也可以培养孩子的阅读专注力。

另外，亲子共读要特别注意声音和语调的变化，声音总是高亢或总是低沉，都会影响专注度。该大声的地方要大声，有些地方要特意用低低的声音，你会发现孩子好像一下子就被吸引过去了。还可以突然沉默或停顿几秒钟，不要急于翻页，请孩子猜一猜后面会看到什么，然后翻页揭晓答案。也可以用眼神和表情与孩子交流，我们越是沉浸书中表现出好奇，孩子也就越会好奇地跟着进入故事中。

四、培养深度阅读策略

现代阅读教育越来越重视阅读策略的培养,目前国际上有三大类影响较大的阅读测评:国际学生评价项目(PISA)、国际阅读素养进展研究(PIRLS)、美国国家教育进展评价(NAEP)。这些阅读测试各有侧重点,但共同特征是通过多种类型的文本,比如说明书、科普小论文等,设计出侧重点不同的题目来检验孩子是否具备深度阅读的能力。

我引导林林进行深度阅读的方法是请教法。因为,只有经过深度的思考才能把自己的理解讲给他人听。

我常常向林林"请教":"这段话论述得真复杂,我怎么看不太明白?"

"别急,我看看,一会儿讲给你听!"

这是我和林林常有的对话。

林林似乎已习惯了我隔三差五的"请教",总是认真研读,把观点提炼出来讲给我听。不管是哲学、美学、科学还是我备课中的案例,他都积极帮忙解决,来做我的"老师"。

像所有的孩子一样,林林喜欢做富于挑战的事情。有时候,针对要精读的文章,问他几个问题并限定时间,他会立马投入阅读,并尽可能快速地给出回答。这样做不仅精读了文章,还能锻炼提取信息、解决问题的能力,可谓一举多得。

我要是随便问,孩子随便答也行,但挑战性不够,对阅读技能的提升作用也不大。因而在平时的读书讨论中,开放性的题目多一些,精读训练的题目则要有针对性地设计。

美国传滕大学李文玲教授曾在"儿童阅读素养测评的意义和框架"讲座中提出，除了从词汇、理解和流畅阅读来获取知识之外，还可以进行深度阅读，也就是有意识地提升孩子的五种能力：

提取信息（找一找）

分析推理（想一想）

整合诠释（说一说）

反思评价（论一论）

创意产生（创一创）

通过这些方法，孩子可以得到对阅读内容再次反思和创编的机会。李文玲老师用《曹冲称象》作例子，具体阐释了阅读策略的培养。

提取信息（找一找）：
孙权为什么要送大象给曹操？

分析推理（想一想）：
为什么"等船身沉到刚才刻的那条道道和水面一样齐了"，曹冲就叫人停止装石头？

整合诠释（说一说）：
曹冲和第一个大臣提出的称象的方法有什么异同？

反思评价（论一论）：
你认为曹冲是个怎样的人？请从故事中找出证据。

创意产生（创一创）：
你还能想出其他方法来称象吗？

这样的深度阅读与沉浸式的享受阅读不同，目的是培养孩子的阅读策略。除此之外，还可以引导孩子快速阅读，提醒他特别注意文章的首句、尾句，并学会用笔画出描述基本事实的句子、语义出现转折的关键语句，以及喜欢的段落。也可以和孩子一起制作思维导图，对人物之间的关系、事情的因果关系、情节的逻辑关系进行梳理，让孩子觉得阅读除了有趣之外，也是一种"思维体操"，富有挑战性。

精读的关键是要读得进去，还要读得出来，要鼓励孩子多思考。比如《嘟嘟和巴豆》这套绘本，如果从精读的角度培养孩子的阅读策略，我们可以跟孩子一起讨论。

第一类：提取信息（找一找）

在《世界之巅》里，巴豆和嘟嘟相遇之后，是谁给邱丽打电话让它不要担心的？嘟嘟是怎么说的？

第二类：分析推理（想一想）

巴豆是怎么知道嘟嘟去了哪里的？

登上世界上最高的山，往山下走的时候，巴豆不说话，为什么呢？

第三类：整合诠释（说一说）

巴豆和嘟嘟在旅行时都有什么不同的表现呢？

第四类：反思评价（论一论）

读完了这个故事，你认为嘟嘟是一个什么样的人呢？请从故事中找到证据。巴豆是一个什么样的人？邱丽呢？

第五类：激发创意（创一创）

如果嘟嘟和巴豆没有相遇，巴豆还可以通过什么方法找到嘟嘟呢？

为什么邱丽要留在家里？

如果邱丽也出去找嘟嘟，你觉得会发生什么事情？

提升深度阅读的能力，需要孩子在阅读过程中，逐渐对阅读行为本身进行关注和思考，发展对阅读的元认知能力。我们可以经常提示孩子：

刚刚看这本绘本的时候，你想到了什么呢？你用眼睛看，用耳朵听，发现了画面的细节，听出了语音里的节奏，感知到了画面的风格，还注意到一个有趣的语汇。你用已有的经验理解了故事，同时认识了新东西，你跟故事里的小朋友产生了共鸣，了解了他的处境，理解了他的心情，对吗？

你对故事进行了预测，提出了问题，跟妈妈做了交流，还把故事里的东西跟我们家里的东西做了对比，是吗？

想一想，在刚刚的阅读过程中，哪个环节还可以更有趣、更好玩一些呢？

翻页速度可以吗？科普类和故事类一样吗？需要更快还是更慢一些？

你觉得这本书在哪里读更适宜，怎么读更好？

在阅读中，孩子通过反思阅读行为和阅读状态，能更好地发展阅读策略，找到适合自己的方法。

一般来讲，在学前有亲子共读经验的孩子，在兴趣和习惯的支持下会持续大量地阅读。但由于缺乏阅读行为和策略的引导，很多孩子的阅读方法和习惯常常停滞在三年级的水平。

在小学三年级，也就是从 8 岁开始，孩子能够进行大量主题阅读，并能提炼、归纳信息。《共读绘本的一年》一书记录了作者佩利老师带着孩子们用一年的时间通过各种形式集中研读李欧·李奥尼的作品，孩子们获得了很大启发。

母语的力量

当孩子成为自主阅读者，就开始逐步发展深度阅读能力，主要表现在学习和改进阅读行为、发展阅读元认知能力等。从四年级开始，孩子有机会进行整合和批判性阅读，能够制定阅读计划，并根据需要选择阅读材料，同时，可以对阅读行为进行自我监控、省察、改进和提升。进入五、六年级后，我们可以跟孩子共读一本书，并一起探讨：这本书的主题和结构跟其他书有什么不同？作者的写作和论述方法有什么独特的地方？哪里令你印象深刻？阅读时，为什么会走神？

进入中学，就要发展孩子通过阅读进行学习的能力。告诉孩子查阅相关资料时，不一定要通读完一本书，可以选取相关的有效信息。快速阅读和理解的能力也非常重要，可以让孩子体会并思考：什么书，阅读速度慢一些效果会更好？什么书适合快速阅读？如何更快地提取信息？

一般来讲，读小说，要尽量慢慢地读，才能充分进行赏析、品味；阅读非虚构类作品的目的是提取信息，应该学会快速阅读。比如，对图表、说明书的阅读，要做到能够快速提取相关信息。如果各种材料之间有关联，还要能够整合出自己的观点。近几年，高考连续考查非连续性文本的阅读，就是考查这样的能力。而现在网络上各种资料、各种观点纷繁复杂，也需要孩子具备整合和批判性阅读的能力。这个时候，可以给孩子看一些学习阅读方法的书籍，比如《高效阅读 20分钟读懂一本书》《文学经典怎么读》等等。

此外，朱光潜先生倡导反复阅读经典的方法很值得借鉴。他说，读书不在于多，最重要的是读得精、读得彻底。可以按主题、类别分层次阅读，选择几本经典反复读，养成仔细分析的精读习惯。比如，阅读小说，"第一次但求故事结构，第二次但注意人物描写，第三次但求人物与故事的穿插，以至于对话、辞藻、社会背景、人生态度等等都可如此逐次研求"[①]。

[①] 朱光潜：《谈读书》，译林出版社，2020年版，第2-6页。

五、鼓励孩子朗读

很多妈妈问过我:"孩子阅读时,是出声朗读好,还是默读好呢?"

朗读能力对孩子的语言发展非常重要。朗读时,听到自己的声音,能够提高专注力、提振精神,更好地体会文章的气势、韵律、节奏。相比于单纯的视觉阅读,作者隐藏在文字间的情绪常常可以通过朗读时的语音变化而感受得更加敏锐。比如经典的古文诗词和隽永优美的散文作品非常适合朗读,还能增强语感。而随着阅读量的增大,孩子阅读的速度会逐渐加快,默读就成为主要的阅读方式。

好的朗读是以大量阅读为基础的。 我们可以通过朗读的状态判断一个孩子是不是具有较强的阅读能力。阅读能力强的孩子,随便拿过一本书、一篇文章,就算从来没读过,也能非常流畅地朗读。这是平时大量阅读形成的对语句语流的自然感知。如果孩子朗读时经常读断句子,丢字漏字,不能体会文章的感情,在语意判定中有障碍,这时不应该马上归咎于其朗读能力差,而要给孩子提供更多令其感兴趣的书。阅读量增大了,孩子的朗读能力自然也会提升。

朗读能力与学习能力也密切相关。在孩子朗读时,有一种情况特别需要注意:如果他常常读错字、漏字,同时写错字,很难理解词义,且难以记忆语言材料,那么就要考虑是否存在读写障碍。

读写障碍产生的原因很复杂。面对这种情况,我们需要付出持久、耐心、细致的努力,找到合适的教学模式和学习方法。纪录片《我不是笨小孩》真实记录了几名有读写障碍孩子的成长经历。印度电影《地球上的星星》，呈现了读写障碍儿童面临的问题，希望所有父母和老师都能从中得到启发。

> **小结**
>
>   亲子阅读的目的是传递爱的情感和提升孩子的阅读力。这需要我们注重对孩子阅读情感和意志力的培养，以及阅读方法和策略的引导，这样的陪伴和引导都应该像阅读一样让人身心愉悦。
>
>   亲子阅读，不是我们的独角戏，也不是以书为中心的教导，而是我们、孩子和书之间美好的情感交流和智慧碰撞。在阅读的互动和讨论中，我们传递了对孩子的爱，以及我们自己对阅读的热爱、对生命的领悟，也感受到了孩子如何通过阅读学到更多知识、认知辽阔世界的喜悦和成就感。
>
>   感谢孩子，给了我们一次与阅读结缘、享受成长的机会。

第四部分

写，写作语言力

方法导论视频

心中最亮的星，
是梦想的种子。
未来，无比坚韧，
初起，却稚嫩无依，
只在爱的土地上留存，
只饮渴望和恒心的甘露。
爱与陪伴，
润泽大地。
在心的宇宙，
那久待的时刻，
终将来临。
生根、破土，
窜芽、开花。
梦想之光，
点亮宇宙。

——题记

第一章
写作，点亮孩子童年的魔法笔

告诉孩子写作的意义，
就是送给孩子
一支满含热爱和真诚的魔法笔。

在一次讲座中，一位妈妈说："给孩子买了很多作文书，他不看；让他写日记，他也不爱写，怎么办呢？"

一时间，我不知该如何回答，只能顺着心意跟她交流："您告诉过孩子为什么要写作吗？"

"说了，作文一分差好几百名……"

"我是说，您有没有深入地跟孩子交流过关于写作的意义呢？"

"深入交流？讲道理吗？有用吗？"

当时因为时间的关系，这个问题没能深入探讨下去，但一直在我心里装着。

林林小学四年级时，老师让他在班里给大家讲一节课，题目是：怎么写好作文？他写了发言提纲，像往常一样在硬卡纸上画了一个鱼骨图、一个思维图，随手写下很多观点。在思维图中，他写着："为什么写作？快乐！"

这就是我想跟那位妈妈说的话：是否能感受到写作的快乐，对孩子是否愿意写作有巨大的影响。

母语的力量

如果我们没有让孩子感知到文字和幸福的关联，没有感受到文学的美好，孩子没有因为文字的表达得到过鼓励和赞美，我们自己也远离书本和文学……孩子凭什么能感知到写作的快乐，又怎么会爱上写作呢？

我小时候最爱看《皮皮鲁传》和《鲁西西传》，开心得不得了。后来知道，"童话大王"郑渊洁每次写作都很快乐[1]。他在演讲中说，父亲曾是军校教师，每天不停地看书、写字、备课，让他对读书和写作产生了崇拜心理。他一般每天要灌一次钢笔墨水，有一次他写了一周，发现钢笔还有墨水，很奇怪：难道变成了"神笔"？他晚上起夜去洗手间才发现，原来是父亲在帮他灌墨水。后来，在父亲陷入困境、特别消沉的日子里，他发现自己的作品能让父亲露出笑脸，他特别开心……正是父母的欣赏和支持，才让郑渊洁有了创作童话的不竭动力。

我们怎样告诉孩子为什么要写作呢？

写作，可以抒发深厚的情意。比如说，妈妈很爱你，就可以写诗歌、写故事，把这份爱写出来。

写作，可以平复情绪，认识到自己内心的情感。愤怒、委屈、难过，用文字写出来，就发生了神奇的转换。

写作，可以记录人生最美好的时刻。就像用文字串起一颗颗珍珠。

写作，可以创造一个充满想象的新天地。

写作，让我们的思考变得更有意义。那些凌乱的、咕嘟咕嘟冒泡泡的观点在用文字记下来的同时，也变得更清晰。

写作，让我们用全新的视角看待他人和世界。我们变得更加宽容，而宽容是人生得以幸福的智慧……

我有个学生失恋了，什么都干不了，空虚到害怕，问我该怎么办。我的建议是："去图书馆借两本诗集读一读。读了有感觉的话，就写写诗吧！"后来，他开始写诗，还在校报上发表。再见面时，他正在图书馆做志愿者，

---

[1] 郑渊洁：《我所有的写作过程都很快乐》，搜狐网，2014年12月30日。

已是一脸阳光。我没有多问，但我相信诗歌和创作一定给了他走出阴霾的力量。

林林上小学时，在一篇文章中写下了这样的话：

> 写作，能看到心中的精灵跳出奇异的舞蹈，感到每个字和思维碰撞出幸福的火花。多简单，一支笔、一张纸、一盏小台灯，我就有了自己的一个世界、一片自由的天地！
>
> 我写日记，把每一天的美好珍藏好，它们就丢不了。
>
> 我写诗歌，那是用文字来唱出我心中的惆怅和欢欣。
>
> 我写游记，一路看，一路写，重新读，就好像再次去了那个遥远的地方。
>
> 我写幼儿园的故事，我就不会忘记小小的、可爱的自己。
>
> 我写我的动物朋友，它们有哭有笑，有房子和学校，没有什么不可能……
>
> 我愿意一直写下去，多么快乐，多么激动，文字在"唰唰"的字迹中流淌，写出来，变成了一个习惯和一个永恒的梦想。

告诉孩子写作的意义，就是送给他一支魔法笔。

那么，魔法是什么呢？

答案是：诚挚的热爱。

小结

  我相信,一个人更愿意为心中的热爱付出努力,这样的努力也许在外人看来很辛苦,在他自己却是无尽的乐趣。

  告诉孩子写作的意义,不是讲道理,不是打鸡血,而是让孩子亲近文字,亲近表达。当他写下的一个个字,能够成为一句句话、一段段心意,能够跟自己、跟很多人"对话",能够记录、传达生命的经验和价值,他就拥有了一支总想写一写、总想记一记、总能流淌出情感和故事的魔法笔。

第二章

引导孩子开始写作

孩子的写作，萌生于表达的渴望，
溯源于丰富的感知与体验。
那些看、听、读和各种各样的尝试，
都将化作点点滴滴的能量，
从笔端流淌出来。

孩子的创作，是自我表达的开始，是生命中一件自然而然的事。作为父母，我们要做的就是尊重孩子，不干扰其创造力，珍惜其童年作品，给予孩子从听到写、从说到写、从读到写和从做到写的真诚引导。

母语的力量

一、引导孩子随心而写

很多妈妈有这样的疑问：孩子什么时候开始写作呢？

其实，孩子的创作，没有严格的起始时间。如果用心留意，你会发现在情感自然涌动的某个时刻，孩子喃喃自语，说出了他的作品。林林3岁时，我们曾记录下他某天心情愉快时脱口而出的"诗歌"："我喜欢秋冬的早晚，也喜欢流水的溪边；我喜欢趵突泉的泉，也喜欢千佛山的山；我喜欢高楼的楼，也喜欢蓝天的天；我喜欢家乡的家，也喜欢远方的远。"在孩子眼里，不过是语言的游戏，却也诗意盎然。

儿童正式开始写作之前，会经历口头创作和前写作尝试。口头创作在4岁半之后变得普遍起来，当孩子哼着自编儿歌时，语言创作活动已经开始了。有时，他会进行几个字或几句话的改编，来表达自己的心意。书写创作的尝试在孩子拿笔时就萌生了，边说边画的过程就是他最初的写作。

上小学前，有三个支持孩子发展写作能力的关键要素，一旦错过，孩子正式开始写作时就会感到吃力。

第一个是大量亲子共读。在大量的亲子共读中，孩子会爱上阅读，吸取丰富的语汇，培养良好的语感，为以后的写作奠定基础。

第二个是鼓励孩子的口头创作。4岁左右，孩子开始问很多"为什么"，喜欢口头编故事。这个时候，父母的耐心倾听就是最大的鼓励，可以帮助孩子激发语言创造力、发展口头叙事的能力。

第三个是支持前写作阶段的尝试。5岁，孩子进入读写敏感期，开始像画画一样画字，把自己的想法画一画写一写。此时的欣赏和肯定，会让他感觉到写作是一件快乐的事情。

儿童有语言的灵性，有天然的文学情怀，有自发的书写萌动，有从心里涌出来、泻于笔端的情感。写作，在他们眼中，并不是外在于生命的技能，而是像玩游戏和讲故事一样有趣的尝试。

孩子具有非凡的创作力，他们的作品非常值得我们珍惜。儿童文学理论家、作家朱自强教授多次谈到"孩子的语言灵性"[1]。南京师范大学的郑荔老师通过大量的研究断定"孩子存在真正的修辞语言"[2]。针对很多人把儿童的创作排除在儿童文学史之外的观点，山东师范大学的杜传坤老师谈道："儿童被认为是缺乏审美及创造美的能力的，因此儿童也就被剥夺了成为相反情况的条件和机会，久而久之，这种'假设中的儿童'就变成了'现实中的儿童'，从而好像印证了我们的假设。这种假设的合理性值得质疑，因此，我们应当尝试另一种可能：儿童未必是有失艺术水准的。儿童文学史对此可以有所作为；尽管历史上保留的此类文本并不多，但文学史只要接纳它们，这种姿态本身就具有特别的意义。五四前后的《少年杂志》与《儿童世界》等知名刊物都特意开辟专栏，刊载过儿童自己的作品。联系当代儿童文学界一浪高过一浪的'低龄化写作'和'少年写作'，成人对此的困惑、尴尬、忧虑等，我们重新调整儿童文学概念的内涵与外延也就显得十分必要。"[3]

日本心理学家河合隼雄先生在《孩子的宇宙》一书中提出，"孩子内心的宇宙以无限的广度和深度而存在着。大人往往被孩子小小的外形所蒙蔽，忘却了这一广阔的宇宙"，"长大成人，也许就是将童年时所拥有的如此精彩的宇宙忘却的过程"。[4]他列举了很多孩子写的诗，认为"这些诗非常精彩，

---

[1] 朱自强：《朱自强学术文集 1—10》，二十一世纪出版社，2016 年版，第 1 页。
[2] 郑荔：《学前儿童修辞特征语言研究》，高等教育出版社，2010 年版，第 1 页。
[3] 杜传坤：《中国现代儿童文学史论》，中国社会科学出版社，2009 年版，第 11 页。
[4] 河合隼雄：《孩子的宇宙》，王俊译，东方出版中心，2014 年版，前言。

母语的力量

不由得想要推荐给任何职业和年龄的人读上一遍"。其中一首是一位小学二年级的学生中谷实写的《大人》[1]：

> 不管谁来了
> 看到我
> "又长大了"
> "上几年级了"
> "就要上三年级"
> "这么快啊
> 　上次还是一年级呢
> 我记得"
> 说着就来摸我的头
> 大人们啊
> 　总是说着同样的话

"多元智能之父"加德纳指出，我们从儿童的对话和即兴言谈中经常发现各种修辞现象，它们常使人联想到大作家蓄意做的努力。[2] 这就像毕加索说的那样，用了毕生精力学习如何像孩子一样画画。

林林4岁多时迷上了恐龙，天天说恐龙的各种事情，对那些绕口的名字他比谁都记得清楚，还比照《恐龙大百科》在纸片上画一个个恐龙和它们的名字。这样的"画字"被他用在很多地方，比如制作藏宝图之类的。我至今还留存着林林很多"诗作"。比如，有一张纸，中间是林林画的光秃秃的大树，旁边歪歪扭扭画画似的写着："冬天的大树是光着身子的。"我感觉到这是孩子心中珍贵的诗意。我还珍藏着林林为我们做的结婚周年纪念卡、生日卡，上面都有他充满稚气的画作和发自内心的"诗歌"。

一次我外出开会，到酒店打开行李箱时，发现了5岁多的林林画给我的

---

[1] 河合隼雄：《孩子的宇宙》，王俊译，东方出版中心，2014年版，第3–4页。
[2] 郑荔：《学前儿童修辞特征语言研究》，高等教育出版社，2010年版，第179页。

"小书",一共四页,每一页上都有画和字,每个字都大大的:

> 妈妈我爱你,
>
> 我爱你的温柔,
>
> 爱你讲课的能力,
>
> 爱你的黑大衣、粉风衣。
>
> 好好吃饭,
>
> 好好睡觉。

我想起出门前,林林用狡黠的眼神说着"妈妈,再见"时,是不是早就期待着我赶紧发现了!我现在也很疑惑他是从哪里比对着"画"出了这些字呢。

孩子的心思非常奇妙,在他小小的世界里,那些奇思妙想把各种情绪联结在一起,时而跳跃飞驰,时而细腻舒缓。这种被称作类比、拟人或夸张的修辞手法,在孩子的心里流淌出来,自然极了。他并不懂得什么技巧。如此朴素稚拙的美好,在很多人眼里稀松平常,我却明白这正是孩子的创作,是真正性灵的文字。

5岁半时,林林曾给爸爸做过一本"祝你生日快乐"的"小书"。他用手撕和镂空的手法,把每页图文都搭配得非常讲究。他写道:

三只小猫

> 一只小猫,在一个阳光明眉(媚)的上午,感到很无聊。
>
> 到了中午,它终于找到朋友了。
>
> 有一只小猫去睡觉了,另一只小猫又找到了一个朋友,它们去钓鱼了。
>
> 爸爸是我最好的朋友。

写到这里,很奇怪,后面一页是一个表格,都是古文字和现代汉字的对照。大概那段时间他正喜欢甲骨文和象形字,看绘本时知道了环衬页可以用各种花

母语的力量

纹装饰，因而对他来讲，这些字就是一幅幅画，可以把给爸爸的"小书"装点得更漂亮。封面是"祝你生日快乐"，画着飞翔的心，封底是一座大山。我想林林并不一定觉得爸爸的爱会带他飞翔，也不一定懂得什么是"父爱如山"，但他想到爸爸，心中就有了这样的意象，就这样简单。

儿童教育专家孙瑞雪老师曾说："在某个敏感期中，儿童对敏感的对象因为感兴趣而投入，因为投入便持久、专一。他不仅热爱，而且要出成果，不仅要出成果，而且要结合生活，不仅要结合生活，而且要求被欣赏和承认。在爱和自由的教育中，要培养和保护的就是这种品格，这种专注、投入的品质。"[1]

林林常常画自己想出来的故事，自己在家制作绘本。6岁半时，就开始半拼音半汉字地写日记、游记，写幼儿园的故事，写学校的事情，写一切看到的事情……不知不觉中，他把写作当成了最开心的事。上学后，除了老师布置的作文，他一直有自己的创作。直到现在，他也把写作当成像打篮球一样的乐趣。

一个人只要有了热爱，就有了无穷的动力。正如梅子涵老师说的那样："诗意一定是来自一种感情，来自对美、善、幸福、遗憾……的真切的理解。而不是把某一个事物、某一个行为、某一个场面和赞叹性的词句进行简单粘合。"[2]

---

[1] 孙瑞雪：《捕捉儿童敏感期》，中国妇女出版社，2013年版，第29页。
[2] 梅子涵等：《中国儿童文学5人谈》，新蕾出版社，2001年版，第223页。

二、引导孩子"从听到写"

听读阶段积淀下来的语汇带着情感和力量，在后续的写作中会有清晰的呈现。如果孩子的语言简洁有力，富于形象和韵律之美，一定可以追溯到其儿时的优质聆听。曾经多感官、全身心地沉浸在对文字音韵的感知中，孩子逐渐积累了来自于听觉的细腻和优美，奠定了语感的基础，这是写好文章的能量源泉。

很多孩子常说没东西可写，其实是缺乏细腻感知的能力。如果我们能多跟孩子交流，如"听到了什么？有什么感受？"，可以帮助孩子唤醒感知。

平时，注意带孩子多聆听自然的声音。儿童较之成人与自然之间有着更为深层的联系，很容易与大自然产生情感共鸣。比起电子音响，孩子更能与自然的声音实现"沟通"。

我在《知美童年：儿童审美启蒙系列图画书》中，创作过一个故事《听，森林在唱歌》，就是想引导孩子聆听大自然的声音，用心感知纷繁多样的美。故事中的小棕熊波波一直生活在大森林中，却从未认真聆听过森林中的声音。他的好朋友小松鼠希希要出远门了，他感到非常孤独。希希告诉波波，森林中来了一群仙子，每天都会唱歌，请他仔细听。波波闭上眼睛，沉下心来，果然听到了各样美妙的声音……林林小时候会学故事中的小棕熊，在花园里闭上眼睛听，我也和他一起闭上眼睛，把意念放在聆听上，真的听到很多以前未曾留意的声音。那种感觉很奇妙，就像在趵突泉清澈见底的水波中时而涌起细细小小的气泡，让人心生寂静欢喜。学会了有意聆听，

母语的力量

随时都有惊喜：

仔细听风声、雨声，是单一的还是有层次的？

远处的声音和近处的声音，重叠的感觉是怎样的？

由近而远和由远而近的声音，是一样的吗？

儿童容易对声音产生丰富的联想和想象。在孩子那里，声音可以有笑容、有味道、有图画、有颜色，我们可以随时和孩子一起听一听、说一说、写一写、画一画。当孩子描述他听到了什么，就是从听觉感知到创作的开始。

林林7岁时，在一篇日记中写到大风，其中有对声音的描写：

> 我看见外面的风卷起沙土，呼啸而过，天昏地暗。风越来越大，我很担心外边没人要的小动物和对面学校工地上的那个伯伯。我看见外面有人艰难地前进，捂着嘴，低着头，吃力地歪向一边，大风呼呼地叫着，就像吹着口哨发疯跳舞的人，又像滔天巨浪，天上的树叶就像急切的空中旅行家。我拉大提琴的时候，琴声也阻挡不了风声，"呼呼，吱——吱——"，天空中有人发怒了！就在这时，突然传来了消防车的声音。我跑到窗边，看见六辆消防车飞快地开过去了，我想一定是有地方着火了……

还有和同学一起登山寻宝的日记：

> "唧唧""啾啾""嘘嘘"，树林里的鸟叫声，从近到远，又从远到近，我想它们一定是在欢迎我们吧……

下大雪时，林林告诉我，雪花落下是"扑簌扑簌"的，积雪踩上去是"咯吱咯吱"的，结了冰就变成"嘎吱嘎吱"了。我注意了一下，真是这样呢！我很惊喜，他能把声音的差别细腻地感知出来。

除了聆听自然中的声音，也要多听富有形象感和表现力的音乐，这可以奠定审美感知的基础。我在研究儿童美育时发现，音乐对孩子的心性和气质有意想不到的塑造力。林林小时候，我们常常一起欣赏富有形象感的音乐：

> 班德瑞纯美音乐系列
>
> 小约翰·施特劳斯的《雷鸣电闪波尔卡》
>
> 柴可夫斯基的《胡桃夹子》《儿童钢琴曲集》
>
> 圣－桑的《动物狂欢节》
>
> 普罗克菲耶夫的《彼德和狼》
>
> 格里格的《蝴蝶》《小鸟》
>
> 里姆斯基－柯萨科夫的《野蜂飞舞》
>
> 安德森的《跳圆舞曲的小猫》
>
> 德彪西的《玩具盒子》《月光曲》
>
> 贝多芬的《孩子的梦》《土耳其进行曲》《致爱丽丝》
>
> 克来斯勒的《玩具进行曲》
>
> 约翰·施特劳斯的《游览列车快速波尔卡》
>
> 哈哈图良的《玫瑰少女舞曲》
>
> 亨德尔的《快乐的铁匠》
>
> 勃拉姆斯的《匈牙利舞曲》
>
> 贺绿汀的《牧童短笛》《晚会》《摇篮曲》
>
> 丁善德的《儿童组曲》
>
> 黎锦辉的《麻雀与小孩》《葡萄仙子》

除了听音乐，还可以一起自由创作歌词，借用歌曲的调子唱歌，练习语言和思维的快速反应。

《窗边的小豆豆》中有个场景：

> 每次吃饭前，校长先生都带大家一起唱一首《嚼呀嚼》的歌曲，这首饭前歌是校长把著名的英语儿歌《划船曲》：划啊，划啊，划起你的小船，轻轻地，顺着溪流漂下，啦啦啦，啦啦啦，啦啦啦，生活像梦一

样美好……的歌词，换成是：好——好——嚼啊，把吃的东西，嚼啊，嚼啊，嚼啊，嚼啊，把吃的东西……每次大家都很开心地唱着这首歌，做好了吃饭的准备，才会开始吃饭。

每次读到这里，我都忍不住笑起来，自己也唱一唱，好像看到一群孩子晃动着脑袋、尽情歌唱的样子。这个细节有趣地反映了孩子改编歌词的欢乐。

三、引导孩子"从说到写"

引导孩子多说，帮助孩子提升逻辑能力和表达能力，对写作有很大的帮助。

莫言在诺贝尔奖颁奖典礼的演讲中提到，他小时候常常在集市上听人家说书，回家后，就把听来的故事绘声绘色地讲给母亲听。有时，他不满足于复述而会"添油加醋"，还会根据妈妈的喜好，编造一些情节，甚至改编故事的结局。他的听众还有姐姐、婶婶、奶奶。莫言说他从小就有喜爱说话、喜欢讲故事的天性。不过母亲希望他不要"贫嘴"，他就给自己起了笔名"莫言"。我想，他从小喜欢说故事的习惯一定对他的创作产生了巨大的影响。

提起写作，很多孩子会抓耳挠腮。一想到老师的要求，要写多少字、怎么构思、用什么语汇、标点要准确、分段要合理等等，孩子会觉得很难。要是能先让孩子说一说，没准他能滔滔不绝。说话可以让孩子自然而然地体验到写作的方法。

（一）写作前，如何引导孩子说一说

描述任何东西前，都要告诉孩子试着用嘴巴"拍出照片"，就是让别人一下子仿佛能看到他所说东西的样子。换成写作，就是尽量做到，让人读到文字，对于一件物品，能有如在眼前的感觉；对于一件事，能跟着文字也经历了一番。

林林写作最可贵的地方就是能细心地去描绘这样的照片和影像。他动笔前，常常在我"说来听听，我也想知道"的央求中，兴致勃勃地说给我听。为了能让我像他一样看到、听到、惊叹和欢欣，他尽可能说得生动细致。对说不清楚的复杂情节，他会不断调整思路，直到他确信我能够听明白为止。每次听他说完，我都会在有些模糊的地方再追问一些细节，直到我心满意足地感谢他让我如亲历亲见般有了一次完美的神游。

鼓励孩子说出来，并从内心满怀希冀地引导他，他就能说得更好，语言更丰盈，情感更饱满，这些美好的语言特质都会在他的文字中自然地流淌出来。精准的语言和细致的表达是让描述更丰富的保障。

具体来看，我们可以怎样引导呢？

1. 是什么颜色的

引导孩子用最精准的语汇来描述颜色，再从颜色推延到其他，从而使表达变得更加传神。比如，"浅粉白"是一种很淡很淡的粉色，淡到几乎有白的感觉了，却分明有一丝粉红在里面，这就比说"粉红色"或者"白色"要精准得多。要鼓励孩子用自己更加直观的感知来描述颜色。

有一次，林林在文章里写道：

> 天空泛起的阳光，像是把金粉撒进了青蓝色的颜料盒，不知道从哪里又涌过来爱凑热闹的胭脂红……

这段话很热闹地表现出了他眼中的天空，拟人化的表达直观地反映出了天空中色彩的变化。我看到他这样写，就闭起眼睛想象。

我问他："你如何知道胭脂红？"

"谁不知道呀！你抽屉里那个小圆盒，我拿来画画用了！"

原来，他把我的胭脂当了画画的颜料，自然知道那种氤氲鲜亮的红色用来说明那道特别的霞光再合适不过了！

2. 是什么形状的

我们常常认为孩子的认知简单，因而在孩子面前描述形状时用词比较单一。实际上，孩子是特别敏锐的，而且特别善于联想。反而是大人常常因为思维定式就只会说："三角形、正方形、梯形、菱形……"孩子则可能会说出"鸭梨形""半个苹果""羽毛形""蒲扇状"等更多形象的描述。

一次去内蒙古旅行，同车一个4岁的小男孩说远处的小山"像是早晨咬了一小口的馒头"，说一个鸟窝像是"妈妈刚刚烫的头发"，说远山初升的太阳是"从一个大坑里跳出来的"……听着这些话，我不由得想起了林林小时候那许多妙不可言的表达，心中涌起了许多感动。这些都是孩子对形状和空间特有的感知，是孩子在习得母语的过程中最为珍贵和传神的描述。我们要鼓励孩子多进行这样的描述，告诉他这样描述很生动，让人看到了美好的风景。

我们还可以把孩子不经意间的"神来之语"记录下来，让他知道自己可以说得这么有滋有味，鼓励他写作文时也用这样发自内心的语言来表达。

3. 是什么样子的

我们常常以固有的经验来揣摩孩子的认知，其实，孩子的很多感知与成人不同。比如，身高决定了孩子看到的世界和我们是不一样的。

一次，我们带林林去看园林花卉展，路上我们讨论什么树最多，突然他拍拍小胖腿，嘟囔了一句："腿多！"我们突然意识到，对孩子来讲，在人流中，他最容易看到的就是大人们各种各样的腿。

在孩子描述事物时，我们要充分尊重他的感知，不要用大人的标准来要求他。比如，大小是最具相对性的体积和空间呈现，成人眼里不起眼的

母语的力量

小沙丘在孩子看来可能是座大山。有一个孩子指着一辆QQ车（一款微型轿车）说："妈妈，大汽车！"他妈妈马上说："这个车一点都不大，是很小的汽车！"我想，孩子一定觉得这辆车比自己的汽车模型大很多，怎么会是小小的汽车呢？

去吃海鲜，大人记的是味道和服务，孩子关注的是饭店的样子，像一个水族馆；一起爬山，大人看的是风景，孩子找的是虫子；同样是一块石头，大人想的是什么质地、值多少钱，孩子看的是上面的花纹，想象着这是不是一颗恐龙的牙齿……

站在孩子的视角来看，你会发现那就是他眼中最准确的形象。

4. 质感是怎样的

对质感的描述，只有亲身体验后才可能说得清楚，不要让孩子养成没有体验就随便说的习惯。因循常识而忽略感觉，长此以往就会形成"假、大、空"的习文风气。鼓励孩子去体验，然后说出来，他才能在写作中保持独立的精神和个性。

不同的食物入口的感觉是不一样的，要引导孩子细细体会。

林林小时候很喜欢吃姥姥烙的肉饼，每次吃的时候都细细品味。他在日记中这样写道：

> 拿起来，吃一小口，就会有源源不断的汤汁流出来，必须做好心理准备，马上用嘴堵在小口前，让那有着洋葱肉香的油流入口中，然后小心地咬一点儿。那味道有洋葱的清甜和小肥肉丁的油香，让人久久地沉浸在这味道中。不过，吃洋葱肉饼不是这么简单的，别以为刚才已经把油汤全吸走了，如果你的手指捏得太紧，一滴滴的油汤就会悄悄流到手上，所以，我吃的时候都是接着碟子吃的……

有时候，对没有亲身体验过的事，林林偶尔会道听途说。我总是鼓励他要自己验证。我告诉他，语言和文字都是工具和载体，只有承载着自己的情感和感知才会鲜活起来，才有价值。为了让他理解，我说："比如你自己洗完澡，打了一个寒颤，那个寒颤的感觉只有你自己知道，你说出来的就是你自己的那个寒颤。要是你没有体验，随意去说，说得再好，都不是你的寒颤，而是别人的和想象中的。"

这样的类比，孩子很容易理解。

小时候，有一次洗澡，他打了个寒颤，说："妈妈，这是我的寒颤，只有我自己知道是什么感觉！"

（二）如何描写

写作的方法很难强加给孩子，最好由孩子自己去体会。

比如去了一个地方，我们可以跟孩子一起想一想："我们去的地方，别人没去过，你要怎样说，才能让大家觉得好像也去了那里呢？"这样的提示会让孩子思考：怎样说才能更加吸引人，让人身临其境？他会留心把看到的很多重要特征，比如颜色、味道、形状、动态、神气等，都一一呈现出来。

把说话生动的方法借鉴过来，孩子就很容易理解写作时要写得细致传神，别人才能真切感知到自己文字里的世界。

林林7岁时，我们去宁夏旅行，在农家乐里遇到一个小男孩，那孩子质朴可爱，给林林留下了深刻的印象。一路上，他跟我们说了好多次那个男孩的神态和样子。回来后，他想要记下来，我对他说："你写这个孩子，要让大家看到你的文字就像能看到他、认识他，那样就好了！"林林说："妈妈，他穿的衣服没有给我太多的印象，我要把他做的事情写出来，让没有见过他的人也能了解他。"

后来，他这样写道：

……从菜地出来，刚一进门，我就看到一个小女孩领着一个小男孩，

母语的力量

一看就知道是姐姐带着弟弟。姐姐穿着粉色的裙子、一双黑布鞋,弟弟穿着红色的上衣、黑色的短裤和一双棕色的凉鞋。

那个小男孩看到我们,特别高兴地跑过来。他冲着我笑,很热情的样子,却不说一句话。我们吃饭的时候,他姐姐帮着爸爸妈妈端菜,他就站在门帘旁边,时不时伸进头来看看我们,我们就叫他一起来吃,他却跑开了。我想他一定很孤独,想和我一起玩。吃完饭,我和妈妈去采摘西红柿,他也想和我们一起摘,就在后面一直跟着我们,走了很远。我叫他过来玩,他又跑开了。

临走之前,妈妈问他:"你几岁了?"他说:"五岁了。"妈妈又问"你姐姐几岁了",他一扭头,跑走了。我听到他着急地问姐姐:"姐姐,你几岁了?"他姐姐说:"九岁!"我们都走到门口了,他跑过来叫住我妈妈,告诉妈妈他姐姐九岁了。

我们往外倒车要开走的时候,他一直站在那里,一句话不说。他姐姐拉他进去,他也不进去。我趴在后座上,从窗户上看着他。突然他挥起了手,我大声喊:"再见!"他没说话,就只是一直冲着我们的车挥手。车开起来,他渐渐地变成了一个小黑点。车拐弯了,我看不到他了,不知道他是不是等看不到我们就会进屋了。这个小男孩的朴实,深深地刻在我心中。这次旅行我最难忘的人,就是这个农家乐的小男孩……

林林专门写了这个孩子如何站在那里看着我们吃饭而不说话,如何认真地回答我的问题,怎样在门边一直站着送我们……对一个7岁的孩子来说,能有意识地写出这么多细节很可贵。我告诉林林,就算时间过去了很久再来看他的这段描写,我好像又见到那个男孩一样,这是一篇好文章!

这是林林从怎样说才能让别人身临其境中体会到的写作方法,只有自己体会到的方法才能够活学活用,渗透到每一次写作里。

· 224 ·

（三）如何安排文章结构

孩子最初写作时常常不知道如何安排文章的结构。

林林6岁刚刚开始写作时，写了一段时间的"三句话"：开头一句话，中间一句话，结尾也是一句话。有时候，开头的那句话很长，中间的话很短，结尾的话又很长。

如何安排文章的结构呢？

这个问题很抽象，很难给孩子讲清楚，教条地告诉孩子该怎么做，又不能变成他自己的体会。想来想去，我就从说话的方法来谈，林林马上就明白了。

我问林林："你有没有遇到一种人啊？"

林林很感兴趣："什么人呀？"

"就是说了很久，你还不知道他要说什么，等你刚刚明白他要说什么，想好好听一听，他又马上不说了？"

"有啊有啊！有一次，爸爸跟我说他小时候做数学题的事，开头说了半天他多么喜欢做数学题，刚要说怎么做题呢，接了个电话，就急匆匆走了！"

"那你觉得，这么说话，别人能听明白、印象深刻吗？"

他笑着摇摇头："肯定不能呀！"

我说："对呀！说话和写作一样，开头是为了引出后面的内容，结尾是一种强调、总结或是情感的升华，但整体来看，不能是小小的身子长了一个沉重的大尾巴。只有突出重点，别人才能明白！"

他听了若有所思，后来安排文章结构时明显有了改善。

后来，我上课时发现，美国发言专家鲍勃·博伊兰的方法可以很快地帮助学生安排各部分内容的发言时间。我想，对林林来讲，把发言的经验用在写作中，他一定能很好地理解。

我告诉林林，说话和写作时，语言或文字的分布常常像一个菱形，开头和结尾是两个小尖尖，而中间的大肚子则是主体部分。

他马上画出一个菱形问我："是不是这样的？"

我说："对呀，对呀！你看，三角形，中间小，屁股大，这样的文章给人一种啰唆不完的感觉。就像一个人发言，最后大家要等着鼓掌了，可他居然又开始了一大堆话题，谁知道他究竟要说什么呢？要是倒三角形，哈哈，开头还没讲完，大家都要睡着了！"

我一边说，一边在纸上画出一个正着的三角形、一个倒着的三角形。

"哈哈！"林林觉得好有趣。

很快，他就能把内容布局得十分得当了。

四、引导孩子"从读到写"

（一）以阅读奠基写作的能力

现在，当我翻看林林一个又一个本子，看着那些黑压压的铅笔字，常常感到吃惊。林林用小手握着铅笔，一个字一个字地书写，津津有味地记录了这么多生活中的美好点滴。这对一个几年前只会说个不停、全然不会写字的孩子来说，真算是奇迹呢！

其实，孩子从听到说、从说到读、从读到写，每一次能力的提升都是生命的奇迹。如果说，孩子抬起小脚丫迈出的第一步是人生之路的开端，那么听、说、读、写的开始则是孩子在精神之旅上的奋进。而阅读和写作的开启更意味着他开始在心灵的世界拓荒开垦，播撒种子，不时收获新芽和芬芳。这精神的花园将伴随孩子的一生，繁茂绚烂，香溢心田。所以，给孩子这样的花园，也就是给孩子沁香满怀的人生。

美国国家研究院早期儿童阅读委员会的研究报告指出，阅读与语言发展密切关联，在儿童3~8岁期间，我们要帮助他们发展阅读能力。在这个阶段，孩子的口头语言发展速度惊人，同时他们开始认识符号、声音与意义的关联，学习如何看一张纸、一本书，尝试用所学的语言解释生活中的所见所闻。

可见，阅读是写作开始的契机和能量的直接来源。我在近20年的母语能力研究和实践中也反复验证了这一点。

林林出生后，我一直坚持给他说唱童谣、儿歌，也诵读诗歌、故事。6

个月后，他不再满足于只是听我诵读，开始用小手拉过我捧着书的手，晃着颤巍巍的大脑袋，要我和他一起看着书给他讲故事，亲子共读的时光就这样自然而然拉开了帷幕。

上小学后，林林曾在作文里这样写道：

> 小时候，我听了许多的故事，我发现故事的世界无比神奇。我常常想，一个会讲故事的人是一个绚烂的人，一个会讲故事、能把故事写成书讲给大家听的人是伟大的人，他们给了这个世界无限的可能，给了我们那么多的快乐。那些写出美好故事的人，有的是中国人，有的是世界其他国家的人。很多人，我都没有见过他们的样子，只是读了他们写的故事书，但我觉得他们就像他们的故事一样是闪闪发光的，他们一定是世界上最幸福的人，因为他们可以有那么多的快乐和梦想与别人分享，我也想成为这样的人……

我想，正是伴随着那些优美的文字和美丽的意象，他开始满怀期盼叩击自己小小的心窗。终于有一天，他在阅读的喜悦中轻轻一推，那扇窗就打开了。于是他也拿起了笔，把心中一直积蓄着、酝酿着的话语吐露出来，这就是一个孩子写作的开始吧！11岁时，他对童年的记录《小豆丁幼儿园成长记》一书幸运地由作家出版社出版。后来，林林在上中学之前还完成了一部长篇小说。他的写作并不带有任何目的，就是一腔热爱的自然表达。孩子就是这样一边从阅读中汲取源源不断的养分，一边体味着成长，感受着写作的快乐。

（二）在阅读中储备写作的能量

1. 语言：优美诗意的韵味

绘本的主题涵盖了生命、生活、成长的方方面面，有的像一首激昂有力的交响曲，有的像一首精致平和的小夜曲。

绘本的文字决然不能有水分，呈献给孩子的必然是简洁精致的语言，而且节奏韵律要富有美感，还要符合孩子的阅读心理。比如，我在创作《暴风雪中的火车》时，要表现时间很长、天气很冷，就用了"时间好像冻住了"这样的语言。

绘本可以引领孩子更早地理解和欣赏相对抽象却充满美好意境的文学作品，感知丰富的逻辑结构，积累优美的语言。

比如诺尼·霍格罗金的《晴朗的一天》，小狐狸因为偷喝牛奶被老奶奶砍掉了尾巴，为了换回尾巴，小狐狸必须拿牛奶来换，于是，我们看到了一连串艰难而有趣的交换：

> 要想得到牛奶，必须找到青草。
> 要想获得青草，必须拿来清水。
> 要想拿来清水，必须得到水罐。
> 要想得到水罐，必须找到蓝色的珠子。
> 要想找到蓝色的珠子，必须拿到一个鸡蛋。
> 要想拿到鸡蛋，必须找来谷子……

在这里，顶真的用法很有意思。通过小狐狸的不断表白，话语自然地循环和扩展，他每一次恳求，语言就在原来的基础上丰富了一层。这种风格让听故事的孩子禁不住跟着小狐狸一起喃喃诉说，从无形中感知语言的层叠回环和丰富有趣。

单纯的文字朗读可能无法让幼儿进入散文和诗歌所描绘的意境，但绘本的文字简洁、克制，语意的"留白"，文图的张力，翻页间形成的诗意流转，还有"听音"与"读图"相融的阅读体验，构成了儿童阅读中特有的心境，可以帮助孩子进入相对抽象的理解范围，体味语言的内涵，获得诗意之美的享受和体验，这能对孩子早期文学素养的培养起到极大的促进作用。比如，绘本《有时候》虽是诗歌般的短句和一幅幅画面，却足以传递出"自然大化流行，生命顺其自然，刹那可为永恒"的哲思；在《月下看猫头鹰》中，父子在雪地间小心前行的那个夜晚，两人极少的对话凝聚成了圣洁而难忘的时刻；读《暴风雪中的火车》，小读者跟随故事中的孩子看向窗外，仿佛能看到"大树、贮木场、一排排木屋、褐色的小鹰，都在飞快地后退，后退"，那种乘坐绿皮火车驰骋在东北雪原上的感觉是无比鲜活的体验。

阅读中丰富多样的语汇、句式以及表达方法，能给儿童带来与口语截然不同的感受，促进其口头表达向书面表达流畅过渡。

2. 细节：提升孩子的观察力和想象力

经典绘本的插图，从色彩到构图，从人物的神态、动作到隐藏在画面中无处不在的细节，都能帮助儿童提升观察力和想象力，并将巧妙的细节设置运用到日后的写作中。

和林林一起看《爷爷一定有办法》时，我读着文字，他用小手指着地板下面，提醒我还有小老鼠一家。一个是地上的爷爷不断用智慧和巧手变出的惊喜——一块普普通通的布料可以变成舒服的毯子、美丽的衣服、挺括的领带，一个是地下的老鼠一家用掉下来的碎布料创造的美好生活——衣服、窗帘、枕套、桌布。

3. 逻辑：叙述方法的典范

不同的文本能带来不同的启示，能让孩子在获得丰富阅读感受的同时，也能在不知不觉中学会基本的叙述逻辑。

培养孩子富于逻辑的表达，可以有意识地选择内容逻辑性强、顺序描述鲜明的故事书。遇到表达顺序和时间的词语，可以加重语气、放慢语速。单靠理论讲授很难培养孩子的语言逻辑力。生硬套用的表达和通过阅读感知并内化的表达是不一样的。

写作的逻辑性和顺序感，与大量的阅读感知分不开。

《小泥人》《安娜的新大衣》《阿利的红斗篷》《鼹鼠做裤子》《环游世界做苹果派》等绘本生动呈现了如何按照一定顺序展开描述。如《安娜的新大衣》，讲述的是在物资极度匮乏的战后，一个妈妈想尽办法为孩子做成一件新大衣的过程。故事把春、夏、秋、冬各种奇妙的变化，制作大衣的过程，大家互相信任、协助的情义，追求美好的心愿和耐心的等待都融在了一起，还有对劳动付出予以报答和感恩的主题。尽管蕴含丰富，但如何做成一件大衣的逻辑线索非常明晰：羊毛（小羊）→毛线（纺线婆婆）→染颜色（采越橘）→织成布（织布阿姨）→量身设计制作（裁缝伯伯）……孩子听完就会感知到如何按照顺序表述一件物品的制作过程，了解到一件看似平常的衣物来之不易，感受到人与人之间的信任，体会到在任何时候都应对生活充满热爱和感恩。

我曾告诉林林我喜欢写日记，可以把每天有趣的事情记下来，然后送了他一本日记本。但从什么时间开始写、怎样写，我对他既没有要求也没有指导，他就自己写了起来。

"你怎么知道这样写日记呢？"我很惊讶。

"我们不是读过很多关于一天的故事吗？那不就是日记吗？"

接着他说了一大串：《蚯蚓的日记》；斯凯瑞的"一天"系列，有《警察局的一天》《消防站的一天》《飞机场的一天》……

阅读让孩子觉得写日记一点都不难。写什么呢？当然是一天中好玩的事和自己最想写的东西了。那些故事不就是把一天中最有趣的事情呈现给我们吗？所以，读了很多故事书之后，孩子自然就理解了基本的时间概念，知道了事件的描述可以是几句有趣的话，也可以图文并茂，就像《蚯蚓的日记》中那只可爱又滑稽的小蚯蚓的"日记"一样。

4. 情感：在阅读中涵养

情感，是写作最重要的东西。写作不仅仅需要知识和技巧，更需要敏锐的感受能力，即对生活、对世界、对生命"有情"。"深于情者"才能发现人生之美。

《毛诗序》中说："情动于中而形于言。"情感是根本，没有真诚的发自内心的情感，用再多的技巧、再华丽的辞藻也写不出真正的好文章，因为真情实感是文学的灵魂。

　　对刚刚踏上人生之路的孩子来说，细腻的情感、敏锐的感知很难在冷冰冰的电子游戏和应接不暇的娱乐视频中涵养出来。从某种意义上讲，面对手机、电脑等电子设备的时间越长，就越容易失去对真实世界的体察，感官和心灵也会变得"钝化"。

　　一次，我去儿童借阅馆还书，无意中看到几个孩子在网上着急地搜索："《开往远方的列车》读后感，300字，急！急！急！"

　　我很熟悉这本书，还写过评论，所以很好奇，就问："为什么查这个呀！"

　　"小练笔作业！"

　　我想这几个孩子也许是不清楚老师的要求吧，就问："读过吗？把感想写下来就好了！"

　　一个孩子抬头看我，挠挠头："这儿有那本书，看了一遍，没啥感觉！"

　　几个男孩一起凑在电脑前面，焦灼地盯着屏幕。

　　我突然感到很无奈。

　　《开往远方的列车》绝不是一个读完了没有感觉的故事，那是一本令全世界多少人流过泪的书啊！而眼前这几个孩子不相信自己的感觉。在这个网络能给人即时反馈的时代，很多人失去了感知的耐心，也必然失去了表达真情的决心。

　　读书可以丰富人的情感和体验。对孩子来说，亲子共读是涵养情感的好方法。亲子共读可以容许小小的心灵一点点感知、思考，使孩子更加懂得人与人之间情感的可贵，学会悦纳自己也欣赏别人，学会缓解成长中的焦虑，做一个懂礼仪、会交流、有智慧的孩子。学会细腻地感知和分析情感，是写出好文章的前提。

　　有的孩子写文章时爱说"我很喜欢""多么伤心""无比快乐"……这样口号式的情感表达，缺乏细腻情感，很难打动人心。在大量阅读中，儿童会对那些表达情感的描写感同身受，并学会如何表达自己的情感。

　　林林小时候很喜欢《嘟嘟和巴豆》。这是一套很美的绘本，也是关于友谊的赞歌。嘟嘟和巴豆是两只性格、爱好不同的小猪，彼此独立，却是很好的朋友，它们总能把平凡的日子过得有滋有味。林林 7 岁时专门写过一篇读后感，他没有简单地评价这本书如何好，而是真切地表达了发自内心的喜爱。他开头写道：

> 嘟嘟和巴豆是两只小猪，他们生活在"喔的咯咯喔咯的"的一幢房子里。在我还不会坐的时候，家里就有了这套书，我也深深爱上了这两只小猪。现在，偶尔听妈妈读这些书的时候，我还是像以前那样，为一个个情节惊喜兴奋，伴着一个圆满的结局进入梦乡。那两只小猪，让我好想有一扇窗户爬进去，跟它们一起做那些事情……

接下来，他写了两只小猪虽然多么不同，却有着醇厚的友情：

> 这两只小猪，各自有各自的性格，一只爱家居生活，一只爱旅行。
>
> 巴豆是家居派，它是一名园丁、一名画家，也是一名厨师。它种的金盏花和百日菊，我好像能闻到香气；它做的蛋糕，我好像也都闻得到香气。巴豆是一个能把生活变得舒服而且充满阳光的小猪。
>
> 嘟嘟是探险派，去过全世界。每当它背起背包，穿上运动鞋时，我就很兴奋，因为它的每一次旅行都惊险无比。三月，它在埃及的金字塔下；六月，它在爬陡峭的阿尔卑斯山；七月，它在斗牛士营里当上了斗牛士；八月，它在南极和企鹅度过寒冷的时光；它还去过肯尼亚、所罗门群岛、印度孟买、法国巴黎、意大利佛罗伦萨、尼泊尔，还有原始婆罗洲。嘟嘟就是这样，爱冒险和探索，越荒凉的地方越好。
>
> 不过，两只不同性格的小猪也互相关心对方。当听说在外面旅行了一年的嘟嘟马上就要回家时，巴豆摆花、做饭，忙得不亦乐乎。嘟嘟感染了紫罗兰病毒，巴豆就日夜不停地找药方，最后治好了嘟嘟的病。嘟嘟和巴豆去爬山的时候，嘟嘟发现巴豆一言不发，就问它怎么了，安慰它……这两只小猪就这样生活在一起……

林林上小学后，交了好朋友。虽然他们的兴趣和爱好很不同，但相处得特别好。林林说："妈妈，我们就像是嘟嘟和巴豆那样，是最好的朋友！"这么多年过去了，书中的情感、智慧像是一缕花香，依旧萦绕在他的心上。这就是阅读对情感的涵养。

和孩子一起读书的几年中，我记不清有多少次我们俩一边读一边情不自禁地互相看着对方，欢笑、流泪，为书中的人，为故事中的人生……

林林写作的最大优点是总能把心放进文字中，充满对世界万物的细腻感知。

我相信每个孩子都有向往真善美的本性。我们带孩子进入美好的阅读中，就是在呵护、滋养这些善与美之根，使它们坚韧茁壮。

一次，我和林林坐公交车。他突然小声地指着后排的两个人说："妈妈，他们真像是《山羊不吃天堂草》里的木匠师傅和徒弟呀！"《山羊不吃天堂草》是曹文轩的小说。我看到那两个人都穿着深蓝色卡其布的上衣、灰色的裤子、黑布鞋，都有一种特别朴实认真的神气，我想他们一定是一起外出工作的同乡。林林对书中人物印象深刻，才会感知到小说中人物的气质，感受到生活中与他们相似的人。下车后，林林很动情地给我讲了小说里面的情节，有些感慨地说："妈妈，人总是想生活得更好一些，不管是什么样的人！"他能体悟到这样的道理，感怀人生的滋味，我想正是源于阅读对内心丰富情感的激发。

5. 延展：激发想象和创作

在亲子共读绘本的过程中，孩子对画面前后关联的"心理阅读"，实际上等于对故事发展全过程的参与。他不仅被动接收各种信息，还从细节、人物、环境、情境、前后关联和变化中发现、分析和推理。在画面的影响下，即使故事讲完了，孩子的主动返思和建构还常常有扩展的主动性。更加可贵的是，很多作者深谙儿童心理，会把结尾特意处理成开放式的，让儿童可以继续想象创作。

比如我和林林一起读过的《小小迷路》，书中有只特别可爱的小猫头鹰，叫作小小。跟妈妈在高高的大树上睡觉时，它迷迷糊糊地掉到地上。小小开始找妈妈，一次次努力，找到的都不是妈妈，直到最后终于找到了，这个过程十分有趣。当小小扑到妈妈温暖怀抱中的时候，孩子会觉得意犹未尽。作者在结尾处用一句"糟了"做了开放式的处理：小小这次会怎么样呢？它还要继续找妈妈吗？读到这里，孩子会兴奋地发现故事的结尾恰恰意味着一个新的开始。顺着前面的情节和节奏，孩子很容易就能兴致勃勃地创作下去。这种开放式的结尾对启发孩子的创作思维大有益处。

再比如绘本《鸭子骑车记》，描写了一只敢于尝试和冒险的鸭子骑自行车的故事。在结尾，作者不动声色地给了一幅画：鸭子若有所思地看着一辆火红色的、高大的拖拉机。林林马上说："哈，下一个故事就是鸭子开拖拉机！"按照故事的情节逻辑，林林自己就讲起来：鸭子开着拖拉机，一开始怎样，遇到了农场里的哪些动物，它们都说了些什么，想了些什么，鸭子如何越开越好……

还有绘本《南瓜汤》。在结尾，作者很风趣地说："大家又在这个白色的小屋里过起了平和的生活，直到有一天，鸭子说我想我应该来吹吹风笛了！"哈，又一个固定的程式要被打破！这次猫咪能同意吗？最后的画面是：鸭子紧紧地抱着风笛，猫咪正费力地想要拿回来，松鼠挥舞着汤勺……这次鸭子会离家出走吗？松鼠和猫咪还会找它吗？鸭子最后演奏风笛了吗？这个白色的小屋是不是又能恢复从前的平静呢？……作者在故事里给小读者留下了很多再创作的可能，比如关于被子的制作，鸭子会不会再提出来要绣花呢？事情会变得糟糕还是很好？有了这只不安分的鸭子，三个好伙伴的生活会是什么样子的呢？把可能性充分留给孩子，让孩子开开心心地开始创作。

6. 思考：深入体验和表达

阅读可以和生命体验紧密结合，文字带来的触动与真实的生活经历会交织融合。让儿童有更多的生活体验，也就是让他在写作中有了更多独特的思考和表达。

母语的力量

　　林林 5 岁开始学习大提琴，此前我们对大提琴没有多少认知，除了它的外表和声音，但阅读却帮孩子领悟到了更多。林林读过 5 本关于大提琴的绘本，分别是《欧先生的大提琴》《1000 把大提琴的合奏》《大提琴之树》《月光下的大提琴》《大提琴手高修》。

　　读《欧先生的大提琴》时，林林才刚学琴不久，他觉得欧先生很勇敢，能冒着生命危险演奏大提琴鼓舞大家。故事中，人们一听到欧先生演奏巴赫的曲子就入迷，忘记了战争带来的伤痛。他特别希望自己能像欧先生那样演奏巴赫的曲子。后来，他能拉巴赫的曲子了，他说闭上眼睛就能看到欧先生身着礼服在广场中央深深鞠躬，然后坐下来在炮声中拉琴的样子。

　　后来，他读了《1000 把大提琴的演奏》，有了更多的体会："妈妈，1000 把大提琴演奏出来的音乐要多雄壮，多震撼！地震之后听到这样的声音一定不会对生活感到泄气，我想欧先生拉琴时也一定这么想。"他再拉琴的时候很注意力度的把握，曲调激昂的时候弓子压得很用力，还问我有没有感觉到他的力量。听着大提琴那如叙说般浑厚圆润的声音，我跟他一起想象着 1000 把大提琴合奏发出的如海潮般的呼唤。

　　后来，他读了《大提琴之树》。再拉琴时，他仔细地看着那把拉了很久却从没有细细看过的琴上那些闪烁着光泽的木纹："妈妈，这把琴来自森林，它是有生命的！我拉琴的时候，你仔细听，能听到森林在对你说话！"多么美好的意境：森林的诉说！林林告诉我，他拉出来的琴声不仅是乐谱上的声音，也是大提琴自己的歌唱，是大树的歌唱，是森林中的阳光、雨露、小斑鸠的歌唱，是桧树和枫树在风中的摇摆、喘息……

　　后来，林林在日记里写道：

　　……现在，每天我都会拉我的朋友——大提琴，与它相处了这么长的时光，它已成了我生活的一部分。每次拉琴，它就好像在诉说很多故事，带我进入一阵阵跌宕起伏中，让我相信心有飞翔的力量……

　　我想，这是阅读带给他的思考和体会。

五、引导孩子"从做到写"

（一）童年体验的印记

我们常说，好的表达是"我手写我心"，那就要看，"心"里到底有什么样的东西。我们常常急于给孩子填塞各种教条和知识，而恰恰忽略了由外在感知通达内心体悟的细腻过程。试想，如果没有丰富的生活体验，没有善于发现美的眼睛、聆听美好之音的耳朵、富有想象的心灵，空有语言技巧，又能表达些什么呢？如叶圣陶先生所说："果真儿童心灵充分发展，则随时有丰妙的情思，便随时可以作文。简单干枯的生活里，一切不能着手，趣味的生活里，才可找到一切的泉源。"[1]

童年的美好感知和体验，会在人生中留下丰厚纯美的印记。如果让我回忆童年的味道，那还真是一枚品咂不尽的小小橄榄。小时候虽然没有这么多的"现代化"，却能够品尝到许多滋味儿：那是天天跳皮筋、踢毽子、捉迷藏、弹玻璃球、跳大绳等玩来的一身汗味；那是做完作业，到苗圃田间挖野菜、吹蒲公英，看着小伞漫天飞舞，隐隐闻到的花草香味；那是夏夜里，三五个小伙伴躺在操场的石凳上聊天、唱歌，看着漫天的星星，时不时互相抹点儿清凉油的薄荷味；那是跟着爸爸到小河里摸田螺，冷不丁还收获几个硕大的蚌、小小的鱼，回到家骄傲地给妈妈，而后不住地舔嘴唇，直到满屋飘起的

---

[1] 叶圣陶、夏丏尊、朱自清：《什么是我们的母语——民国三大家论语文教育》，华东师范大学出版社，2014年版，第6页。

母语的力量

鲜香味……这些滋味儿，现在的孩子不知道能体味多少！这是一个"快"的时代，生活节奏快，家禽家畜长得快，电子设备更新快，一切都在提速，成长似乎也加快了脚步。

一个人该有多少时间沉浸在童年？

童年的心灵又适合安顿在什么样的环境中？

对这些问题虽不可妄下定论，但不管什么时候，成长都需要时间。或许我们应该让孩子童年的脚步迈得慢一些，让孩子的童年更有滋有味。

美国脑科学家梅迪纳教授说他以孩子为老师，学习孩子不断发现的新奇感和勇于探索的好奇心。在去学前班的路上，两岁的儿子在15分钟里只走了不到20步，却发现了混凝土里的玻璃片、沥青中长出的小草、一群抬着甲虫回家的蚂蚁、几处灰尘粒子、一颗生锈的螺丝钉、几个闪亮的油迹斑点。看着孩子，他反思道："15分钟走20步远是什么时候的事了？"

童年的路，只有"慢慢走"才能看到那些常被忽略的风景，才能感知到那些美好，才能留下丰富而纯美的回忆。

我在学校开设过一门公共选修课程《人生美学》，学期末，我请学生们自由表达他们心中所认为的"人生中最美的东西"。这些20岁左右的年轻人来自各个院系，他们用绘画、诗歌、散文、论文、拼贴手工等各种形式描绘了心中的人生之美。让我惊讶和感动的是，138名学生中居然有86人提到了自己的童年。我很想跟大家分享这些美丽而真挚的文字和图画，但限于篇幅，只节选两篇吧。

一篇是山东师范大学信息科学与工程学院物联网工程专业2014级学生宋傲霜的课程作业：《碎言碎语》。

我生长在农村，出生于一个很普通的四口之家，家庭虽不富裕却充满了欢乐。小时候没有玩具，也没有现在这么多游乐园，我最常玩的就是找砖头，用这些砖头垒一个小房子，并幻想着长大以后，一定要建一栋非常漂亮的小楼，和爸爸妈妈一起住进去。还有就是自己弄个小弹弓，屁颠屁颠地跟着哥哥，瞅着谁家门口有灯泡，瞄准就打，然后撒丫子就跑；还会爬树掏鸟窝，偷偷地跑到别人家的地里刨地瓜吃……那时就是胆儿特肥，天不怕，地不怕，什么淘气事都干过。最最难忘的要数七八岁时的"偷"钱事件，那个年纪一般是花不到什么钱的，爸妈随便给个一两毛，我就会特别开心，麻利地拿着钱去小卖部买糖果。有一次，妈妈去洗衣服，就把兜里的钱全掏出来放在床头了。我放学回到家，看见床头放了这么多钱，便按捺不住内心的小恶魔，瞅了瞅妈妈，看她短时间内不会回来，就抽出了一张五块的，连忙塞进自己的书包，快速远离现场，还跑到妈妈面前献殷勤，帮这帮那的。等妈妈忙完手头的活，回到卧室，把钱放起来时，我的心都快提到嗓子眼了，生怕妈妈发现什么。后来，连续几天，我都过着这种心惊胆战的日子，钱也没敢花，最后偷偷放到床头的一个小角落里，然后假装不经意地发现了它，并一脸惊喜地把这件事告诉妈妈，终于，舒了一口气……

现在想来，当时的自己也真是傻得可爱。如今，一天天地长大，以前的那种天真烂漫、无忧无虑的生活是彻底回不去了，只能把它放在记忆中，珍藏起来……

另一个是法学院 2014 级学生陈辰绘制的彩铅插图：一只小兔子吹了一个彩色的大泡泡，泡泡里面是蘑菇房子、小河、太阳和蓝天，旁边写着一首小诗：

> 我做过一些轻盈的梦，
> 当我还是个孩童。
> 那些梦里是有着追逐和笑声的
> 阳光灿烂的日子。
> 后来，我再也无幸触及，
> 只是走惯了泥泞的路，
> 看惯了冰冷的黑白，

就再也回忆不起最初的颜色。
有那么一天吧,
我心里那么难受,
不小心吐出一小块云彩。
拌在水里竟然可以吹出泡泡,
好像有一些熟悉的美丽的东西,
出现了呢。
……

读着这些文字,体味着其中的情感,我突然记起《窗边的小豆豆》的作者黑柳彻子说过的那句话:"一个人永远也走不出自己的童年。"我想,不管一个人的生命轨迹是怎样的,童年都是整个轨迹的"起笔",其色彩、基调、质地、味道昭示了后面的人生该如何描画。奠定一生基础的童年,不仅仅关乎知识、技能,还能贮藏人生之美的能量。这些能量能不断滋养人生,使人在不经意间爆发出意想不到的力量和智慧。

在听、说、读、写所构成的综合能力中,有一种力量渗透其中、不可缺失,那就是童年的感知和体验。

卢梭在教育名著《爱弥儿》中特别强调儿童在 12 岁之前接受感觉训练的重要性,提出要让孩子享受美好的童年,不能剥夺大自然赋予他的任何东西。他认为,让儿童劳作、奔跑、喊叫不停的活动十分重要,因为"由于他不停地在活动,因而不得不对许多事物加以仔细观察,了解它们的影响;他很早就获得了许多的经验;他的经验取之于自然而非取之于人,他从未看到别人的教育意图,反而能更好地自我教育。这样,他的身体和头脑同时都得到了锻炼。他的身体愈健壮,他就变得愈加聪明和愈加有判断力。通过这个方法,他将来有一天会获得一般人认为不能同时具有的东西,获得大多数伟大的人物都具有的智力和体力,获得智者的理性和运动员的活力"[①]。这段

[①] 让·雅克·卢梭:《爱弥儿》,彭正梅译,上海人民出版社,2011 年版,第 7 页。

话恰好说明了我想要表达的一个观点：儿童的感知和体验，因没有知识灌输来得立竿见影，所以常被当作无所谓的事。但事实上，于一生来讲，我们拼尽全力想要拥有的学习力、创造力和行动力，早在童年的感知和体验中就埋下了"伏笔"。

童年的感知和体验是孩子在生活中自然获得的，是获得丰富情感和创造力的途径，是孩子说出、写出美好语言的原动力，也恰是母语能量的源泉和生命能量的奠基。很多大学者、大艺术家都提到过一个成功的秘诀，就是葆有赤子之心。

钱理群先生曾在贵州山区的一个卫生学校做老师，遇到过许多困难，但婴儿般的感知力让他葆有创作的力量："为了体验山区月夜的美，我半夜里跑到水库去画。下雨了，我就跑到雨地里，打开画纸，让雨滴下，颜料流泻。我画的画完全像儿童画，是儿童感觉。我坚持用婴儿的眼睛去看贵州的大自然，所以还是保持赤子之心，能够发现人类的美、孩子的美、学生的美、自然的美。"[1]

美国脑科学家梅迪纳教授说自己十分幸运能拥有一位好母亲。他在《让大脑自由》一书的最后一部分写了母亲给予他的丰富体验，书中有个非常感人的情节：

有一天，3岁的小梅迪纳对恐龙产生了兴趣，而母亲好像一直等待着他兴趣的到来。从那一天开始，房子里依次经历了三叠纪、侏罗纪、白垩纪时代，墙上是恐龙的图片，地板和沙发上到处是关于恐龙的各种书籍，一日三餐开始用"恐龙食物"来命名，母亲还陪他一起模仿恐龙的叫声，一玩就是几个小时……突然有一天，小梅迪纳对恐龙失去了兴趣，转而喜欢银河和飞船。出乎意料的是，母亲好像也在等待着，房子从"恐龙时代"向"宇宙大爆炸时代"转变：爬虫的海报被行星的图片取代，浴室里有小卫星的照片。母亲还买来很多薯片，和小梅迪纳一起收藏里面的"太空币"。接下来，小梅迪

---

[1] 钱理群：《从底层教师到北大教授，我明白了何谓教育和人生》，搜狐网。

纳又对希腊神话产生兴趣,房间又变成了"奥林匹斯山";他对几何感兴趣,房间就成了欧几里得风格、立体派风格、岩石风格;等等。八九岁时,小梅迪纳被获准根据自己的兴趣动手改造房屋。14岁时,他对虔诚信教的母亲宣布自己是无神论者。第二天,母亲在他的膝盖上放了一个包裹,里面放着尼采的书《偶像的黄昏》:"如果你想成为一个无神论者,祝你努力成为最好的一个!"小梅迪纳惊呆了,母亲让他清楚地认识到:对一个人来说,好奇心本身才是最重要的。他说:"从此我好奇心的闸门就从来没有关闭过。"[1]

给孩子更多的童年体验,并不在于给孩子提供多么富庶的物质生活,而在于多么用心地陪伴孩子,发现孩子的兴趣,呵护孩子的好奇心。大自然的风、云、雨、雪、河流、山川,田野里泥土的香、飞舞的蝶、嗡嗡的蜂,春天里的鸟鸣、花香、碧绿的小草、飞过头顶的燕子,或许都能给孩子一个随心变换的"成长房间"。只要我们珍视孩子的感知和体验,就有机会给孩子注入珍贵的生命能量。

林林小时候制作了大量陶艺作品;把做饭剩下的白菜根、萝卜根和牡蛎壳变成美丽的艺术品,并题字作诗;用捡来的树根刻制根雕……这些都给了他深度体验生活之美的机会,也涵养了他的情怀。

林林的"绿植"作品

---

[1] 约翰·梅迪纳:《让大脑自由》,杨光、冯立岩译,浙江人民出版社,2015年版,第241页。

第二章 ▶ 引导孩子开始写作

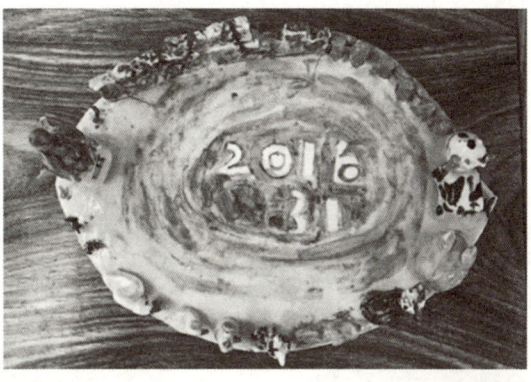

林林的陶艺作品

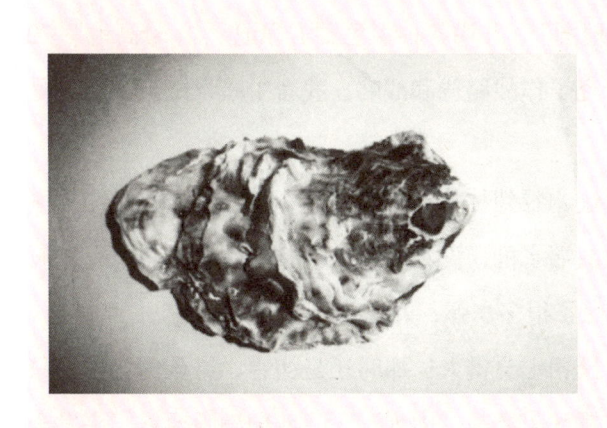

碧眼金蟾
徐知临（8岁）

河的花纹在海的花纹里荡漾，
耀眼的绿，
朴拙的黄。
听波浪独自吟唱，
听海涛诉说沧桑。
牡蛎的黄，
在雨花石的绿中燃烧。
百年的沉寂，
涌起欢笑的波涛。
不管它光滑柔润，
还是长满棱角，
自然孕育着生命，
在每个人的心房中流淌。

牡蛎壳和林林的诗作

（二）不妨当个"野孩子"

在我前方，林林正捡起地上的树枝，腾跃、跳趴、转身、前冲……这一套毫无章法的动作，伴着他"嗖嗖嗖""唰唰唰""嘿哈！嘿哈！"的"声效"，舞得虎虎生风……我远远地看，与他保持着安全距离。舞完了，他爽利地把树枝一扔，高兴地擦擦汗，回头等着我。天知道他还会发现些什么，挥舞些什么，爬爬树也说不定……看着蹦蹦跳跳的林林，我知道自己眼前的这个小男孩，如果在远古已是一个骁勇善战的小猎人，在现代我们却希望他别乱动，好好走路……

在《让大脑自由》一书中，梅迪纳举了这样一个例子：一个小男孩为转移爸爸的注意力，将手指伸向一只蜜蜂的勇气和智力，与他日后探索遥远恒星的组成或研究未来替代能源的勇气和智力是相同的。人类是天生的探险家，即使这种习惯让我们受伤，但探索的渴望如此强烈，它有能力让我们成为终生学习者。[①]

林林小时候温和稳重，很有礼貌，玩起来却总有点野。有段时间，他和院里的孩子迷上了"野战"。有一天，林林绕着宿舍大院进行实地考察，回来后埋头设计了一张"作战地图"，并用各种颜色做了标记："1号高地""2号掩护坑"……他还认真研究了作战路线和战略。我看了暗自好笑：不过是个游戏罢了，还真是用心！

第二天下午，我站在窗边，看到林林正和一帮差不多大的男孩在花园里玩"水枪游击战"，有水枪的端水枪，没水枪的双手拿着矿泉水瓶子，发疯似的跑，还有的用气球灌水做了很多水弹，大喊着冲过来冲过去。仔细一看，林林居然头戴泳帽和泳镜，扮相十分雷人！那时还是初春，男孩们竟脱得只剩下T恤和裤衩。不知道是冒汗了还是"中弹"了，他们满脸通红，头发全

[①] 约翰·梅迪纳：《让大脑自由》，杨光、冯立岩译，浙江人民出版社，2015年版，第233页。

打了绺，个个都水淋淋的，像刚从水塘里爬上来。为了躲开水弹，他们居然在草地上打滚儿，真是酣畅淋漓！我正看得不知所措，突然发现那一张张小脸上满是坚毅和肃然的表情，全然不像在游戏，冲刺、卧倒、再冲，叫喊声气壮山河，整个楼的人都听得见……

我忍不住笑了："一群野孩子！"不知不觉吐出"野孩子"三个字时，我心中突然生出对童年的敬畏。是啊，这样忘我疯玩的感觉也许只有这样的年纪才有吧！

我们常常记不得很多看似深刻的大事，却对童年的一场"打水仗"记忆犹新，也许因为我们也曾像"野孩子"一样忘我地融入过吧。我常常觉得那些说起话来神采飞扬、有感染力的人，必然有着饱满的热情，他们写出来的文字也常常洋溢着蓬勃的生命力。我想，他们一定是做过"野孩子"的人。

我们常常希望孩子收敛"野性"，却不知道，在孩子的成长中，最珍贵的恰恰是这些涌动在他生命中的灵动有力的东西。读到林林描写跟小朋友"打仗"的那些文字，以及后来不能再"打仗"的那种怅然和失落，我竟想落泪：

> 现在，再也没有从前那样痛快的战斗了！
>
> 再也没有那种不顾一切闭上眼睛的冲锋了！
>
> 再也没有一呼百应、大家一起玩的劲头了！
>
> 我回到大院，上小学了，下来疯玩的孩子越来越少了。
>
> 操场依旧，战场不在了。
>
> 但是，幼儿园时代，我们的呐喊声，我们的浴水奋战、浑身上下湿淋淋的样子，我们躲在花园里卧倒不敢喘气的感觉，我们满脸泥巴、睁不开眼的那一张张面孔，我的这一群枪林弹雨的好伙伴们……
>
> 这些童年美好事情的夕阳，永远在我脑海里留下了一道余晖。[①]

儿童文学理论家朱自强老师说："让孩子对世界的认识通过身体来完成。

[①] 徐知临：《小豆丁幼儿园成长记》，作家出版社，2017年版，第144页。

让身体感知成为世界延展的基础和起点。让孩子们对世界的表达也以身体来进行。让孩子的面部表情、手势、笑声、哭泣成为生命对外部世界的表达。让岁月不仅镌刻在孩子的心灵中，也显现于他们的身体上。"[①] 我常常觉得孩子就像一张充满弹性的锡箔纸，如果我们硬要压抑住该有的体验，这张纸就没有办法充分地延展开，但自此就像欠下了时光的债，迟早要还。自然的延展会恰到好处，而饱受压制之后的延展就变得不自然了，会肆无忌惮，会用力过度，从而破坏了人生该有的弹性和秩序。

日本著名心理学家河合隼雄先生曾访问过很多富有个性和成就的人，请他们回顾自己的童年。这些来自各个领域的人都有一个共同点：童年经历都很丰富，曾经有撒谎、逃学、偷东西等行为。他认为："人的行为可以分为拥有正面价值和拥有负面价值的。如果一味急于追求正面的价值，就会犯下大错，这是因为，乍看上去似乎是负面价值的东西，有时却在个性的培养上有着很大的价值。不重视这一悖论，就无法实现真正的教育。"[②] 他指出，不要破坏孩子的自然成长，不要急于干涉，而要让孩子自己体验成长的好处。这并不是放任孩子的所有行为和逃避教育责任，而是要学会守护孩子的成长。他说："真正'守护'孩子的成长，并不是在每件事上都去'教导'（这样的结果不过是变成了干涉）孩子，而是相当需要付出精力的一件事。"[③] 这个观点与我的观察、思考十分契合。"守护"，就是要遵循生命的法则，放手让孩子去感知、去体验，呵护孩子自我发现、自我完善的能力。我坚信，未来的发展需要富有创新精神的人。其实，从目前的趋向来看，教育改革越来越重视个性和潜能，注重创新、合作、交流、思维的能力，以及自主学习、可持续发展的能力。

童年时期，基于丰富的感知和体验而蓄积起来的生命能量比单纯沉迷于

[①] 朱自强：《童年的身体生态哲学初探——对童年生态危机的思考之二》，载方卫平编《中国儿童文化 第二辑》，浙江少年儿童出版社，2005年版，第14页。
[②] 河合隼雄：《孩子与学校》，王俊译，东方出版中心，2014年版，第32页。
[③] 同上书，第41页。

知识的机械学习更加重要。想想看，我们身边那些富有创造力的人，那些致力于提升人类生存品质、改变时代发展轨迹的人，他们的人生轨迹是怎样的呢？我相信，只要看到生命发展的内在力量，就不会被那些短浅的目标打乱，而是会坚定地守护孩子，让他慢慢地发现自己，获得生命中最神奇的能量。

林林就读的小学的校训是"异想天开，脚踏实地"。作为一所公办学校，它倡导自主学习，有着支持个性发展的珍贵理念。林林上小学时因为阅读能力强，学习比较顺利，在自主学习中超前了两个年级。很多人都建议林林就这样一直"超前"，早早上大学多好啊！可我知道，林林并不是神童。我支持孩子自主超前学习，但有一个前提：能够接受学习的知识和学习的节奏。自主学习可以省下很多重复的求知时间，让他顺应兴趣，自由探索。在学校的支持下，林林用省出的两年时间进行了自由阅读、旅行、写作、做手工等丰富多样的体验和尝试，之后就回到他原先的班级中，继续快乐地跟大家一起学习了。在孩子成长的过程中，去除那些让我们焦虑、恐慌的外在评判，顺应节律，给他时间和空间，让他作为一个独立的个体，自由地倾听内心深处的声音。唯有这样，我们的孩子才会在成为真正的自己中葆有持久的生命能量。

（三）感知的意义

蝴蝶专家罗伯特·迈克尔·派尔在给孩子们讲授昆虫知识时，会先将一只蝴蝶放在他们的鼻子上。当蝴蝶在孩子的鼻头上轻轻张开和合上翅膀的时候，孩子们感受到了轻微的瘙痒，看见了近在咫尺的各种颜色，这是极其可贵的审美启蒙。当一个孩子第一次与自然有了亲密接触以后，就会闪现出小小的顿悟："哈，这就是我和大自然的相遇！"

认知心理学对阅读发展的研究发现，**直接获得的经验和知识能够加大对词汇理解的广度和深度。当孩子不仅仅局限于一个词语，而是经由这个词语唤起更多充满颜色、声音、味道的体验时，他的阅读和写作会进入全新的境界。**

母语的力量

不能善用自己的感知，观察和体验就不细致，写出来的东西就会空泛无味。一个热爱写作的人如果能够善用感知，就能掘开一股源源不断的清泉，有了这泉水，美好的文字就永不会枯竭。

小虫低鸣，水波荡漾，冰雪消融，春芽吐绿……美有不同的层次，有细节之美，也有宏大之美。要让孩子体会到多种多样的美，就不要放过任何一个感知的机会。

林林读二年级时的暑假，我和他去了内蒙古乌兰布统。其中一项活动是看日出，需要到最好的观测点将军泡子，凌晨四点就要出发。草原上温度低，时间又太早，很多带孩子的人都放弃了。我也很犹豫，可孩子很少有机会能见到这样的日出。习惯了在城市高楼大厦间看太阳，如果能看到一望无际的草原上升起的太阳，一定会有更加深切的体验。所以，我把所有能穿的衣服都套在林林身上，带他踏上了行程。在带着青草鲜香的夜风中，我们来到了漫天繁星的将军泡子。夜幕中，要离得很近才会看清那些悠闲自在、甩着尾巴低头吃草的马群。在皎洁的月色中，点缀着奶白色蒙古包的草原无比安详，只能听到我们踩着草窸窸窣窣的响声和各种小虫子清脆的叫声。林林融入了这宁静，不说话，只是兴奋地四处张望。很快，露水就湿透了鞋子和裤腿。气温很低，我不停地哆嗦着，能感觉到茫茫草原上天色在一点点变亮，宛若启幕般神奇。天空的颜色从无比纯净的宝蓝到天鹅绒亮缎般的青黛，再到浅蓝和青白的混合，最后在一片绮丽的红霞和金光中，太阳一点点从湖泊对面的小山上升起！整个草原霎时间变成了金色，一切宛如初见，阳光壮丽地宣告了新生！这是一种平常很难体会到的有着神圣感和崇高感的美。林林欢呼着追着太阳跑，这是孩子对自然的庄严、和谐感到狂喜的审美体验高峰！之前林林看过泰山日出、海边日出，他告诉我："妈妈，草原的日出感觉很神秘！像被什么覆盖着的大地突然揭开幕布。"我很开心，孩子收获到了全新而又深刻的审美经验。

后来我们又去了宁夏的沙坡头，无边大漠给孩子留下了深刻的印象。他在写作中多次提到，那是与草原完全不同的感受。

让孩子体验到不同的自然与人文之美，是我们陪伴孩子成长中应有的规划。

（四）反复感知的意义

我常想起高中时的班主任、我的恩师张宏伟老师，他早已是桃李满天下的全国特级教学名师了。有件事，我印象特别深刻。一次作文课，他让我们到楼下的花园观察龙爪槐，要求我们调动所有可能的感知充分观察，然后回教室写作。很快，大家就写完把作文交上去了。到了第二周作文课，黑板上的题目是《再写龙爪槐》。无奈，我们只好再次观察，又写了一篇。谁知道，一周后上作文课，他给出的题目是《三写龙爪槐》。看到这样的题目，很多同学小声地抱怨："有什么可写的，连写了两次还不够！"那时，我的作文写得好，常被老师拿到各个班作为范文朗读，因而最愿意上作文课，可看到这个题目也感到厌烦。张老师好像完全了解我们的心情，说道："你们确定已经调动了所有的感知好好观察了吗？我看还没有！"没办法，只好再次观察，这一次当然用心得多。

我在楼上细细地俯视着那几棵龙爪槐，看了很久，阳光下，它们居然像涌动的绿色喷泉，就那样伫立着、喷涌着，一年又一年地在这些来了又走、走了又来的求学者的目光中安之若素。我来到花园中，屏住呼吸，抚摸着它们如钢筋般蜿蜒扭转的枝干，感受这大千世界中的独特存在。

无论是在阳光下，还是在阴影中，龙抓槐盘旋的枝桠都向外攀升扩展又向内敛聚张力，但每一根呈现的神态都不一样：有剑拔弩张的挣扎，有静谧美好的安然，有轻灵飘逸的招展，有老成稳健的矜持……我抚摸着它的枝干，嗅触着它的叶片，俯身钻进它的"大伞"下，仰望被枝叶分疏的星星点点的蓝天，看着这个与外界暂时隔开的属于自我的天地……我把脸贴近树干，闭上眼睛，听风吹过那沙沙的低吟，还听到有鸟儿偶尔掠过和停留。我第一次明白，树也是有心的，树的心语就在每一片叶子映射出的光彩中，就在每一

母语的力量

次枝桠的颤抖中……即使是像龙爪槐这般铮铮铁骨的身躯，也有柔软细腻的诉说。我突然为一个生命给予我如此丰富的表达而感动。这样美好和生动的"语言"，怎么以前没有"听"到呢？

我终于明白了张老师一而再、再而三地让我们写龙爪槐的深意。于我来讲，这已不是一篇作文，而是如何与自然沉浸对话的智慧。

感知，需要眼、耳、鼻、舌、身、心的全面投入。只有深切地观察和沉浸，才会发现隐匿起来的美好。反复细腻的感知，能让孩子在常人视若无物的地方，看到深远的风景。

小结

童年的感知和体验是重要的母语能量，贯穿在孩子听、说、读、写能力成长的全过程。

培养孩子细腻的感知习惯，让孩子身心沉浸地观察与思考，才有真切丰富的表达。

像说话那样写作，可以帮助孩子放下畏难情绪，更容易尝试书面表达，获得思维和语言上的启发。

从大量阅读中积累的语汇、语感、情感和篇章经验，伴随着成长和母语之爱的能量，会不断激发孩子的创作潜能。

终有一天，他会快乐地拿起笔，写下眼中所见、心中所想。

第三章

父母是孩子母语之爱的泉源

帮助孩子爱上写作,
我们有"不能做"和"必须做"的几件事。

伽利略说:"你无法教别人任何东西,你只能帮助别人发现一些东西。"这句话用在写作上特别适合。

在孩子最初的写作阶段,我们要把"让孩子快乐地写下去"作为第一目标,呵护他发自本真的表达意愿,尊重他最自然的创作状态。在此基础上,支持孩子在不断的尝试中感知和摸索写作的规律和方法。

一、关于孩子写作，有些事我们不能做

（一）不说"写作，要……才好"

文字表达是每个人生命的原始能量，尽管这种本能的创作冲动可能是粗糙的、生涩的，却是本真的、自然的。我们要做的就是让这种能量尽情释放，从而实现自我的完善和提升。

学习写作的最好方法，就是在愿意表达的时候多写，写着写着找到了一种感觉，再写着写着，发现了一种表达的可能和境界。因而，写作之初，我们不需给予孩子过多知识性的限定和指导。

孩子写作最可贵的是要经过属于自我的摸索和体验，经历最自由和本真的表达，需要发自本能的动力和体验，就像走路和奔跑一样。

毕加索说，我终其一生都在学习如何像孩子一样看世界，我们要让孩子的创作能量充分地释放出来。

如果一开始就给孩子规定"什么是作文""怎样写才对"，孩子常常会不知所措，不愿下笔，不敢写作。

美国儿童哲学创始人李普曼教授在儿童教学中，通过大量的观察后发现："孩子到了八九岁，常常就对文艺活动失去了兴趣，他们的言谈开始变得重复老套、平淡无味，想获得正规教育的要求同自己内心的愿望产生了冲突，非常正式的表达手段开始让孩子们感到压抑，在四年级的教室里，人们很难再看到孩子们的笑脸、炯炯有神的眼睛和无忧无虑的举止，而这些在三年级中却是随处可见。"① 我也发现，孩子到了四年级，要是阅读的范围比较狭小，再受到作文方法的外在规范，常常就会失去最童真的文学创作体验。方卫平先生曾经说："童年不仅仅是幼稚的、不成熟的，它还联系、融合着历史的古老、现代的年轻和未来的无限可能。单纯中寄寓着无限，稚拙中透露出深刻，这或许便是童年所呈现和传递给我们的独特状态和意味。"②

我小心呵护林林发自内心对写作的热爱，从来不过多地限制他。我在书店见到很多"好词好句好素材"的作文辅导书，但从未买过。因为那些文字虽然好，却只是一个个美丽的片段，不是孩子从阅读的土壤中自然汲取的营养，也不是他在生活中切身体验后融进情感、从心中流淌出来的文字。再好的素材，只要是硬塞给孩子的，就不会浑然融入孩子的性灵，自然也不会真诚的表达。写作，不是"辅导"出来的。用方法和技巧堆积起来的文字常常像带着镣铐的舞蹈，失去了表达中最珍贵的感觉和生气，是索然无味的。

（二）不说"你这样写可不对"

是不是应该用成语？

是不是写了错别字？

是不是用词不当？

是不是可以这样用比喻？

……

孩子的文章往往让我们觉得大有可改。殊不知，我们眼中的那些不恰当、不合理，往往是孩子的真实表达。因而，在孩子刚刚开始创作时，不要进行过多的苛求和规范，要用孩子的眼睛来品读，尊重那些闪烁着童真之美的"灵光乍现"。

---

① M.李普曼、A.M.夏波：《为什么写？怎样写？》，刘文哲等编译，山西教育出版社，1997年版，第4页。

② 方卫平：《思想的边界 卷二：方卫平儿童文学理论文集》，明天出版社，2006年版，第8页。

母语的力量

孩子具有敏锐的洞察力又毫不矫饰，我们要尊重他独特的观察和体验。

一个7岁的孩子说："我们死了的时候便梦见自己不在。"[1]我们是对一个孩子能说出如此富含深奥宇宙生命观的语言感到惊叹，还是一本正经地责备他："人死了哪里还会做梦呢？！"

林林6岁半的时候写了一首诗《水果小精灵》：

> 我一直以为，
> 每一个水果和蔬菜里都有一个小精灵。
> 苹果是苹果小精灵帮它弄圆的，
> 香蕉是香蕉小精灵把它搓弯的，
> 梨是梨子小精灵画出满身的点点的，
> 菠萝是菠萝小精灵刻出扎人的叶子，
> 草莓是草莓小精灵让它下面小上面大的，
> 西红柿是西红柿小精灵涂成鲜红色，
> 黄瓜是黄瓜小精灵粘上了刺。
> 我不能相信
> 它们原来就是这个样子。

要是用成人的眼光来看，蔬菜和水果都是极其普通的存在，但孩子的心中会有对精灵的幻想和童话的诗意，这诗意就体现在这些看起来异想天开又有点啰唆的语言中。

孩子会问：为什么梨的身上有点点？为什么西红柿是鲜红色的？为什么黄瓜上面有小刺？……

我们会说："不为什么，它就长那样儿！"

孩子可能更加困惑。

仔细想想，这难道不应该是个问题吗？

---

[1] M.李普曼、A.M.夏波：《为什么写？怎样写？》，刘文哲等编译，山西教育出版社，1997年版，第5页。

我第一次看到棉花时十分惊愕，明明长出的是一个个小桃子般的果实，却可以从里面揪出棉絮，这两种似乎不可能有联系的不同质地的东西却互为"母子"，这果实不是用来满足口腹之欲，却会带来温暖！一刹那间，我惊叹于大自然的神奇，怎么会有如此巧妙的安排？难道不是精灵般的力量创造出来的吗？那些蔬菜和水果，各有各的样子，各有各的颜色，各有各的味道！想想看，孩子是童真的，也是智慧的，这的确应该问个"为什么"。于是，他把困惑写成了一首诗。

如果这时我们说："你写得多啰唆呀，哪里有什么小精灵呢？"孩子那可贵的体验和文学创作的感觉就被我们轻而易举地抹杀了。

林林7岁时写了一连串的"像……"

> 青蛙的身子像茶壶，
> 小草像绿色的吸管，
> 山上的石头像馒头，
> 白白的面粉像沙子。
> 时间像昨天，像明天，又像未来；
> 双龙山像雄伟的碉堡，又像一个严肃的巨人；
> 风中摇摆的松树，
> 像不停摇头的娃娃，
> 又像四处张望的妈妈。

乍一看，这些"像"真的很奇怪，我当时看了以后真想马上改成我认为更像的东西。后来在园博园，他指着池塘中的青蛙给我看，我吃惊地发现，那小青蛙居然是灰亮的颜色，蹲在荷叶上一动不动，真的像一把紫砂茶壶！当他递给我一根草，我呆呆地凝视：还有这样的草呀，叶片正面卷卷的，背面又直直的，中间有空心。天哪，真像根吸管！而远山上那几块圆圆的石头可不就像几个大馒头！我买来的全麦杂粮面粉，摸起来还真像细沙……那些看来别扭的比喻，却是孩子真真切切的感受。我暗自庆幸，没逼着他改成"小草像绿绿的地毯"之类的话。

丰子恺先生在《给我的孩子们》中感慨:"我的孩子们!我憧憬于你们的生活,每天不止一次!我想委曲地说出来,使你们自己晓得。可惜到你们懂得我的话的意思的时候,你们将不复是可以使我憧憬的人了。这是何等可悲哀的事啊!"

孩子的眼睛是独特的、敏锐的,他们的文字常常饱含着性灵和才情。我们要尽可能让这样的灵性更多一些,让这样的才情涵养得再长久一些,而不要急着去苛责。

(三)不说"写一篇游记吧"

孩子刚刚开始写作,是不是要给孩子出题目让孩子写呢?

我在研究儿童写作时发现,写作和其他行为一样,都遵循着生命的节奏。我们常常打扰了孩子源自生命情怀的写作,把孩子自然萌发的写作引导成道德的自省书或者是提升文辞技巧的枯燥模仿。因而,在孩子刚刚开始写作的时候,不要限定题材和体裁,让他写自己喜欢的东西就好了。就像一个欣欣然陶醉于花海的人,最容易发现花朵的美好。若是此时,有人说:"你一定要看菊花!"或"你一定要走直线去闻花的香!"那这个人还能体味到花的美好吗?

7岁之前,孩子最真实自然的写作是来自感知和情感的生发创作,是从心里咕嘟咕嘟冒出的想法,是对在自然和亲情、友情中感知到的情绪的描画,是自言自语的心灵之歌。7岁之后,孩子慢慢接受命题作文,但仍然会因为题目不恰当而失去写作的本心,慢慢地不再坚持"我手写我心"。而那些心口不一的作文违背了孩子心灵的成长轨迹。

孩子最初的写作常常只是一种情绪的表达,不经意间会涉及他所看到的、听到的、感觉到的、想到的事物,内容也能够很丰富;逻辑上,可能会遵照情感流向或者事件发展的顺序。此时,他并不会意识到自己要写什么样的体裁和主题，也没有刻意去想怎样写才叫好。

林林8岁时写下《幼儿园的故事》，故事、散文、诗歌杂糅在一起。我感觉他已经意识到如何去说一件事情，只是不知道怎样说的效果最好，于是才会发自本心地"想怎么说就怎么说"。成人写作时，一定是先限定主题和体裁，而孩子恰恰相反。

林林小时候，我们尽可能带他到处旅行，以开阔他的眼界和胸襟，但从来没有要求他写游记，只是引导他多看多听。回来后，他常常因为难忘就随手写下来，写的常常是一个个片段、一个个地点、一个个场景的集合。比如，他写的《内蒙古之行》，有"庙宫漂流""百草敖包祭""大草原骑马""探寻原住民村庄""将军泡子看日出""花咕噜山采蘑菇""草原水晶湖""花谷漫步""鹿场观鹿""草原滑沙""篝火告别晚会"等十多个小篇章；《宁夏之行》由"飞机场""沙湖""贺兰山岩画""沙坡头（上、中、下）""镇北堡影视城"等组成；其余十几篇关于旅行的写作也都是如此。在他看来，这似乎是对情感和体验的记录，把难忘的都记下来，读来很特别，也很有味道。

要是我明确地要求他"要写一篇游记"，并告诉他游记应该如何取舍。也许，他就不能把这些零散但鲜明的感觉和体验塞进一篇所谓的"游记"，也就没有他对一段段旅程独特的感知和记录了。

（四）不说"要写得更有想象力啊"

大人眼中的想象，常常是一种文章的技巧，好像只有天马行空、异想天开才是想象。把这种想象强加给孩子，不仅不会激发孩子的创造力，还会误导孩子。

有的孩子在听到大人对想象的定义后，完全撇开生活和情感，一味去写外星人如何、怪物世界如何。其实，那并不是儿童的想象。

在孩子的世界里，一花一草皆有生命，可以对小虫说话，可以对小鸟唱歌。因而你会发现,在孩子本真的生命记录中,他们比我们更深切地融入了自然与生活,他们所认为的真实常常就是纯美的想象。

林林在《小豆丁幼儿园成长记》中就有很多这样的想象:他发明了"密码语言",对着小鸟说,相信它们听得懂;一边画小人兵,一边看见了"轰轰隆隆"的战场;白天可爱的大烟囱,到了晚上就被施了魔法,变成巫师的城堡;下大雨了,小蚂蚁一家有了月饼渣,开心地在屋子里暖暖地过中秋节;流浪的小狗吃骨头时咕噜一口吞下去,肚子里就有个小精灵负责把骨头打成粉末……

孩子的想象,有无限的可能。

二、关于孩子写作，有些事我们必须做

"妈妈，我怎么没什么可写的呀！"当孩子歪着头，拿着笔发呆时，我们通常很想说："怎么会没什么可写呢！好好想想。你没有动脑子，怎么能写得出来呢？"其实，刚刚开始写作的孩子并不是脑袋空空，恰恰相反，他的脑袋里可能塞得满满的，只是不知道该怎样开始。这个时候孩子最需要的是信心和启发，如果妈妈能幽默地说："写东西就是这样哦！"然后给孩子一些支持和鼓励，写作就会变成一件开心的事。

（一）写之前的"画画说说"

孩子最初写作时，常常需要先梳理凌乱的思路，才有信心下笔。

林林在最初写作时，脑袋里常常塞满了各式各样的想法，这些想法就像东奔西走的小精灵，让他摸不着头绪。尤其当他想到很复杂的情节时，他就会说："妈妈，我有好多好多东西要写，可是……"我在写作中也常常遇到脑袋里"咕嘟咕嘟"像开锅似的冒着泡泡却不知道如何熬制美味的困惑，有一种混沌不清的感觉。成人通常是把想到的先一股脑儿地敲进电脑，然后再梳理调整，但对一个六七岁、渴望表达的孩子来说，写作是思维的直接呈现，如果没有理清思路，会有写不下去的挫败感。

打草稿，然后反复修改，再抄写一遍，从理论上来讲，似乎是最成熟的写作步骤。可是面对如此庞大的书写量，成人尚且头疼，更不用说一个刚刚

开始握着铅笔书写的孩子了。而且，最大的问题是，草稿会把写作的思路固定住，很难再把想象和情感融进去，这样就可能把自然生发出来的表现力拘束住。

怎样才能让刚开始写作的孩子明确写作顺序和各部分描写的重点呢？这其实就是写作中的"谋篇布局"。

当林林不知道如何下笔时，我就让他先说一说，过后再写，这样做很有效果。但孩子常把说过的很多关键点给漏掉了，写完后会说："怎么没写上这个呢！"对于写作思路的梳理，只能做到大致清晰，因为它还可能会因为情感的流露而发生变化，很多原本想表达的东西可能就遗漏了。

对从构思到创作的倏忽多变，很多艺术家都有精彩的表达，比如郑板桥画竹时就曾经发出"眼中之竹并非胸中之竹，胸中之竹又非手中之竹"的感慨。脑海中的构思和下笔后的文章有差异是极其普遍和正常的。要是能有办法，既不用打草稿，又能理清思路，还能和"说一说"结合起来，可以随时记录下想写的东西就好了。事实证明，画脑图和鱼骨图是有效的方法。

脑图，也叫心智图，是直观反映大脑思维过程、明晰事物之间逻辑关联的思维图示法。

每次写作前，林林会先写出中心主题，放在中间或者最醒目的位置；然后，用发散或者环绕的方式，把各级主题用层级图表现出来；最后，把关键词写在上面。画这样的图就是理清思路、架构文章的过程，简单明了，既能提醒孩子一些关键点，又有充分开放、不会在细节上限制他发挥的提示。

除了脑图，林林还常常画鱼骨图。鱼骨图本来是日本管理学家石川馨提出用来发现问题根本原因的方法，在商业管理和其他管理中用来分析和记录涌现出来的头脑风暴。我觉得，这种一条鱼样子的图形，可爱有趣，能够不断让"鱼"长出"鱼刺"，快速记录下各种发散的联想，而"鱼身"中间那根大骨头上的关键词又会时刻提醒他文章的主线和主题。这种图示法比思维导图还要直观。

画脑图、鱼骨图可以帮助实现写作的一气呵成，达到粗略构思、细致下笔。这种方法简单易学，对写作十分有帮助，孩子很快就能掌握。

（二）给孩子爱上写作的力量

1. 站在孩子的角度多鼓励

孩子刚写作时，很多家长往往看不到他"闪闪发光"的力量，总会皱着眉头说："写的啥呀！"

殊不知，从讲故事到画画写写，再到用文字书写心意，孩子每一点进步都像小芽萌发，积聚了巨大能量，都值得惊喜。

孩子的"前写作"状态非常珍贵。他们生来就是诗人，善于用诗性的眼光看待世界。4岁多时，林林开始制作自己的绘本；6岁时，开始以图配文，简单写作。8岁时，林林就能洋洋洒洒写出上千字了。林林之所以热爱写作，我想与他知道爸爸妈妈从未扔掉他的"作品"，哪怕是他随手描画的纸片，都珍藏在精美的文件夹里有很大的关系。

林林6岁时的作文

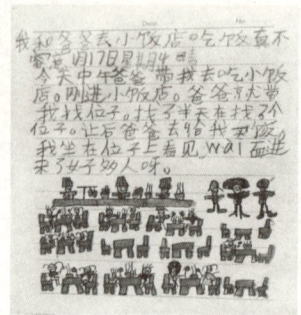

母语的力量

林林6岁时的作文

记得刚上小学，一天，林林回家后在一张纸上写了四句话，然后对我说："不知道能不能入选，只有一个人可以入选呢！"原来，学校要举行首届运动会，每个班级都要有入场口号。老师要从全班同学中选一个。第二天放学，林林一进门就兴奋地喊："妈妈，我在操场上彩排国旗方队，听到鲜花队喊出我们班的口号就是我写的那四句话呢！"看他兴奋的样子，我也很开心，马上鼓励他，还大声喊起了他写的口号。

在家里，我们常常朗读他的文章。在学校，林林喜欢作文课，老师还让他给全班同学讲过一节作文课。后来，他的文章在报纸上发表，还出版成了图书……

终有一天，孩子自己会知道，即使没有别人的喝彩，写作也能带给他丰硕的收获。但在起步时，让孩子感知到自信是很重要的事。

2、朗读和称赞孩子的作品

把孩子的文章认真地读出声来，并把好句子多读几遍，点评、夸赞，孩子会很有成就感。每次读到有排比句的地方、描写细腻的地方，我都会特别有感情，林林常常满怀期待地看着我。

比如，我会说："这里描写得真好，你说：'站在黄河岸边，看到一束美丽、威武的浪花，它淹没在了黄河水中，飘向陌生的大海……'读着这句话，我好像看到了那束浪花，它的气质、神情，我都感觉到了！"

林林会告诉我为什么这样写："妈妈，你看到那朵浪花了吗？当时我看到了，我真是这样感觉的，美丽是因为它是浪花，威武是因为它毕竟是黄河入海口的浪花呢！"

或者我会给他一些很诚恳的评价，让他感受到我喜欢他写的文字。

比如，我说："哎呀，看到你写的庙宫漂流，我感觉自己的衣服又湿了，又回到了那一天，紧张、惬意、焦虑、期待，交织在一起，这就是你文字的力量啊！"

每次听到这些评价，他都会有些羞涩，但更多的是开心和满足。这种被欣赏的满足感，能让孩子有意识地发扬写作特长和表达优势。

3. 送孩子一本奇思妙想记录本

孩子写作时常常绞尽脑汁，感觉没什么值得写。其实，他们平常嘻嘻哈哈、打闹说笑时，嘴里冒出来的、脑子里想出来的都是绝妙的素材！

郑渊洁曾说："我所有的写作过程都很快乐，很少有那种折磨的感觉。可能是因为还有童心和好奇心，所以我在生活当中遇到的事就老有灵感。打个比方，今天在我来的飞机上，一有灵感，我就记在了那个呕吐袋上了，记了很多，回去我就誊在一个本上。因为会老有这种灵感，写作就很轻松。"[①]

我曾给林林一个"奇思妙想记录本"，告诉他可以随时把好的想法记录到上面。7岁时，他在本子上写了这样一段话：

弓

人生有两种弓，一种是未来人生之弓，一种是打仗用的弓。

打仗用的弓，是战火中的弓，以马速定射程远近，以士兵定品质精良，可以说是近处好射，远处难攻。

---

① 郑渊洁：《我所有的写作过程都很快乐》，《南方日报》，2014年12月26日。

母语的力量

未来人生的弓，是努力中的弓，是一把隐形的弓。你将来是什么样的，取决于你拉没拉满了弓，这个弓射出的不是武力，而是希望和未来。如果你想到达对面的小岛，你拉半弓就已经足够了，但是如果你想到达对岸，就要拉满弓。

不过，这句话我想你一定要记住，那就是："不要害怕错过你的目标，人世间有很多的靶在等着你！"

我问他怎么想到要写这样一篇文章。他说那天爬山，爸爸给他买了一把弓，他玩着玩着，就想到这些，随手记下来。这种随时记录下来的习惯极其重要，便于捕捉灵感的火花。

灵感常常一触即发，但瞬间就会流逝。我的床头柜上有一张纸和一支笔，因为不记下晚上脑子里闪现出来的好东西就舍不得睡，害怕早晨醒来就不见了。

旅行时，林林也常会做一些类似关键词语的记录。回家后他就写出来，好像那几个小小的词语有流淌出好多内容的魔法一样。

林林曾写有《为什么要记录奇思妙想？怎么记录呢？》：

奇思妙想是大脑的礼物，你可能要用很长时间来把它们记在脑子里。
当你兴高采烈地告诉自己，它已在你的记忆里生根。
……
可能没个半个小时，它就会被记单词、背古诗，或一切要用脑力劳动的事情铲掉。
……
如果在它们还没消失的时候，把这些奇思妙想带到安全的新家——一个作文本上，十年、二十年后，你还能看到。
"怎样写出奇思妙想？"
"我的脑子里从没有过奇思妙想，是怎么回事？"
总会有的，只是你让它们溜走了。当你吃水果的时候，你难道没有想到这些水果本不是这个样子,是小精灵把它们变成这样的吗?你在写作业的时候,你有没有想过有一个机器人能帮你?你有没有想过有一个王国?奇思妙想不是一时努力让它有就会有的,不管你在睡觉还是在车上,脑子里都可能蹦出奇思妙想。所以,要随身带一个记录本,随时把这些奇思妙想记下来……

有时,我们买了漂亮的本子送给孩子,也跟孩子说了要记下奇思妙想,但过后很久发现本子上并没记下什么。这时我们可以多激励孩子。比如告诉孩子,每个周末全家人都会在晚饭后欣赏他的奇思妙想,或者告诉他:"爸爸的工作很需要新鲜的创意,请把你的奇思妙想告诉他好吗?"也可以跟孩子交换,让孩子看看我们的"好点子"……总之,让孩子喜欢上随手记录,我们要有耐心、多鼓励。一旦推动这列小火车跑起来,孩子以后的写作就有了无穷的动力。

4. 帮孩子养成写作习惯

当孩子不断体验写作时,我们要支持孩子在可能产生热爱的时机把写作当作一种习惯。

生活中涉及表情达意的事情,都是我们帮孩子养成写作习惯的机会。当孩子有了"我要记下来!""我要写出来!"的强烈要求,就像春天的花朵,拥有了一定要绽放的力量。

叶圣陶先生曾在《文章例话》中说:"阅读和写作都是人生的一种行为,凡是行为必须养成了习惯才行。譬如坐得正、站得直,从生理学的见地看,是有益于健康的。但是决不能每当要坐要站的时候,才想到坐和站的姿势怎么样。必须养成了坐得正、站得直的习惯,连'生理学'和'健康'都不想到,这才可以终身受用。阅读和写作也是这样。临时搬出些知识来,阅读应该怎么样,写作应该怎么样,岂不是要把饱满的整段兴致割裂得支离破碎?所以阅读和写作知识必须化为习惯,在不知不觉之间受用它,那才是真正的受用。"[1]

那么，想要帮孩子养成写作习惯，我们可以怎样做呢？

（1）制定旅行计划

旅行前，我们可以提供资料，让孩子来制定备选计划，这样特别能锻炼他的构思能力。林林7岁那年，我们计划去内蒙古旅行，我提前送他一本《蒙古长调》的书，还有内蒙古地图，一些旅行社计划单也拿给他看。林林提出了很多计划，并分条列出来：

想要的收获：草原的美丽景色和当地的传说故事

一定要做的事：

1. 看看草原的日出和日落

2. 欣赏并学会一首内蒙古民歌

3. 了解他们的风俗、饮食

4. 了解当地草和花的种类

5. 吃当地最有特色的三样东西

6. 探访蒙古包，请人家讲讲他们的故事

……

孩子除了列出出游计划，还对线路的选择提出意见。做旅行计划其实就像写小说一样，主题、线索、可能的风景、期待的收获都可以满怀期待，提前构想。孩子担任出行规划人的角色，自然就有了更多的责任感，更能有意识地在行程中整理心情和思路。

（2）写便条和信件

从林林还不太会写字开始，我就请他帮忙："帮我把这件事记下来，提醒我一下好吗？"他会半拼音半画字地承担写便条、留言的任务，我家冰箱上常常出现林林写的小纸条。

---

[1] 叶圣陶：《文章例话》，辽宁教育出版社，2005年版，序言第4页。

让孩子写便条的好处有很多。首先，让孩子明白，写作是生活中的一种交流方式，可以传情达意。其次，把简单的口语变成书面语，这对刚开始写作的孩子来讲，既有趣，也能得到锻炼。

一开始，林林的便条写得极其简单，就是把我的话一字不落地写下来。后来，他会加上自己的理解，并画图装饰，越来越生动，这就是有意识在创作了！

梅子涵老师有一篇写给小朋友的通讯，题目叫作《很短的信 很大的意义》[①]。他写道，从长江边来到上海照顾他的外祖母常常想念老家，过一段日子就会对他说："宝宝，给我写封信到乡里吧！"那时，梅老师还是一名小学生，他帮外祖母写了一封一封的信。虽然每封信都是简简单单的几句话，虽然他的字写得不好看，可是外祖母会因为他写了信而睡得非常香。梅老师说那是他最早得到欣赏的作品，他也因而认识到了写作的意义。

说到梅老师写信的事，我不禁想起自己。小时候，每当妈妈从邮局取回外婆从胶东寄来的装着花生米、地瓜干和海米的白布包，最急切的事就是要抽出夹在里面的信念给我听。信是外公写的，字大而清秀，最后一句都是两个字："春安""夏安""秋安"或"冬安"。妈妈念完信，总是让我写回信。我曾听到她悄悄对爸爸说："这孩子可会写信了，不光报平安，还把家里的好事都写进去，最后写一大串祝福语，她姥爷都看好几遍！"我听了特别开心，更起劲儿地写。时至今日，写信的事一直刻在记忆中。

可喜的是，林林也有可贵的信件记忆。我们家对门有个和林林一起长大的小伙伴洋洋。有段时间我们搬家了，不能经常回去，两个小伙伴就开始互相写信，放在彼此门口。每次，林林都用漂亮的信纸装着，小心地放过去。后来，他在《小豆丁幼儿园成长记》中也记述了这件事，可见他十分珍惜这段通信的经历。

[①] 梅子涵：《新寄小读者 说给你听》，安徽少年儿童出版社，2011年版，第68页。

母语的力量

有一次放假,我回到原来的大院,妈妈要到那个家里拿一些东西,我惊讶地看到在我家门口的置物柜上放着一封信,用粉红色的信封装着,上面有一层灰尘,不知道是什么时候放在这里的,上面用铅笔工工整整地写着:林林收。我赶紧打开来,啊!原来是洋洋写给我的信:

林林:

你是否还记得我,咱俩都已经两年没见了,有时候可能像小时候一样,傻乎乎地按你家门铃,却没人开门,我便知道自己又犯傻了。最近,你爷爷常来,你却没来。我是多么希望你能来,再跟你玩一玩,现在我已经上二年级了,学了好多知识,你来了,我可以教给你。

洋洋

我离开的时候,给洋洋写了回信,放在信封中,悄悄地放在洋洋家门口的奶筐里。

亲爱的洋洋:

咱们已经好久没见面了。两年前,咱们说说笑笑,吵吵闹闹,度过了那段光阴。可是现在我们从一栋楼,分到了两栋楼,一栋是七号楼,一栋是十四号楼。我们本来很近,现在却变成了十多公里的两头,可今天,咱们又相聚在一起,就像本来就是一个小池塘里的水,变成了两条小河里的水,最后我们都流到了一个地方,那就是大海啊。

林林[1]

我品读着洋洋的信:"最近,你爷爷常来,你却没来。"我一遍遍地在心中念着,"你却没来"这四个字里有多深的情谊!而林林的回信,"小池塘""小河"最后都要汇聚到"大海"?是感怀于成长中的分离与未来的相聚吗?

孩子之间深厚美好的感情,自然反映在文字中,就是最美的文章。

---

[1] 徐知临:《小豆丁幼儿园成长记》,作家出版社,2017年版,第136页。

（3）让照片"说话"

虽然现在随时随地都能拍下精彩的瞬间，存储在手机或电脑里，但照片只有时时翻看、回味，才能实现其价值和意义。

小时候，我家有几本老相册。现在每次回家，我都要拿过那几本厚厚的相册翻看。每一页的黑色纸板上，爸爸都用金色的镶角把照片排列得错落有致。从我和哥哥在长征照相馆的百天照，到我们一点点长大的照片，那些或黑白或彩色的照片记录了我难忘的童年。更让我感动的是，在很多照片下面，爸爸用蓝黑钢笔写下的清秀正楷小字记录了当时的故事和心情。

有一张我四岁的照片，我抱着一个很大的球，闭着眼睛，咧开嘴巴笑着。爸爸在下面写着："太阳公公闭上眼，让我睁开眼！"

我问爸爸怎么想到要这样写。爸爸说，那是我小时候自己说的，还问我："你不记得了吗？"我的心一动，自己真的是一点也不记得了，爸爸却把它们永远地记了下来。所以，我一直想和林林一起整理家里的照片，也学着爸爸的样子让每张珍贵的照片能够"说话"，让孩子看着照片说一说，记录下当下的美好，一定是很有意义的事。对写作来讲，这也是一个触景生情、感怀过往的好素材。

（4）从诗歌入手

诗歌是最难写的文体。但奇妙的是，对于刚刚接触写作的孩子来讲，诗歌却是一种很亲切的形式。

我曾受邀到一所学校做讲座，题目是《睁开心灵的眼睛——你们都是小诗人》。孩子们瞪大眼睛看着标题，有期待，也有疑惑。我知道，在很多人看来，诗人遥不可及。

我从诗歌的起源讲起：在远古时候，在温暖的火堆边，大家一边唱一边跳。这些富有节奏的祝祷词，就是诗的起源。

我告诉孩子们，古希腊神话中有一位女神，是灵感和艺术的象征，叫作缪斯。"可是，你们知道吗？每个人的心里，都有一个诗和文艺之神。只要睁开心灵的眼睛，就能感知到她的存在。"

母语的力量

我让孩子们闭上眼睛,把手轻轻放在胸口。

接着,我请他们跟着我的话语,找到自己心中的诗神。我慢慢说:"当你看到春天的第一个嫩芽;当你望见远远的天边飘过一朵云朵;当你要离开家,一个人去向远方;当你遇到了很多年在心里惦念的好朋友;当你想对一个人说出心里的话,却又不知道该怎么说;当你解答出一道很难的题目;当你站在高山上对着奔流的江水和深邃的峡谷;当你看到一只鸟妈妈在为孩子梳理尚未干透的羽毛……"

孩子们慢慢睁开眼睛,我轻轻地问:"刚刚,你们感受到心中那想要发出声音、想要歌唱的诗神了吗?"

"感受到了!"孩子们惊喜地回答。

"我想唱歌!"

"我想要呼唤!"

"我想写点什么!"

"我想对着天空和峡谷大声说些什么!"

……

我告诉大家诗是生命情感的自然表露,并举例讲到了柯勒律治的"诗是最佳词语的最佳排列",艾略特的"诗歌是生命意识的最高点,具有伟大的生命力和对生命的最敏锐的感觉",又一起探讨"诗是无形画,画是有形诗"。

孩子们七嘴八舌地讨论起来,总结了诗歌的特点:"诗是最佳词语的最佳排列;诗是最敏锐的感觉;诗是一幅无形的画……"

我带领他们,放下崇拜,换个视角来读骆宾王的名篇《鹅》,让他们想想看,骆宾王是怎么写出这首诗的。

孩子们看着图片上的白鹅,想象着,吟诵着……

> 鹅鹅鹅,
> 曲项向天歌。
> 白毛浮绿水,
> 红掌拨清波。

孩子们很快就发现，这首传世名篇其实就是一个孩子在岸边看到了一只鹅，他拍着手，把对大白鹅的观察变成了一幅有色彩、有动感、有声音的图画，再用最简洁、生动的语言记录了下来。

体会完，孩子们大声说出自己心中的诗句，真的都变成了"小诗人"。

一开始，我用内在反复的节奏，把几个不断重复的句子作为每个小节的开头，让孩子感受诗歌的美好。比如：

我真希望……

我真希望……

我真希望……

我真希望……

或者是：

我是一个勇敢的人，每天都……

我是一个勇敢的人，每天能……

我是一个勇敢的人……

当孩子按照提示，写下自己的句子并读出来时就会发现："呀，我写了一首诗呢！"

我真希望，风筝永远自在地飞在天上；

我真希望，干枯的小河重新唱起歌；

我真希望，水枪里有用不完的水；

我真希望，流浪的小狗都有一个家……

我是一个勇敢的人，

5岁就在自己的房间里睡觉了；

我是一个勇敢的人，

下完雨，我送迷路的蚯蚓宝宝回家；

我是一个勇敢的人，

打雷了，我也不害怕……

后来，我带孩子们用一个字随意展开联想，扩展写成一首诗《光》：

黑夜的星光，

黄昏的霞光，

黎明的曙光，

南极长夜里美丽的极光。

冬日里的光衬托温暖，

迷途中的光代表希望，

初春的光指引芬芳，

白昼的光宣告新生。

光，让我们看见风景；

光，让我们不再寒冷；

光，让万物生长。

光，是火把的宣言；

光，是太阳的孩子；

光，是大自然的恩赐；

光，是每个人的伙伴。

哪里有光明，

哪里就有欢乐。

一开始，孩子们只是把很多意象罗列在一起，慢慢地，他们开始有意识地注意语言的节奏和句式的整齐，把诗写得更有味道。这时，写作能力就向前迈进了一大步。

过后，几位老师告诉我，刚刚作诗的一些孩子让他们十分吃惊："他们平时都不怎么发言，没想到还能出口成章！"其实，当孩子发现，文学和诗歌并不是遥远的、外在于自己生命的不相干的东西，不是被强加过来的条条框框，而是生命中本有的诗情画意，是喷薄待出的真实情感，是渴望与人分享的真性情，就会爱上表达和创作。

（三）一气呵成再打磨提升

林林小时候下笔很快，我从不打扰他，一般像这样"文思泉涌"写出来的文字都情感真切。孩子刚刚对写作萌发浓厚的兴趣时，每天都会写个不停。这时候，如果家长要求他"不准写错别字""遇到不会写的字马上查字典""错一个字写十遍"等，足以把他写作热情的"星星之火"扑灭，孩子会因为怕出错而不敢动笔。写作时，如果不断停顿，孩子就体验不到文气贯通、一气呵成的感觉，写出来的东西也难以自然、流畅。

很多大文豪如鲁迅、巴尔扎克的手写文稿，一看就是情感激流奔涌而出的作品，涂抹、丢字、错字都很常见，这正体现了写作最原始的状态。因而，要鼓励孩子一动笔就尽情表达，不会写的字先空过去。而且，不要因为有错字就否定孩子的文章。对反复出错的字，我们可以和孩子一起玩"找错字"的游戏。其实，随着孩子年龄增长、年级升高，错字会越来越少，父母不必太过焦虑。而让孩子对写作这件事树立起信心，产生轻松愉快的亲近感，实在比纠正错字重要得多。

到了高年级，伴随着书写量和阅读量的增加，已经掌握了文字表达技能的孩子自然开始认识到打磨和修改文稿的重要性。这样一来，他既能享受一气呵成的快乐，也开始注重逻辑与方法的省察。此时，对于写作的方法，一定要启发孩子自己去发现，而不是硬塞给他。在孩子发现问题，有困惑有思考后，我们再给他诚恳的反馈，这样的启发和方法会化为他自己的领悟，然后自然渗透到写作中。这跟我们要求他带着"技巧"写出来的文章很不一样，对写作这件事的态度也很不一样，正所谓是"自己写"和"为他人写"。

台湾作家蒋勋曾经用陶渊明《桃花源记》里的句子"初极狭，才通人；

复行数十步，豁然开朗"谈创作和学习。其实，孩子起初自由写作时的畅快，就像闻到了"桃花清香"的渔人，慢慢对写作方法的感悟，对文章的修改提升，一定会有从自由开阔到狭窄难耐，再到自省完善，最后达到豁然开朗的顿悟之境。这样的历程本身，也是写作的快乐！

（四）"真我"最珍贵

好的文学作品不只停留在字句的考究上，更重要的是饱含意蕴，有超脱于物象束缚的对人生、生命、历史的哲思。这是写作的至高境界，一般不容易达到。

从方法上生硬地要求孩子结尾升华主题，得到的却常常是"口号作文"。其实，孩子的文字本身会有自己的深度，我们更需要珍视他的个性和体悟。孩子的作品有时因为体察的直观性和敏锐性常有超出成人的感悟力，流露出怅惘或期待，这是儿童特有的哲思。这时候，我们要特别欣赏和鼓励孩子。

比如，林林四年级时去了曲阜峄山，回来后写了一篇文章，结尾是这样写的：

> 越往上爬，石头就越大，树也繁茂起来，最后我爬上一块倾斜度很大的石头，这就是顶峰了，下面是万丈深渊，远处则是无数水塘、远山，还有云雾缭绕的古长城，这就是曾经的鲁国，这就是峄山。两千五百年前，孔子登上峄山，登东山而小鲁；两千二百年前，秦始皇为了封禅泰山而在这里列阵排演。一个是贤德学士的远眺，一个是千古一帝的问天。今天，我踏着历史的脚步登上峄山，如果能与古人看到同一块巨石，遇到同一棵苍松，也是宇宙间的一次因缘吧！

这段文字虽不甚精致，却能联系古今，思绪悠远而开阔。

一次，林林做阅读题，选文是《西游记》中的一个片段，讲述孙悟空发现了水帘洞。问题是："你愿意成为美猴王，还是愿意成为众猴之一？说出你的理由。"

林林写道:"我愿意成为众猴之一,这样可以很安全地跟大家一起进入水帘洞,建设我们的新家。"

我想:"这样的题目应该是开放性的,言之有理就可以,是不是回答说愿意成为美猴王更好一些呢?"但孩子写的话就是他的真实想法,也颇有道理,应该尊重他。在写作上,也是如此。我总觉得,写作是一件有骨气的事,写下违心的文字有什么意思呢?真情流露才可贵。

有一次,老师要求写一件让人感动的事。林林已经写过类似的主题了,一时之间不知再写什么。

我们一边散步,一边讨论。

我说:"感动人的一件事,首先是感动你自己的,不是感动别人的。可以想想再写,不是发自内心感动的就不要写,否则不能感动自己,更无法感动别人!"

林林返回书房思考,出来时竟红了眼圈。我很诧异,忙问他:"怎么了?"他说想到了两件事,真的很感动。

一件事与蒋风爷爷有关。那时,他并不认识92岁的蒋风爷爷,只是看过他的书。但蒋风爷爷听说林林热爱写作,8岁半就写了《小豆丁幼儿园成长记》时,马上让我把书稿寄过去,在从金华赶往杭州的路上边走边看,并写下了"童年如诗,真美!如诗的童年记忆,更美!"的推荐词。后来我们去拜访时,蒋风爷爷热情地让林林吃水果,又指给他参观浙江师范大学的路线。林林说,不知道为什么,蒋风爷爷的笑容和声音一直印刻在心里,抹不去,忘不掉。而且,蒋风爷爷坚持用自己的工资为儿童文学爱好者和研究者免费寄送《儿童文学通讯》,用的还是最原始的邮寄方式……

第二件事与同学有关。在一次学校运动会开幕式上,林林要走国旗方队,可因为游学,没有订上校服。他原来的同班同学刘一听说后,中午让妈妈把自己的校服洗干净、吹干,送到家里来给林林穿。可林林在开幕式上才知道,刘一要作为运动员代表上台发言。当他从队伍中一溜小跑出来的时候,林林看到他穿的是小了一码的旧校服……

这两件事，林林都写了下来，写得真挚感人。

清代画家石涛在《苦瓜和尚话语录》中讲到一句话，"纵使笔不笔，墨不墨，画不画，自有我在"，特别强调真正好的作品里是一定要看得见"我"的，空泛而精致的形式没有用。

"我"，是真性情、真个性，是孩子在写作中首先要树立的基点。

（五）跟孩子交流写作的方法

当孩子爱上写作、有了"我手写我心"的体验时，我们可以跟孩子一起聊一聊对写作的理解和写作的方法。至于孩子能不能做到并不重要，因为方法和感悟需要在不断的写作中磨砺和体会。这样的聊天会给孩子一种创作上的踏实感，常会激发孩子创作的火花。

我跟林林分享过西南联大刘文典教授的"观世音菩萨"方法。

有位学生曾向刘先生请教如何才能写好文章。

刘先生回答："只需注意观世音菩萨就行了。"

我让林林猜猜这是什么意思。林林想不明白。

我就把刘文典先生的话做了一点延伸，解释给他听：

"观，就是要多观察，懂得怎么去感知、如何看、如何听，如质地、颜色、味道、形状之类；世，是要懂得世故，多经历，做事的时候注意体味；音，是注意语言的节奏和音韵，朗朗上口的文字读来文气贯通；菩萨，就是要心怀大爱和善良，能体会不同生命的状态，写作时有真挚的情感。"后来在写作中，林林常常用"观世音菩萨"的方法来提醒自己。

我还曾专门跟林林探讨过写作都有一个规律，那就是心中始终有一个方向，让方向指引着思路向前走。

"什么是写作中的方向呢？"

"可能是心中的情感，或者是一件事发生的顺序，或者是你要说明的重点。有一种小说叫作意识流小说，就是你想到哪里就写到哪里。但其实你读一读就会发现，有一个方向在一直指引着作者写，也指引着我们读下去。"

林林说："那为什么有很多文章是倒着写的？"

我知道他是在阅读中看到了关于回忆的故事。

"这是倒叙。但是你看看，倒着讲述其实还是要遵循事件的发展方向的，只是先告诉你现在的情况，用回忆作为引子，后面的叙述还是很明晰。"

有了这样的讨论，林林就敢于下笔，虽然一开始写，有点流水账，但思路很清楚，也很愿意写，写着写着，语言就丰富、细致起来。

怎样把看到的东西细致地呈现出来，让人读了身临其境呢？

在林林写景时，我跟他讨论过这个问题。

林林说："妈妈，我有个好办法。我写的时候，就想着用字在画一幅画，先要画什么，是什么颜色、什么质地的，再画什么，一步步下来，心中画出了那幅画，也就写出了想要写的风景，读完好像也能看到我脑海中的那幅画！"

我听后，大大肯定了他一番。怪不得他的很多作文读来让人觉得很有画面感，原来是他领悟到了用文字画画的妙处。

怎样把一个人写得让人读完无法忘记、印象很深刻呢？

林林刚刚开始写人物时，喜欢从上到下写出人物的样子，再随意写一些事件。我就跟他讨论，讲了很多文学作品中塑造的人物，林林说："也许应该多写写只有这个人才有的样子和能做的事情，和其他人做明显的区分，这样才能让人记住呢！"

后来他写人物时，就比较注意典型特征的描写。其实孩子并不知道什么是典型，但他知道要让人记住，就要写出这个人有而别人没有的特征。

比如，他在写姥姥和爷爷时，虽然都突出了对他的爱，把两人的厨艺都做了突出描写，但能抓住各自的特点，写得细致传神，让人看了就知道两个人的拿手菜是不一样的。

母语的力量

平时的写作和应试作文的关联是怎样的呢？

林林告诉我，有的同学说："考试不比平常，要背诵一些范文当套路，考试时，改改就能用。"我知道这也是很多家长的想法。

以前英语考试前，我们确实常常背诵范文当模板，效果还不错。但英语作文考查的重点是语法和句子，并不是思想和内容，更不是文采。而语文作文的考查重点则是语言功底，是思想、情感、文采的综合表现，甚至还有哲学的思辨。

在讨论中，林林认为："只有自己想写的文章才可能写得很好，背范文的可怕在于没有真情实感，语言不自然，限制了自己的发挥。"

他的认识是正确的。每年，我在批阅和研究高考作文试卷时发现，考场的好作文一定是有真功力的，有长期积累起来的"文气"。目前，应试作文的改革方向就是进行情境任务型写作，对应用性、思想性的要求越来越高，这也是为了反对套作。

林林平时写作都是自由发挥，有时篇幅很长，考试时，他能掌控字数，做到详略得当，这得益于他平常阅读和写作打下的底子。

考试时，要快速进入情境，变被动为主动，用心理解题目，调动情感，快速构思，不要想着"这是考试的作文，是别人要我写的，跟我没有什么关联"，而是要迅速结合自己的思考和经历，想到"这就是我想要表达的思想和感情，我想要分享我的思考和观点，让他人有所收获"，变"要我写"为"我要写"。

小结

孩子具有天然的文学情怀。写作,是他与万物对话、与自然为友的自然表达。

孩子的心中有诗意的语言、本真的情感、创作的渴望和写作的激情。让他们沉浸体味写作的美好感觉,感受"我手写我心"的乐趣,孩子就会爱上写作,写作就会成为他们生命中一件自然而然的事。

当孩子对写作有了自己的感悟之后,会开始反思方法,我们只需用诚挚的爱去欣赏他、陪伴他、支持他。

请相信,孩子会感受着文字带来的幸福能量,慢慢长大。

参考书目

（好书推荐）

1.丹尼尔·T.威林厄姆：《心智与阅读》，梁海燕译，浙江教育出版社，2020年版。

2.弗兰克·富里迪：《阅读的力量 从苏格拉底到推特》，徐弢、李思凡译，北京大学出版社，2020年版。

3.林曦：《书法课》，北京十月文艺出版社，2020年版。

4.达娜·萨斯金德等：《父母的语言：3000万词汇塑造更强大的学习型大脑》，任忆译，机械工业出版社，2019年版。

5.阿德丽安·吉尔：《阅读力》，王威译，接力出版社，2017年版。

6.李文玲、舒华：《儿童阅读的世界Ⅲ：让孩子学会阅读的教育理论研究》，北京师范大学出版社，2016年版。

7.朱自强：《朱自强学术文集1-10》，二十一世纪出版社，2016年版。

8.唐纳德·温尼科特：《游戏与现实》，卢林、汤海鹏译，北京大学医学出版社，2016年版。

9.唐纳德·温尼科特：《妈妈的心灵课》，魏晨曦译，中国轻工业出版社，2016年版。

10.唐纳德·温尼科特：《婴儿与母亲》，卢林、张宜宏译，北京大学医学出版社，2016年版。

11.塞缪尔·早川、艾伦·早川：《语言学的邀请》，柳之元译，北京大学出版社，2015年版。

12. 朱自强：《小学语文儿童文学教学法》，二十一世纪出版社，2015年版。

13. 郝美玲：《汉语儿童词素意识的发展》，北京语言大学出版社，2015年版。

14. Willam Damon Richard M.Lerner：《儿童心理学手册》（第六版），林崇德、李其维、董奇译，华东师范大学出版社，2015年版。

15. 约翰·梅迪纳：《让大脑自由》，杨光、冯立岩译，浙江人民出版社，2015年版。

16. 杨玉芳：《心理语言学》，科学出版社，2015年版。

17. 崔刚：《神经语言学》，清华大学出版社，2015年版。

18. 亲近母语研究院：《亲近母语：阅读力测试》，广西师范大学出版社，2014年版。

19. 杨斌：《什么是我们的母语——民国三大家论语文教育》，华东师范大学出版社，2014年版。

20. 叶嘉莹：《古典诗歌吟诵九讲》，广西师范大学出版社，2014年版。

21. 河合隼雄：《孩子的宇宙》，王俊译，东方出版中心，2014年版。

22. 河合隼雄：《孩子与学校》，王俊译，东方出版中心，2014年版。

23. 史蒂芬·平克：《语言本能》，洪兰译，汕头大学出版社，2014年版。

24. B.A.苏霍姆林斯基：《睿智的父母之爱》，罗亦超译，长江文艺出版社，2014年版。

25. 张云秋等：《汉语儿童早期语言的发展》，商务印书馆，2014年版。

26. 杨贝：《汉语儿童情态动词早期习得研究》，科学出版社，2014年版。

27. 怀特海：《教育的目的》，徐汝舟译，生活·读书·新知三联书店，2014年版。

28. 卡洛林·爱德华兹等：《儿童的一百种语言》(第三版)，尹坚勤等译，南京师范大学出版社，2014年版。

29. 河合隼雄：《孩子与恶——生活在当下的孩子们》，李静译，东方出版中心，2014年版。

30. 刘绪源：《美与幼童——从婴幼儿看审美发生》，江苏凤凰少年儿童出版社，2014年版。

31. 闫春梅：《童话精神与儿童审美教育》，山东人民出版社，2013年版。

32. 丹尼尔·西格尔、蒂娜·佩恩·布赖森：《全脑教养法：拓展儿童思维的12项革命性策略》，周玥、李硕译，北京联合出版公司，2017年版。

33. 波·布朗森、阿什利·梅里曼：《关键教养报告：关于孩子的新思考》，夏婧译，浙江人民出版社，2013年版。

34. 彭懿：《世界图画书阅读与经典》，接力出版社，2011年版。

35. 唐燕儿：《儿童语言学习心理》，暨南大学出版社，2012年版。

36. 洪兰：《好孩子：三分天注定 七分靠教育》，长江文艺出版社，2012年版。

37. 玛丽亚·蒙台梭利：《人的成长》，郭景皓等译，中国发展出版社，2012年版。

38. 河合隼雄、松居直、柳田邦男：《绘本之力》，朱自强译，贵州人民出版社，2011年版。

39. 林泳海：《幼儿教育心理学》（修订版），商务印书馆，2011年版。

40. 托马斯·索厄尔：《语迟的孩子也聪明》，王玉、郭明珠译，中国轻工业出版社，2011年版。

41. 让·雅克·卢梭：《爱弥儿》，彭正梅译，上海人民出版社，2011年版。

42. 多萝西娅·布兰德：《成为作家》，刁克利译，中国人民大学出版社，2011年版。

43. 朱自强：《亲近图画书》，明天出版社，2011年版。

44. 郑荔：《学前儿童修辞特征语言研究》，高等教育出版社，2010年版。

45. 康杰：《古今中外名人教子的启示》，中国致公出版社，2010年版。

46. 卡西·纳特布朗：《读懂幼儿的思维——幼儿的学习及幼儿教育的

作用》，刘焱、刘丽湘译，北京师范大学出版社，2010年版。

47.何克抗：《语觉论——儿童语言发展新论》，人民教育出版社，2004年版。

48.周兢：《汉语儿童语言发展研究》，教育科学出版社，2009年版。

49.杜传坤：《中国现代儿童文学史论》，中国社会科学出版社，2009年版。

50.罗志野：《语言的力量——语言力学探索》，东南大学出版社，2009年版。

51.E.詹森：《基于脑的学习：教学与训练的新科学》，梁平译，华东师范大学出版社，2008年版。

52.彭聃龄：《汉语儿童语言发展与促进》，人民教育出版社，2008年版。

53.方卫平：《思想的边界 卷二：方卫平儿童文学理论文集》，明天出版社，2006年版。

54.方卫平：《享受图画书》，明天出版社，2012年版。

55.赫·斯宾塞：《斯宾塞教育论著选》，胡毅、王承绪译，人民教育出版社，2005年版。

56.钱冠连：《语言：人类最后的家园——人类基本生存状态的哲学与语用学研究》，商务印书馆，2005年版。

57.大卫·帕金翰：《童年之死——在电子媒体时代成长的儿童》，张建中译，华夏出版社，2005年版。

58.黄奕光：《解放亚洲学生的创造力》，李朝辉译，中国轻工业出版社，2005年版。

59.李宇明：《儿童语言的发展》，华中师范大学出版社，2004年版。

60.黑柳彻子：《小时候就在想的事》，赵玉皎译，南海出版公司，2004年版。

61.谢芳群：《文字和图画中的叙事者》，湖北少儿出版社，2003年版。

62.黑柳彻子：《窗边的小豆豆》，赵玉皎译，南海出版公司，2003年版。

63.鲍勃·博伊兰：《从此不再怕发言》，徐英等译，中信出版社，

2003年版。

64.祝士媛、张美妮：《幼儿文学》，吉林大学出版社，2000年版。

65.刘晓东：《儿童精神哲学》，南京师范大学出版社，1999年版。

66. M.李普曼、A.M.夏波：《为什么写？怎样写？》，刘文哲等编译，山西教育出版社，1997年版。

67.杨实诚：《儿童文学美学》，山西教育出版社，1994年版。

68.加雷斯·皮·马修斯：《哲学与幼童》，陈国荣译，生活·读书·新知三联书店，1989年版。

69.朱光潜：《谈读诗与趣味的培养》，选自《朱光潜美学文学论文选集》，湖南人民出版社，1980年版。

70.让·皮亚杰：《儿童的语言与思维》，傅统先译，文化教育出版社，1980年版。

71.乌莎·戈斯瓦米：《牛津通识读本：儿童心理学》，吴帆译，译林出版社，2019年版。

72.司空图：《二十四诗品：当代版》，文爱艺译注，重庆大学出版社，2019年版。

73.路易斯·埃姆斯、弗兰西斯·伊尔克：《你的3岁孩子》，崔运惟译，江西科学技术出版社，2012年版。

74.虞永平：《学前课程与幸福童年》，教育科学出版社，2018年版。

75.孙莉莉：《童年的秘密藏在绘本里——绘本里的儿童心理学》，北京联合出版公司，2021年版。

76.周兢、刘宝根：《汉语儿童早期阅读与读写能力发展研究》，华东师范大学出版社，2020年版。

后 记

　　十多年来，我一直关注和收集各种儿童语料，思考孩子本真多元的语言表现与成长环境之间的关联，希望能在日常互动中发现提升语言能力的规律和方法。本书缘于多年前我对儿童母语能力课题的研究，断断续续 13 年间，关心我的朋友见面时总会不经意地问起："林老师，那本书写完了吗？"这些珍贵的惦念让我又感动又惭愧。我也问自己："为什么拖了这么久呢？"我想，有一个重要的原因是，儿童语言世界深邃而丰富，那些鲜活的、出乎意料的语料让我敬畏不已，很多现象不是书本上的理论就可以涵盖的，很多方法在孩子成长中的运用也不断呈现出新的风景。在孩子的宇宙里，唯有用心贴近生命本真，聆听、观察、体味，耐心一点，再耐心一点，才能一小步一小步地前进。有时，常常以为自己走了很远，其实不过是小小的挪移。幸运的是，在这个过程中，希望与期待交织，好奇与热爱并存。我想，不管怎么样，我都会继续走下去。

　　2009 年，我出版了《滔滔少儿口才：儿童语言能力综合训练与提高》。承蒙厚爱，很多妈妈不仅运用了其中的方法，还在社群里分享给了更多的人，也有很多读者反馈了宝贵的意见。这些支持和鼓励让我不断完善，力图做更多的事，让更多的孩子感受母语之爱、收获成长能量。多年来，在课题研究和实践的同时，我尽力融合教育学、心理学、脑科学和儿童阅读研究的最新成果，希望能把亲子之间的点滴互动化为爱的能量，希望能听到更多父母的心声和反馈，也期盼各位同人给予批评与指导。

对我来说，每本书的创作和完成，都仿若一个新生命的诞生，孕育中的美好值得感恩和铭记。

感谢父母给予我母语之爱的能量；

感谢孩子，点亮我毕生的热爱和追求，让我得以不断回溯生命之爱的本源；

感谢家人与我相伴而行，让我内心安宁、温暖、欣悦；

感谢我的导师杨守森先生，他一直鼓励我坚持自己的研究兴趣；

感谢儿童文学理论家蒋风老师对我和孩子莫大的支持；

感谢作家出版社郑建华先生和李雯女士对孩子作品的珍视；

感恩我生命中最重要的地方——山东师范大学，感谢文学院的各位师长、同人给予我的支持与鼓励。

母语教育，永远建基于亲子之爱。

感谢在课题实践中敞开心扉与我交流的爸爸妈妈们，你们对孩子的爱给了我书本上找不到的智慧，也让我更加坚定信心、不懈努力。

最后，我要特别感谢济南出版社的贾英敏女士，从16年前我出版第一本书到现在的每次合作，她的耐心、热情与精益求精都让我感佩。

祝愿天下所有的孩子都能在母语之爱的温暖臂弯中，幸福成长！

林静

2022年11月16日

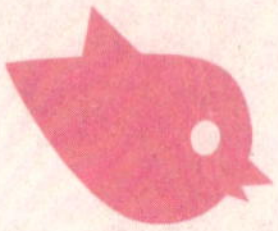

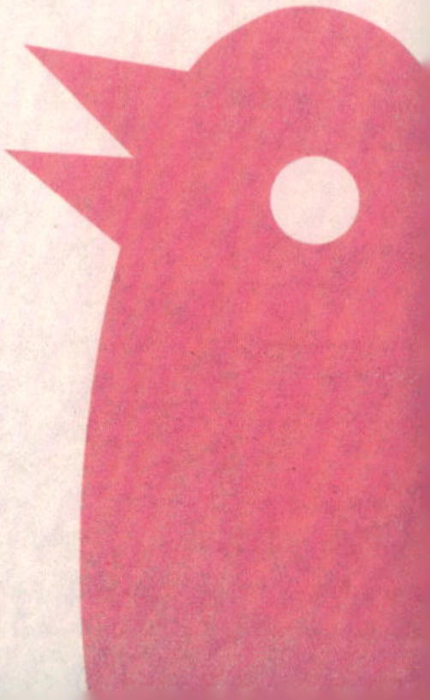